동서양의 문화

간직할 우리 문화와 알아야 할 미국 문화

차종환 지음

쿰란출판사

동서양의 문화

간직할 우리 문화와 알아야 할 미국 문화

머리말

세계적으로 개방화가 가속화되고 글로벌 시대를 맞이하면서 민족주의만을 고수하는 태도는 점차 위축되고 있음이 현시대적 추세이다. 한국은 물론이요 미국도 다민족, 다문화 사회다. 그런데 이 시대를 살아가는 한국인은 타민족에 대한 인식이 다분히 배타적인 감정을 가지고 있음이 안타깝다. 부유한 국가나 서반구 백인들에게는 우호적인 반면 이색인종의 이방인에 대해서는 비하하는 이중 잣대를 가지고 있다. 미국은 다문화 사회의 전형적인 모습을 보여주는 국가이다. 그러나 타민족에 대한 보이지 않는 인종차별은 여전히 존재한다.

한국인들은 미국에 정착하면서 새로운 문화를 많이 접한다. 한국에서 살 때보다 다문화 사회를 이 땅에서 먼저 경험하고 있다. 이제는 다문화 사회를 만들어 나갈 글로벌 마인드가 필요하다. 먼저 우리는 우리의 찬란한 문화를 발굴해 내야 한다. 문화가 없는 민족은 죽은 민족이다.

수많은 인종들이 모여 사는 이 땅에서 한인들이 우리 문화에 대한 자긍심을 갖고 우리 고유의 문화를 잘 발전시키고 지키지 않으면 열등 민족으로 뒤떨어지게 되어 있다. 인종 간에 벌어지는 치열한 각축전에서 우리가 생존할 수 있는 길은 우리 문화를 확실히 지키면서 문화에 대한 자존심과 긍지를 잃지 않고 살아가는 문화 민족임을 과시하는 것이다.

문화란 각 민족이나 나라의 독특한 생활양식과 습관을 나타내주는 역할을 한다. 따라서 문화와 전통은 하루아침에 이루어지는 것이 아니기 때문에, 각 민족의 행동 양식을 단시일에 바꾼다는 것은 어려운 일이다. 따지고 보면 문화나 행동 양식이라는 것은 그들이 당면한 풍토나 환경에서 살아남기 위한 가장 적절한 기준을 설정한 것이기 때문에, 어느 집단의 것이 더 좋고 어떤 민족의 것이 더 우월하고 미개하다고 말할 수 없는 것이다.

각국의 문화는 자기 나름대로의 장점과 특징이 있다. 인도인이 손으로 음식을 먹는다고 미개인으로 보거나 한국인이 보신탕을 즐긴다고 야만인으로 보는 것은 단견이요 옹졸한 사고방식이다.

필자는 동서양에 살면서 동서양의 습관, 전통, 문화양식 등을 살펴보았다. 또한 이런 면에 착안하여 그동안 체험하고 느낀 점을 중심으로 한·미 양국의 문화와 전통을 비교 검토해 보기 위해 단편적인 글을 모으기 시작하여 편집한 것이 여기에 이르렀다.

본서를 집필하게 된 또 하나의 동기는, 1960년대 무렵 미국이 용광로(melting pots) 정책으로 소수민족의 흔적이 희미해지자, 1970년대부터 거세게 분 인권 문제의 대두로 새로운 샐러드 볼(salad bowl) 정책이 등장하였는데, 여기에 수반하여 우리의 문화 전통을 살피다 보니 훌륭한 부분과 자랑스러운 면이 너무 많아, 이것들을 그대로 두기에는 너무나 아까워 이를 노출시켜 빛내고자 하는 데 있다.

미국은 약 200여 년의 역사와 전통문화를 지니고 있다. 그러나 우리 민족은 5000년의 찬란한 역사와 전통문화를 지니고 있다. 반만년의 역사 가운데 쌓인 전통문화는 미국의 신생 문화와는 비교도 안 될 정도로 자랑스러운 면이 많다. 지금은 미국에 여러 나라 사람, 여러 민족이 와서 산다. 여러 나라 사람, 여러 민족은 사람만 미국에 온 것이 아니라 그들의 문화와 행동양식을 같이 가지고 온 것이다.

문화란 자연과는 달리 인과적 법칙에 의해 설명할 수 있는 것이 아니다. 인간 공동체가 공유하고 있는 세계관, 가치관의 한 체계를 지칭한다. 환언컨대 문화란 단순히 사람이 어떻게 살며 습관적으로 역사와 어떻게 연결되어 있는가 하는 것 이외에, 인간이 자연 상태에서 벗어나 일정한 목적을 실현하려는 활동과 그 과정에서 이룩해 낸 물질적, 정신적 소득의 총칭으로 특히 학문, 예술, 종교, 도덕 등의 정신적인 면을 가리킨다.

  본서에서는 동서양의 의식구조, 사상, 생활습관, 예의범절, 공동생활을 비교해 보았고, 자랑스러운 우리의 전통문화를 소개했다. 본서를 엮는 데 도와주신 이종희 님과 그외 여러 분들과 어려운 여건에도 불구하고 출판하여 주신 쿰란출판사 이형규 사장님께 감사드린다.

2021년 4월

차종환

목차 Contents

머리말 ⋯ 4

제1장 한·미 교육의 차이

1. 한·미 교육의 차이점 | 15
2. 용돈 교육 | 19
3. 묵살과 설득 | 21
4. 한·미의 공교육 문제 | 23
5. 암기력과 창조력 | 25
6. 과외 문화 | 27
7. 질문이 없는 학생과 많은 학생 | 29
8. 한·미 대학 재단의 차이 | 30
9. 학력(學力)과 학력(學歷) | 31
10. 각국의 가정교육 | 34

제2장 서열의식과 남녀 편견

1. 연령의 서열 문화 | 38
2. 노인석의 유무 | 40
3. 나이 표현에 대한 한·미 문화 | 42
4. 서열 문화와 능력주의 | 45
5. 남녀 편견 | 48
6. 남녀 간의 애정 표현 | 49
7. 남녀가 보행할 때 | 50
8. 무거운 문을 열 때 | 51
9. 나이 문화 | 52
10. 경로사상과 Lady First | 53
11. 미국과 프랑스의 섹스 문화 충돌 | 54
12. 대화를 할 때 | 56

제3장	1. 공간의 공유화와 사유화 ǀ 59
공간과 장례 문화	2. 공간 서열과 시간 서열 ǀ 60
	3. 개별 공간과 공존 공간 ǀ 62
	4. 눈앞만 보는 시각과 먼 장래를 보는 시각 ǀ 62
	5. 한·미 장례 문화의 변화 ǀ 65
	6. 장례 문화의 이중성과 선진화 ǀ 68
	7. 장례 형식과 장지 ǀ 70
	8. 한·미 장례 문화 차이 ǀ 72
	9. 상대방의 눈을 안 보는 문화와 쳐다보는 문화 ǀ 74

제4장	1. 황당한 법, 황당한 소송 ǀ 77
법 문화와 인종 갈등	2. 법 앞에서는 만민이 평등 ǀ 80
	3. 인간적인 방법과 제도적인 방법 ǀ 82
	4. 형사적인 문제가 되는 한국식 사고 ǀ 85
	5. 대표적인 한·미 문화의 비교 ǀ 87
	6. 미국의 인종주의 ǀ 87
	7. 인종 격리 현상 ǀ 91
	8. 2세가 보는 1세의 모습 ǀ 94
	9. 한국인의 정체성 ǀ 96
	10. 사생활 침해와 사생활 보호 ǀ 99
	11. 살인자 한국인과 미국인 ǀ 100

제5장 음식 문화

1. 식사 문화 | 102
2. 음식물로 보는 동서 문화 | 103
3. 한·미 식사법 | 107
4. 식사 중 대화 문화 | 108
5. 고유 음식과 예의 | 109
6. 위생적인 면과 비위생적인 면 | 110
7. 다양한 먹자 문화와 단조로운 먹자 문화 | 111
8. 밥과 빵의 문화 | 113
9. 엽기 식문화 | 116
10. 발효 문화와 아미노산 | 118
11. 국물과 덤이 있는 사회 | 120
12. 한국 음식의 국물 | 122
13. 생식과 화식 | 123
14. 테이블 매너 | 125
15. 건배할 때 | 128
16. 대작 문화와 독작 문화 | 130
17. Wet 문화와 Dry 문화 | 131
18. 파티장에서 | 135

제6장 옷과 주택

1. 한·미 의식주 문화 | 138
2. 한복과 양복 | 140
3. 옷이 날개다 | 140
4. 낮은 굴뚝과 높은 굴뚝 | 141
5. 고향 감각과 객지병 | 143

제7장 집단주의와 개인주의

1. 혈연 집단과 개인주의 | 146
2. 집단주의와 개인주의 | 149
3. 집단 만들기를 좋아하는 사람들 | 151
4. 집단주의와 개인주의적인 삶 | 153
5. 우리의 집단주의와 나의 개인주의 | 156
6. 일체의식과 개별의식 | 158
7. 공시간과 사시간 | 161

제8장 동질성과 다양성

1. 동질성과 다양성 | 163
2. 미국인의 다양성 | 165
3. 민족적 코드와 다민족적 코드 | 169
4. 단일 문화에서 다문화로 | 171
5. 제 것으로 만들고 보려는 버릇 | 174
6. '나'보다 '남'에게 맞춰 보려는 한국 | 177
7. 모노크로니즘과 포리크로니즘 | 179
8. 동조성과 개척정신 | 181
9. 다름을 배척하는 사회와 수용하는 사회 | 182
10. 획일성과 다양성 | 183
11. 이상한 행동과 보통 모습 | 184
12. 동질사회와 이질사회 | 186

제9장 종적인 사회와 횡적인 사회

1. 종적인 사회와 횡적인 사회 | 188
2. 기능주의와 종적인 관계 | 191
3. 도시의 집중과 분산의 문화 | 194
4. 뇌물과 선물 | 198
5. 대가족과 핵가족 | 199
6. 부부 중심과 모자 중심 | 201
7. 의존심과 자립심 | 202

제10장 한·미 간의 의식 구조

1. 다문화 사회의 공존 | 204
2. 한국인의 귀소의식 | 206
3. 해소의 문화와 긴장의 문화 | 207
4. 한·미 간 부자가 되는 방법 | 213
5. 비교의식과 창조의식 | 214
6. Yes와 No를 분명히 | 216

제11장 동서 문화

1. 정과 기부문화 | 218
2. 조기문화와 만기문화 | 221
3. 여러 나라의 가족제도 | 222
4. 미국 속의 유대문화 | 224
5. 미국을 움직이는 유대인들 | 225
6. 여러 나라 자녀의 성 | 227
7. 문화적 차이 | 228
8. 한·일 간의 문화 차이 | 229
9. 화장실 문화 | 230
10. 빨리빨리 문화와 뜸의 문화 속 여유 | 231
11. 빨리빨리 문화 | 233
12. 미국의 장점 | 233
13. 여러 나라의 문화적 차이 | 235

제12장 전통과 에티켓

1. 민족 전통의식 | 238
2. 한국 나무와 서양 나무 | 240
3. 한국의 국격(國格, Korea Value) | 241
4. 탈모와 착모 | 244
5. 전화 대화 | 245
6. 한국 국회의원과 미국 국회의원 | 245

제13장 생활습관과 공동사회

1. 거시사고(巨視思考)와 미시사고(微視思考) | 249
2. 동양화와 서양화의 차이 | 251
3. 한국 돈의 적색인(赤色印)과 미국 돈의 녹색인(錄色印) | 253
4. 색깔에 대한 반응 | 255
5. 고집스런 미국의 도량형 문화 | 255
6. 물건 구입과 Eye Shopping | 259
7. 한국인의 행복감 | 259
8. 덤이 있는 사회와 덤이 없는 사회 | 261
9. 한·미 간의 기부문화 | 262
10. 축의금 문화 | 264

제14장 예의범절

1. 항공기 승객들의 문화 | 266
2. 방문할 때의 관습 | 267
3. 무관심과 친절 | 269
4. 존대와 하대 | 270
5. 외식주의와 실용주의 | 271
6. 눈치 | 273
7. 병원을 방문할 때의 상식 | 274

제15장 대인관계

1. 입학 연도와 졸업 연도 | 276
2. 네 탓과 내 탓의 문화 | 277
3. 미국은 장애인 천국 | 278
4. 한·미 간의 사위와 장모 관계 | 280
5. 한·미 간의 계약서 | 282
6. 한국식 인정과 미국식 원칙 | 284
7. 소리에 대한 반응 | 286

제16장 결과주의와 과정주의

1. 결과주의와 과정주의 | 289
2. 결과의 중요성과 과정의 중요성 | 291
3. 원숭이성과 사자성 | 293
4. 풀이문화와 긴장문화 | 295
5. 자연환경과 결과주의 | 298
6. 빠른 행보와 여유 있는 행보 | 301
7. 음주에서 본 결과주의와 과정주의 | 304

부록

1. 국가(國歌)와 국기 ··· **308**
2. 각 주의 연방 가입 시기 ··· **309**
3. The Star Spangled Banner!(성조기여 영원하라!) ··· **310**

제1장

한·미 교육의 차이

1. 한·미 교육의 차이점

미국의 교육도 정치 흐름에 따라 바뀐다. 정치가 진보적일 때는 교육현장도 진보적이고 정치가 보수적일 때는 교육도 보수 쪽으로 기운다. 그러나 언제나 변하지 않는 교육철학이 있다. 민주주의를 발전시킬 수 있는 시민과 지도자를 길러내는 교육목표다.

미국 학생들은 유치원에서는 민주주의의 기본을 배우고, 초등학교에서 고등학교를 졸업할 때까지는 개인의 특성과 창의성을 존중받으면서 합리적이고 적극적인 성인이 되도록 교육받는다.

유치원에서는 질서와 지도력, 발표력이 어린이의 몸과 마음에 배도록 가르친다. 간식을 먹을 때 한 아이가 줄을 서지 않으면 줄을 서지 않은 어린이가 속한 조의 모든 어린이들도 간식을 먹지 못하게 벌하기도 한다.

자신이 잘못하면 친구들도 굶어야 하는 공동의 벌을 받으면서 질서를 지키는 것이 왜 중요한지를 알게 하기 위해서다. 자신이 속한 조에서 돌아가면서 조장을 해보게도 한다. 어린이들은 조의 대표로 조원을 이끌면서 민주주의 지도자에게 필요한 통솔력과 발표 능력을 배우게 된다.

미국 초등학교 교육의 가장 큰 특징은 마그넷(magnet) 교육을 본격적으로 하는 점이다. 마그넷 스쿨은 사람은 태어날 때부터 기질이 다르기 때문에 능력과 관심이 비슷한 아이들끼리 교육해야 효과가 있다는 확신에 따라 생긴 제도다.

예술이나 언어, 수학, 과학 등 특정한 과목을 잘하는 어린이는 마그넷 스쿨에서 수준 높은 교육을 받는다. 마그넷 스쿨에는 수백 가지의 프로그램이 있다. 학년이 높아지면서 도시계획이나 법, 시민정신 분야를 선택하는 학생들도 많다.

마그넷 스쿨 가운데는 수재와 천재들을 가르치는 영재학교도 있다. 지능지수가 높은 학생은 심리학자의 테스트를 받은 뒤 영재학교에 입학한다. 대부분의 학생은 선생님이 추천해 영재학교에 다니고 학부모나 학생이 원해도 영재 테스트를 받을 수 있다. 보통반에서 성적이 1퍼센트나 2퍼센트 안에 드는 아이들이 영재 테스트를 받는다.

1957년 구소련이 미국보다 먼저 인공위성을 발사하자 미국이 큰 충격을 받고 대책을 연구하던 중 1970년대부터 영재 프로그램을 시작했다.

현재 미국의 모든 주에서 영재교육은 의무교육이다. 많은 대학교에도 영재교육 프로그램이 있다. 대학에 입학하기에는 어린 나이지만 머리가 좋은 학생들을 특별 지도한다. 흑인 여성 최초로 미국의 국무장관이 된 콘돌리자 라이스가 15살 때 대학에 입학할 수 있었던 것도 덴버대학에 영재 프로그램이 있었기 때문이다. 일반 학교에서도 영재교육을 한다. 아주 어릴 때부터 영재교육을 받는 어린이도 있지만, 영재교육도 다른 마그넷 프로그램처럼 대부분 초등학교 때부터 시작한다.

훌륭한 교육 프로그램이 있어도 학비가 비싸면 가난한 부모는 마음만 아플 뿐이다. 그러나 미국에서는 가난한 집의 수많은 아들, 딸들이 마그넷 스쿨이나 영재학교에 다닌다. 학비가 없는 공립 마그넷 스쿨과 영재학교가 많기 때문이다. 사립보다 인정받는 공립 마그넷 스쿨과 영재학교도 많다. 이처럼 미국은 특별한 분야에 재능이나 관심이 있거나 머리가 좋은 어린이의 잠재능력을 키우는 특수교육에 일찍부터 집중한다. 초등학교 때부터 정성을 쏟은 마그넷 영재교육은 중·고등학교에서는 분야가 보다 넓고 깊어진다.

미국의 중·고등학교 교육을 한국과 비교했을 때 가장 큰 차이점은 미국의 중·고등학교는 학생들이 성적에만 매달리는 입시지옥이 아니라는 점이다. 미국도 공부를 잘하는 아시안계 이민 학생이 늘어나면서 중·고등 교육이 성적 중심으로 치우쳐 가는 게 사실이다. 중학교 다닐 때부터 과외공부를 하는 학생도 있다. 그러나 중요한 것은 여러 과목을 과외공부하는 학생보다는 과외공부를 전혀 안 하는 학생이 많다. 과외수업이 수능시험 일부 과목의 점수를 올려 줄 수는 있지만, 수능시험 성적이 좋다고 원하는 대학에 갈 수 있는 게 아니기 때문이다. 수능시험은 대학 입학사정의 한 부분이지 전체가 아니다. 학교 성적과 자원봉사, 특별활동, 에세이, 면접, 게다가 대학에 따라서는 인종과 지역안배까지 한다.

따라서 중학교 고학년부터는 학생들에게 모든 대학입학 요건을 갖추도록 교육한다. 학교 시험은 외우기보다는 문제를 풀어가는 논리적 사고가 있어야 잘 본다. 그래서 수업시간에는 사회나 정치 이

슈를 자주 토론하게 된다. 플로리다 주의 한 교육구가 고등학교 수업시간에 빌 클린턴 대통령의 섹스 스캔들에 대해 토론하지 못하게 했다. 그러자 교사가 학교를 고소했다. 교육구는 학생들에게 음란한 내용을 가르칠 수 없다고 주장했지만 교사는 토론할 권리를 막지 말라고 반박했다.

학교에서는 학생들이 자원봉사를 하거나 취미활동을 할 수 있도록 많은 정보를 준다. 에세이를 잘 쓰게 하기 위해서 좋은 책을 읽도록 권하고 책 읽은 느낌을 발표하게 한다. 명문대학일수록 지원하는 학생 모두가 공부를 잘하고, 그럴 때 입학사정관은 관심이 있는 분야에서 꾸준히 자원봉사를 했거나 에세이를 잘 쓴 학생을 선발하기 때문이다.

바다에서 멀리 떨어진 곳에 살면서도 해양연구기관에서 자원봉사와 취미활동을 한 학생이라면 대학에서 호감을 갖는 입학 지원자가 된다. 언론학을 공부하려는 학생이 방송국에서 자원봉사를 했거나, 사회학과를 지원한 학생이 자선단체에서 자원봉사를 했다면 당연히 점수가 올라간다. 아버지는 신세한탄을 하면서 술에 찌들어 살고 어머니는 힘든 청소일을 하는 학생이, 자신은 공부를 많이 해서 환경이 나쁜 가정에서 자라는 어린이를 가르치고 싶다는 에세이를 쓰면 대학 입학사정관의 마음을 움직일 수 있다.

미국에서는 수능시험이나 학교 성적이 좋은 학생이 성적은 나쁘지만 자원봉사나 클럽활동을 열심히 한 학생에게 밀려 원하는 대학에 못 들어갈 때가 많다. 신입생을 선발하는 기준이 순전히 대학에 달려 있고, 미국 대학에서는 공부만 잘하는 학생을 원하지 않기 때문이다. 대학은 세계역사를 이끌어 갈 만한 균형감각이 있는 인재를 길러내길 원한다. 따라서 미국의 중·고등학교에서는 성적에만 치우치지 않고 지도력이 있고 남을 도울줄 아는 학생을 교육할 수 있는 방법을 연구한다.

　미국 고등학생 가운데는 학교를 졸업하면서 곧바로 대학에 가길 원하지 않는 학생도 많다. 하기 싫은 공부를 하지 않아도 부지런하고 성실하면 경제적으로 쪼들리지 않고 살 수 있기 때문이다. 목수, 청소부, 우체부 등 많은 직업인은 박사보다도 돈을 더 많이 번다. 또 미국에서는 고등학교를 졸업하고 오랜 세월이 흐른 뒤에도 의지가 강하면 얼마든지 대학 공부를 할 수 있다. 고등학교를 졸업하는 순간에 내리는 결정으로 평생이 좌우되지 않기 때문에, 고등학교 졸업반 학생들의 목표가 대학 입학으로 일치되지는 않는다.

2. 용돈 교육

　미국 부모들은 자녀가 어렸을 때부터 돈에 대해 교육시킨다. 자본주의 사회에서 돈은 어떤 가치가 있고 돈을 모으는 게 얼마나 힘이 드는지, 힘들게 모은 돈은 어떻게 써야 하는지를 빨리 배울수록 좋다는 생각에서다.

　1990년대부터는 자녀에게 주식투자를 하게 하면서 돈 교육을 하는 부모가 크게 늘어났다. 주식투자는 미국의 평범한 직장인이 부자가 되는 가장 일반적인 방법이기 때문이다. 10살도 안 된 아이의 생일에 비싼 케이크 대신 뮤추얼 펀드(mutual fund)나 주식을 선물하는 부모가 늘어나고 있다.

　주식 선물이라고 해서 큰돈을 상상하면 오산이다. 몇십 달러로 시작하는 경우가 많다. 미성년자의 이름으로 구좌를 열 수는 없지만 부모나 보호자가 법적으로 관리를 하면 미성년자도 투자할 수 있다. 아이들이 좋아하는 토마토 케첩이나 아이스크림, 패스트푸드,

만화영화 회사의 주식을 사주면 아이가 크면서 스스로 투자종목을 바꾼다. 십대가 되면 청소년이 좋아하는 컴퓨터나 자동차 회사의 주식을 사게 된다. 아이는 자연스럽게 경제와 돈의 흐름을 배우고 작은 종잣돈은 대학에 들어갈 때 학자금도 될 수 있다는 게 부모의 생각이다.

초등학생일 때 주식을 선물 받은 어린이가 고등학생이 되면 부모에게 주식투자 훈수를 둔다. 미국 고등학교에 주식클럽이 생긴 지는 오래됐고, 고등학생 가운데는 자칭 주식 전문가가 많다. 주식 거래를 하는 십대들이 경제와 저축에 대해 배우는지 탐욕을 키우는지 정확하게 알 수는 없지만, 어린 자녀에게 주식을 선물하는 부모는 앞으로도 늘어날 것이 분명하다.

미국 부모가 자녀에게 하는 대표적인 돈 교육은 용돈 주기이다. 돈에 대해 가르치는 방법은 시대에 따라 조금씩 달라지지만 용돈을 주는 방법은 크게 바뀌지 않는다. 가족의 가치관에 따라 차이는 있어도 기본적으로 아이들은 나이에 맞는 집안일을 하고 용돈을 받는다. 집안일을 하는 데 따라 용돈을 주는 것은 맞벌이 부부가 많은 미국 사회에서 생겨난 자연스러운 문화로 볼 수도 있다. 보통 5살 때부터 용돈을 받게 되는데 아이들이 용돈을 받을 때 하는 일은 비슷하다. 강아지 밥을 주거나 신문을 재활용 쓰레기통에 넣는 일, 식탁에 물을 가져다 놓거나 침대를 정리하는 일, 자동차를 닦거나 잔디 깎는 일 등이다.

용돈의 액수는 자녀의 나이와 하는 일의 강도에 따라서 다르다. 부모는 자녀가 힘든 일을 할 때 용돈을 많이 주면서 사회생활도 똑같은 구조일 것이라고 생각하길 바란다. 자녀가 집안일을 할 때 용돈보다는 가족끼리 서로 돕는 것을 중요하게 느끼길 바라는 부모는 정해진 일을 하지 않더라도 용돈은 준다. 그러나 십대 자녀가 밖에서 파트타임으로 일을 해 돈을 벌면서 집안일을 돕지 않으면 대부분의 부모는 용돈을 안 준다.

20대가 넘은 자녀가 갖고 싶은 물건을 사려고 돈을 벌어 저축을 할 때, 부모는 자녀가 저축한 돈만큼 매칭펀드(matching fund)를 해주기도 한다. 자녀가 마음에 드는 자동차를 사기 위해 큰돈을 모았을 때 집을 담보로 융자를 받아서라도 자녀가 모은 만큼의 액수를 보태주는 부모도 있다. 저축을 하면 매칭펀드를 해주겠다고 한 약속을 지키기 위해서이다.

그러나 부자라고 해서 자녀에게 용돈을 지나치게 많이 주고 결혼할 때 집까지 사주는 것을 당연하게 여기는 부모는 거의 없다. 자녀가 경제적으로 빨리 독립할 수 있도록 지원하는 정도다. 부자라도 자신들의 노후대책을 세우는 데 더 많은 신경을 쓴다. 자녀들도 부모의 재산을 모두 자신이 물려받을 것으로 기대하지 않으니, 노부모를 모셔야 한다는 책임감을 느끼지 않는다. 미국식으로 말하면 서로 주는 만큼, 'Give and Take'라고 할까?

한국 부모들은 자녀 교육을 위해 무조건 경제적인 지원을 한다. 이로 인해 자립심이나 독립심이 미국 학생에 비해 한인 학생이 약하다.

3. 묵살과 설득

저녁 장을 보려고 코트를 입고 스카프를 둘러쓰는 어머니를 보고 아이가 따라가겠다고 칭얼댄다. 어머니는 안 된다고 일축해도 아이는 "따라갈래…" 하며 집요하게 덤빈다. 어머니는 아이가 잠시 딴전을 보는 틈을 타 슬쩍 현관을 빠져나간다. 현관 밖에 살짝 숨어 아이의 동태를 살핀다. 조용하면 그대로 나갈 셈이다. 그러나 아이는 울어대며 현관문을 열고 나와 어머니를 발견한다. 이런 때 한국의 어머니는 체념하고 아이 손을 끌고 나간다.

장을 보고 돌아오는 길에 전철을 탔다. 아이가 "엄마, 나 바나나 먹고 싶어…" 하고 칭얼댄다. 어머니는 "바나나 없어…" 한다. 아이는 이 어머니의 말을 완전 무시하고 "바나나 먹고 싶어"를 되풀이하고 어머니는 "바나나 없어"를 되풀이한다. 상처 난 레코드판 되풀이하듯 한다. 아이의 떼가 커지고 승객의 눈이 집중되자 어머니는 장바구니 속에서 없다고 우겨대던 바나나 하나를 꺼내어 주며 "칭얼대지 말고 먹어야 돼" 하며 준다.

이상은 한국에서 어머니와 아이 사이에 벌어지고 있는 극히 자연스러운 장면들이다. 그런데 이 어머니의 행동에 세 가지 문제가 내포돼 있음을 본다.

첫째, 아이들을 설득시켜 가르치려 하지 않고 그 요구를 무작정 무시하고 있다는 점이다. 오늘은 사람이 많이 붐비는 장에 가니 다음번에 데려가 준다든지, 많은 사람들 있는 데서 바나나 같은 걸 먹으면 안 된다든지 하지 않고, 어머니의 의사를 설득 없이 강행하려 든다. 곧 모자는 일체요, 동심체(同心體)라는 선사고(先思考) 때문에 무시한다. 미국에서는 독립된 개인으로서 아이를 보기에 반드시 설득이 선행된다. 한국의 아이는 납득이 가지 않은 대로 체념을 하기도 하지만, 이 납득이 안 가는 어머니의 저돌적 무시를 아이가 무시하기도 한다.

둘째, 어머니는 죄악감 없이 속이거나 거짓말을 하고 있다는 점을 들 수 있다. 이 역시 죄악감이 수반되지 않는다는 것은 모자 동심체의 선사고 때문이다. 미국의 어머니가 만약 이 같은 속임수가 아이들에게 탄로난다면 교회에 가서 참회를 할 만큼 죄악감을 갖는 데 예외가 없다. 어머니 세계와 아이의 세계는 별도의 것이기 때문이다.

셋째, 끝내는 어머니가 아이를 데리고 간다든지, 없다던 바나나를 꺼내줌으로써 아이의 요구를 충족시켜 준다는 점을 들 수 있다. 이것은 자식의 버릇이나 교육에 위배되는 일을 어머니가 자행한다는 모순을 의미한다. 결국 어머니는 아이에게 항상 패배당하는 그런 궤도 위에서 양육한다. 따라서 아이와 어머니가 동심체(同心體)이기에 아이는 어머니의 맘을 다 알면서 자라기에 패배한다.

그러나 어머니의 세계와 아이의 세계가 격리돼 있는 부부중심형 사회에서는 대립관계이기에, 어머니의 의사는 설득적이고 그 설득에는 무자비하리만큼 강제력이 따른다. 그러기에 미국의 부모들이 아이들에게 패배한다는 법은 없다. 한국처럼 부모가 패배하는 논리와 미국처럼 부모가 승리하는 논리는, 바로 이 부부중심형과 모자중심형의 논리로 따져볼 수 있다고 본다.

4. 한·미의 공교육 문제

미국의 중·고등학교 교육에 문제가 많다는 것은 새로운 현상이 아니다. 교육발전 평가위원회(NAEP)의 최근 발표에 의하면 전국 중·고등학교 영어, 수학 시험에서 수학 점수는 좀 나아졌으나 언어 영역에 아무런 진전을 보이지 않고 있으며, 8학년 학생의 과반수가 기준치 미달이라고 하였다.

고등학교 졸업률은 여전히 70% 정도에 머물고 있어 거의 120만 명이 해마다 졸업을 못하는 비극이 일어나고 있다. 한때는 미국 공교육이 세계 최상위권에 머물렀으나, 이제는 36개 선진국가 중 18위라고 OECD는 발표하고 있다.

공교육의 부실을 해결하기 위해 정권이 교체될 때마다 새로운 교육 정책을 내세우고 있다. 지난 부시 대통령 때는 학교나 교사의 책임교육을 주요 골자로 하는 'No Child Left Behind'라는 기치를 들고 성적이 부진한 학생에게 전학하는 선택권도 주었다.

오바마 행정부는 'Race to the Top'이라는 구호 하에 창의적이고 실용적인 개혁안을 제출하는 주정부에는 특별 재정지원을 하는 법을 통과시켰다. 정부가 중점적으로 요구하는 것은 학생들의 성적, 졸업률의 증가 등이며, 특히 고질적인 교사 정년제에 관해 학생 성적을 교사 평가에 연관시키는 방안을 요구하고 있다.

한국의 중·고등학교 공교육은 상반된 현상을 보이고 있다. 고등학교 졸업률은 매년 90% 이상이고, 또 OECD가 2006년 세계 36개국을 대상으로 주관한 시험(PISA)에서는 한국은 수학과 과학 부문에 최상위권을 차지하고 있는 반면 미국은 수학에 25위, 과학은 21위로 나타나고 있다.

세계 선진국 중에 도전하는 한국 교육정책은 결과적으로 점수에 관심을 두게 되며, 미국과 달리 성적 부진 학생보다는 우수학생에 중점을 두게 된 것이다. 학과목 성적 1, 2점을 가지고 대학 입학이 결정되니 자연 부모나 학생은 입시 준비 교육에 치중하게 된 것이다. 이런 상황 속에서 시험 준비에 별 효과가 없는 공교육은 이차적이 되고 사교육이 주가 되어버렸다.

어느 외국 교사가 쓴 글을 보면, 한국 고등학생들은 학교 수업이 끝나면 곧바로 학원에 가서 최소 3시간 정도 과목 강의를 듣고 밤늦게 귀가하여, 또 학교 숙제를 하고 자정이 넘어야 침실에 들어간다고 한다. 이러한 시간표는 성장기에 있는 청소년들의 신체, 정서, 정신면의 건전한 발전을 저해하기 마련이다. 건강 소모 교육이다.

미국에서도 우리 한인 학부모들 사이에 자녀들의 일류 대학 입학을 위한 과외 수업이 성행이라고 한다. 그러나 입시 목적 공부는 학생들의 창의성과 개성 개발에 도움을 주지 못한다. SAT시험에 거의 만점을 받은 명문 사립 고교학생들이 하버드나 예일 등에서 탈락되는 예가 많다.

이런 대학의 입학 전형 위원은 지원자 심사가 어렵다고 전하고 있다. 모두가 수학에는 거의 만점이고 그리고 피아노나 바이올린을 하며, 학교에서는 특활도 하고 사회봉사에도 참여하는 모범생이라고 한다. 그러나 창의성과 강한 개성을 가지고 다방면으로 대학활동에 기여할 잠재력을 중요시하는 대학 측으로서는 모두가 평범한 지원생으로 보인다고 한다.

미국 고등학교 공교육은 실패에 가깝다고들 한다. 그러나 미국에는 근 1,400개 교육청이 있으며 각기 자주성을 가지고 전인교육에 힘쓰고 있다. 그리고 이들이 진학하는 대학 역시 다양하다. 세계 20개 최우수 대학 중 3분의 2가 미국 대학이다. 미국의 저력은 여기에 있다.

5. 암기력과 창조력

한국 부모들의 교육열은 세계 어느 나라 부모보다 강하다. 또 한국은 '학원 문화'가 가장 발전된 나라이기도 하다. 자기 아이가 다른 아이보다 한 걸음 앞설 수 있게 하고, 나중에 좋은 대학에 들어가 좋은 직장을 얻는 밝은 미래가 보장되도록 해주고 싶은 것이 한국 부모의 바람이다. 이 때문에 한국 사람들은 외국과 비교해 평균적으로 훨씬 많은 교육을 받는다. 그러나 평균적인 지성은 서양 사람과 크게 다르지 않다. 이런 사실을 생각하면 어릴 때부터 공부 때문에 스트레스를 받는 한국 어린이들이 불쌍하다는 생각이 든다.

예로부터 한국의 교육은 '암기공부'가 많았다. 신라시대에는 불교 경전을 외워야 했고, 조선시대에는 유교 경전을 외워서 과거시험을 봐야 했다. 요즘도 암기를 잘하는 학생들이 학교에서 좋은 성적을 받을 수 있다. 하지만 이런 암기 위주 교육은 창의력과 문제해결 능력의 결핍을 초래하는 경우가 많다.

창의력이 부족하면 새로운 아이디어를 내고 새로운 것을 만들기가 어려워진다. 이것은 한국의 미래 경쟁력에 큰 걸림돌이 될 것이다. 지금 세계는 싼 물건을 많이 만들기보다 획기적으로 새로운 상품을 연구 개발하는 것이 훨씬 중요한 지식 기반 사회이다. 아인슈타인은 그 시대에 벌써 "창의력이 지식보다 중요하다"라고 했다. 학교에서 시험만을 강조하는 문화에서 학생들은 창의적인 사고를 할 수 없다. 또 바쁜 학교와 학원 생활 때문에 미래에 대한 꿈과 비전을 갖지 못하게 된다. 부모들의 강한 교육열 때문에 아이들은 어릴 때부터 스트레스와 압박감에 시달려야 한다.

아이가 미래에 어떤 학교에 갈지, 어떤 직업을 선택할 것인지는 아이가 결정할 일이다. 그런데 아이가 너무 어려 자기 미래를 결정하는 중대한 선택을 하지 못한다고 생각하는 부모들이 많은 것 같다. 자기 아이를 조금만 더 믿고 신뢰해 보자. 자기 인생은 부모님이 아닌 자기 자신이 책임져야 한다는 생각을 일찌감치 심어주고, 노력하는 만큼 결과가 나온다는 것을 가르치면 아이는 이것을 이해하고 책임감 있는 독립적인 어른으로 성장할 것이다.

부모는 아이에게 자기가 이루지 못한 꿈을 이루도록 강요하는 것이 아니라, 아이가 갖고 있는 꿈을 이룰 수 있게 기회를 주고 환경을 만들어 주기만 하면 된다. 이것이 진정한 부모의 역할이다. 아이에게는 무한한 가능성이 있다. 아이에게는 이런 가능성을 펼칠 수 있는 자유시간과 여유가 필요하다. 친구들과 노는 시간, 책을 읽는 시간, 미래의 꿈을 생각할 시간, 좋아하는 것과 관심 있는 것을 찾기 위한 시간, 자기가 어떤 사람인지 자기 정체성을 찾는 시간 등이 필요하다.

아이에게 가능성이 많은 미래를 열어주기 위해 교육은 아주 중요하다. 한국 부모들의 교육에 대한 높은 관심도 아주 좋은 것이다. 하지만 우리 아이가 좋은 교육을 많이 받았으면 좋겠다는 생각을 유지하면서도, 아이에게 조금 더 여유를 주고 아이들의 의견을 들어준다면 아이가 더 행복하고 만족스러운 인생을 보낼 수 있지 않을까?

6. 과외 문화

적어도 두 달 전에는 예약을 해야 한다. 그렇지 않았다가는 낭패다. 그 정도로 성업 중인 업종이 한인 타운에 두 가지가 있다고 한다.

하나는 연회석이 있는 식당이다. 아이 돌잔치를 할 계획이라면 두세 달 전쯤에 예약하는 게 상식이다.

한인 인구는 계속 증가세다. 그러니 관혼상제와 관련된 행사도 자연히 늘게 마련이다. 그런데 연회석이 딸린 식당은 타운에 몇 안 된다. 말하자면 수요는 폭증하는데 공급이 턱없이 달린다. 이런 데서 오는 현상이라는 거다.

또 다른 업종은 학원 비즈니스이다. 그렇다고 모든 학원이 다 그런 게 아니다. 명문대 진학을 보장한다는 이름 난 SAT 학원을 말하는 것이다.

"이민 와서 과외를 시킨다?" 한때는 이상하게 들리는 말이었다. 자식만은 입시지옥에서 해방시켜 주고 싶었다. 그런데 이젠 엄청난 과외비를 어떻게 감당해야 할지 모르겠다고 하소연한다. "왜 미국 이민을 결심했나?"라는 질문이 나오면 한인 학부모들이 비친 하나같은 '결심의 변'은 대체로 이와 같기 때문이다.

그 과외가 이제는 열풍을 지나 아예 한인 사회의 한 문화 현상으로 굳어진 것 같다. 학령기 자녀를 둔 한인 가정이면 거의 예외가 없다. 너도 과외, 나도 과외라고 할 정도다. 과외 문화에 의한 한국인의 치맛바람이 백인 학부모에게까지 전파되고 있다. 백인의 자녀가 한국인 학생과 같은 학교에 다니기 때문이다.

왜 이토록 과외가 극성일까. 답은 자명하다. 자녀를 좋은 대학에 보내고 싶어서다. 그래서 약한 과목을 과외를 통해 보강한다. 여기까지는 오케이다. 한인 학생들의 높은 UC계 입학률도 사실 따지고 보면 이런 과외 열풍과 무관하지 않으니까.

문제는 사회에 만연한 일종의 강박관념이다. "애를 그냥 놓아두면 불안해요, 학원이라도 내보내야 안심이 되지…." 이런 유형의 학부모들이 늘면서 그 불안증세가 전염병처럼 번지고 있는 것이다.

"방학이 두렵다." 한인 학부모들의 한탄이다. 긴긴 방학. 그 방학동안 아이들을 그냥 놀게 했다가는 큰일이 날 것 같다. 그래서 카드 빚을 져서라도 과외를 시킨다. 그런 부모들이 하나둘이 아니라는 것이다.

게다가 SAT 학원 간의 과열경쟁을 둘러싼 잡음 역시 여간 소란한 게 아니다. SAT 고득점 학생 모시기에 저마다 혈안이다. 아무개 학부모회가 아무개 학원을 밀고 있다 등등.

아무래도 전전 수준을 넘어선 것같다. 그러나 무엇이든지 지나치면 탈이 나는 법이다. 점점 더 한국형 과외문화의 병리를 닮아가는 듯해서 안타깝다.

　방학 동안 과외를 통해 모자란 과목을 보충한다는 것도 필요한 일이다. 하지만 그 긴긴 방학 동안 마음껏 뛰놀고 또 여행을 한다는 것 역시 중요한 일이다.

7. 질문이 없는 학생과 많은 학생

　세상은 많이 달라졌는데 한국의 교육 방향은 크게 변화된 점이 없다. '군사부일체'(君師父一體) 사상이 오늘날까지도 크게 작용해서인지, 한국인들은 스승의 가르침을 겸손히 잘 전수받으면 훌륭한 제자로 인정한다. 그러나 서양인은 이해가 안 되는 경우는 말할 것도 없고, 이해가 된다 하더라도 개인 의견(personal opinion)이 중요시되므로 '나는 이렇게 생각한다'든지 '왜 그렇게 됐느냐'고 자기 견해나 이유를 말하기를 좋아한다.

　그러므로 외국인 청중에게 '얌전히 잘 배우기나 하라'는 태도로 가르친다면 절대로 훌륭한 교육성과를 얻기 힘들 것이다.

　또한 외국인 강사가 교회에서 성경을 가르칠 때 교사는 질문을 예상하고 유도하며, 학생 또한 질문 내지는 의견을 피력하는 것을 당연하게 생각한다. 배우는 학생들에게서 반응이 없을 때는 가르치는 교사의 교육내용이 흥미가 없는 것처럼 여겨지게 되고, 교사는 그런 학생들을 가리켜 "They look dead"(다들 죽은 사람 같다)라고 한다. 학생들은 자기 의견을 발표하는 것을 꺼려하고 주저한다. 그래서 질문이 적다.

8. 한·미 대학 재단의 차이

한국과 미국의 사립대학을 비교해 보면 많은 차이가 있다. 미국과 한국에는 여러 사립대학과 함께 국립대학(한국) 및 주립대학(미국)이 있고, 이들 대학은 인재교육에 지대한 공헌을 해오고 있다.

하지만 한국의 사립대학은 여러 면에서 미국 대학과 대조를 이룬다. 우선 재단 구성에 있어서 다르다. 한국은 오너의 개념이 강하다. 학교 창시자 또는 학교를 인수한 사람이 주인이 되고 그 가족이 대를 잇는 것이 특징이다.

재단은 재정권뿐만 아니라 인사권도 가지고 있다. 그러므로 재단이 재정을 마음대로 다룰 수 있어 비리가 일어날 수 있다. 또 교수 임명 및 파면권을 재단이 가지고 있어, 총장도 마음대로 임명할 수 있고 교수도 재단이 마음에 드는 사람을 임용할 수 있다.

미국 대학에는 재단이라기보다는 이사회가 있는데, 한국과 같은 막강한 힘을 갖고 있지 않다. 이사회는 일종의 자문기구 역할을 한다. 총장 임명은 대학 이사회에서 결정되지만, 먼저 총장 선출위원회에서 천거한 총장 후보 중에서 심사숙고한 후 결정된다.

총장 선택은 공개 채용으로 이뤄진다. 거의 모든 대학에서는 내부에서 총장을 선출하기보다는 외부에서 응모한 사람들 중에서 4~5명을 뽑아 이사회에 천거한다.

이사회의 이사는 사회에서 명망이 있고 재력이 있는 사람으로 선출하는 것이 보통이다. 많은 경우 총장이 천거해 이사회에서 결정한다.

총장 선출위원회는 여러 이익을 대표하는 조직의 구성원들로 이뤄지는데, 교수회 대표가 가장 많은 수를 차지한다. 이외에 직원회, 학생회, 동창회 등의 대표가 총장 선출위원회의 멤버가 된다.

학교의 운영은 전적으로 총장에게 달려 있다. 재정 및 인사권은 총장의 권한에 속한다. 미국의 대학 운영은 행정과 학사업무가 엄격히 구별되어 행해진다. 대학 운영체제는 한국과 미국이 너무나 다르므로 엄격히 비교한다는 것은 좀 무리다.

하지만 예를 들면, 총장 밑에 여러 부총장이 있는데 학사 업무를 담당하는 학사 부총장이 가장 중요한 부총장이고 교수직을 겸한다. 그 외는 행정 담당 부총장들인데 보통 교수직을 겸하지 않는다.

대학 운영에 있어서 가장 중요한 학사 업무와 관련해 교수(평의)회를 빼놓을 수 없다. 교수회는 실권을 가지고 학교 운영에 직접 관여하는 기구가 아니다. 일종의 자문기구로서 교수, 학생 및 학사와 밀접한 관계가 있는 일들을 토의하고 결정해 학사 부총장이나 총장에게 건의하는 것이 주된 일이다. 하지만 여기서 결정된 사항들은 통상 부총장과 총장의 결정에 지대한 영향을 끼치며, 학교 발전의 관건이 된다고 할 수 있다.

한국 대학에서는 재단이 너무나도 힘이 막강한 데 비해 교수회는 영향력이 미미하다. 최근에 와서 많은 대학들이 교수들이 직접 투표하여 총장을 천거하는 일도 있지만, 이 또한 많은 잡음을 일으켜 왔다. 또 교수들의 건설적인 의견이 재단이나 학교 행정 당국에 잘 반영되고 있지 않는 것도 현실이다. (김남길 교수 글에서)

9. 학력(學力)과 학력(學歷)

칼 로브, 피터 제닝스, 래리 킹, 빌 게이츠는 모두 대학 졸업자가 아니다. 미국에서는 대학교를 졸업하지 않은 사람도 최고의 정치전략가가 된다. 고등학교를 중퇴한 사람이 최고의 텔레비전 뉴스 앵커가 될 수도 있다. 영향력 있는 사람이 봐줘서가 아니다. 능력이 있기 때문이다. 미국은 능력 있는 사람이 제대로 평가받을 수 있는 사회다.

조지 부시 대통령이 재선되자마자 승리 연설을 했을 때 일등공신인 칼 로브는 당시 백악관 정치고문이었다. 이렇게 미국은 학교 간판인 명문대 출신이라는 학력(學曆)이 아니라 학력(學力), 즉 능력이 먼저다. 미국에 사는 학부모들의 꿈은 자녀들이 모두 IVY리그 대학에 입학하기를 희망한다. 명문대 졸업을 원하는 학력(學歷)을 중시한다. 미국 역대 대통령 43명의 모교를 살펴보자.

오바마 대통령이 44대이지만 그로버 클리블랜드 대통령이 22대와 24대를 역임했기에 43명이다. 그렇다면 역대 대통령들 대학은 어디일까? 놀랍게도 종합대학을 졸업한 이는 19명으로 전체의 50%도 채 안 된다. 18명은 소규모의 리버럴아츠 칼리지에 다녔고, 8명은 아예 대학에 다니지 않았다.

세계적인 인물 초대 대통령 조지 워싱턴과 에이브러햄 링컨(16대)을 비롯하여, 앤드류 잭슨(7대), 마틴밴 뷰런(8대), 재커리 테일러(12대), 밀러드 필모어(13대), 앤드류 존슨(17대), 그로버 클리블랜드(22대) 등 8명은 대학 졸업장이 없다.

벤자민 해리슨은 햄든 시드니 칼리지와 펜실베이니아 의대에 다녔지만 두 곳 다 중퇴했으며, 링컨은 알려진 대로 정식교육은 겨우 1년밖에 못 받았지만 독학으로 변호사가 되었다. 맥킨리는 알레게니 칼리지와 알바니 법대에 다녔지만 학위는 받지 못했고, 해리 트루먼 역시 스폴딩스 상업칼리지와 캔자스 시 법대에 다녔지만 중퇴했다.

출신학교를 살펴보면, 단일 대학으로는 하버드가 편입생까지 포함해 5명으로 제일 많고, 윌리엄 앤 메리 출신이 4명(엄밀히 따져 워싱턴이 받은 측량자격증 소지자를 빼면 3명)이다. 그 뒤로 프린스턴과 예일 출신이 각각 3명씩 있다. 버락 오바마는 남가주의 옥시덴탈 칼리지를 다니다 컬럼비아로 편입했으며, 부시 부자는 예일대를, 로즈 장학생이었던 빌 클린턴 대통령은 조지타운 대학을 졸업했다.

지미 카터는 조지아 사우스웨스트 칼리지에서 조지아텍으로, 다시 해군사관학교로 편입한 특이한 경력이 있다. 리처드 닉슨은 남가주의 작은 대학 위티어 칼리지를, 로널드 레이건은 일리노이의 유리카 칼리지를 각각 졸업했다. 또 린든 존슨 대통령은 오스틴의 리버럴아츠 대학인 사우스웨스트 텍사스 대학 출신이며, 존 F. 케네디는 특이하게 학부를 런던 정경대에서 시작해 프린스턴대를 거쳐 하버드대를 졸업했다.

제럴드 포드 대통령이 미시간 대학교 풋볼 선수로 활약한 것은 잘 알려져 있다. 존 퀸시 애덤스는 네덜란드에서 제일 오래된 라이든 대학에 다니다 하버드로 편입했고, 드와이트 아이젠하워와 율리시스 그랜트는 육군사관학교 출신이다. 우드로 윌슨 대통령은 노스캐롤라이나의 데이비슨 칼리지를 다니다 프린스턴으로 편입했다.

리버럴 아츠 대학 재학생 규모가 미 전체 대학생 규모의 3%도 되지 않는다는 걸 생각하면 놀라운 결과다.

캘빈 쿨리지 대통령은 매사추세츠의 앰허스트를, 체스터 아서 대통령은 뉴욕의 유니온 칼리지를, 제임스 가필드 대통령은 오하이오의 하이럼 칼리지와 매사추세츠의 윌리엄스를, 리더퍼드 헤이즈는 오하이오의 캐년 칼리지를, 제임스 뷰캐넌은 펜실베이니아의 디킨슨 칼리지를 프랭클린 피어스는 메인의 보든 칼리지를 다녔다. 윌리엄 해리슨은 아직도 남자학교로 남아 있는 버지니아의 햄든-시드니 칼리지를, 워런 하딩은 오하이오 센추럴 칼리지를 졸업했다.

법대 출신도 많다. 테디 루스벨트와 프랭클린 루스벨트는 둘 다 하버드 학부를 마치고 컬럼비아 법대를 중퇴했다. 또 존슨과 윌슨,

트루먼도 각각 조지타운 법대, 버지니아 법대, 캔자스시 법대를 다니다 포기했다. 반면 닉슨은 듀크 법대를 졸업했으며, 포드와 클린턴은 예일 법대 졸업장을 받았다. 하버드 법대 출신은 러더퍼드 헤이즈와 오바마 2명이다.

이렇게 미국 역대 대통령 중에는 명문대 출신은 50%도 못 된다. 그외는 소규모 대학이나 대학을 나오지 않은 사람이 8명이나 된다. 대학을 안 나와도 리더십이 있고 학력(學力)이 있으면 대통령이 될 수 있다.

한국의 대통령은 미국(이승만), 영국(윤보선), 중국(최규하)에서 명문대학을 졸업했고, 세 사람(박정희, 전두환, 노태우)은 사관학교를 졸업했다. 국내 명문대는 세 사람으로 김영삼(서울대), 이명박(고려대), 박근혜(서강대) 등이 있고, 김대중은 건국대 중퇴, 노무현은 독학으로 변호사 시험에 합격했다.

한국의 학부모들이 바라듯이 대통령도 명문대학 출신이 40% 이상이다. 한국은 학력(學力)보다는 학력(學歷)을 중시하는 사회다.

10. 각국의 가정교육

독일의 초등학교는 전통적으로 오전 중에 끝난다. 오전 8시부터 오후 1시까지 수업이 끝나면 곧장 집으로 돌아와 점심은 가족과 함께한다. 프랑스도 매한가지다. 9시에서 12시까지 수업하는 오전학교와 2시에서 5시까지 수업하는 오후학교로 대별되어 점심은 집에서 먹게 되어 있다. 따라서 모든 프랑스의 직장이나 상점들도 12시에서 2시까지는 폐쇄한다. 가족과 함께 점심을 먹는다는 것이 무엇보다 중요하기 때문이다.

유럽에 있어 육아에 영향을 미치고 있는 가족의 가치체계는 미국의 부부중심형, 한국의 모자중심형에 비해 이처럼 가족중심형이다. 같은 가족중심형일지라도 영국은 엄모주의(嚴母主義)요, 독일은 엄부주의(嚴父主義)며, 프랑스는 양친주의(兩親主義)라는 차이가 있다.

영국의 어머니들은 남들이 보는 앞에서 내 자식에 대한 자연스런 애정 표현이나 애무행위가 일체 없다. 사람 보는 앞에서 아이를 끌어안거나 또는 아이를 안고 걷는다는 법도 없다. 데리고 나간다면 반드시 유모차에 태우고 간다. 이처럼 갓난아이 때부터 교육적인 배려 아래 양육한다.

한국의 청소년들은 17~18세에 이르면 부모에 대해 반항적인 시기를 반드시 겪는다. 그런데 영국의 또래 아이들은 일생 동안 가장 부모에게 온순해진다고 한다. 심부름이며 사교며 서비스며 봉사를 자발적으로 능란하게 하기에 가정교육의 휴식기로 교육학자들은 정의하고 있기도 하다.

영국의 가정은 타인에 의해 간섭받거나 교란당하는 것을 완강하게 거부한다. 대체로 손님을 초대해도 미국처럼 식사까지 연장된다는 것은 드물고, 저녁밥 이전에 차 정도로 끝내는 것이 상식이다. 왜냐하면 가족끼리의 식사가 그들의 생활의식에서 손님보다 더 중요하기 때문이다.

영국의 학교에서 가정환경 조사나 가정방문 같은 건 상상할 수도 없다고 한다. 그러기에 영국의 학교에는 학부모의 직업 통계 같은 것도 되어 있지 않다. 왜냐하면 스스로 자기 가정의 생활을 알려주거나 하면 몰라도, 어떤 필요에서든 외부사람 마음대로 가정 내 사정을 들여다본다는 것은 절대로 허락되지 않는다. 곧 그들 가정은 가족 이외의 요소에 의해 침해받지 않는 자기네 가족들의 성(城)으로서 굳게 지켜내려는 태도가 강하다.

영국의 철저한 가족 중심 체계는 산업혁명에 의한 남달리 빨랐던 근대화에서 찾아볼 수 있다. 근대화란 사람과 사람의 맺음을 그저 이익과 능률을 매개로 하도록 촉매한다. 곧 생활의 기계화는 인간성을 증발시킨다. 직장에서 맺어진 인간관계는 직장에서 끝나고 직장을 벗어나면 남남으로 고립(孤立)한다. 우리 한국처럼 직장생활이 직장 밖에까지 연장되어 대포집에도 가고 '섯다'도 하는 그런 인간적 만남이 없다. 영국의 가정은 인간성을 회복하는 시공(時空)이 곧 가족과 접하는 시공이기에 남달이 가족 중심형 가치체계가 형성됐다고 본다.

독일도 가족 중심적인 데 예외가 없다. 초등학교 교육을 오전중에 국한시킨 이유도 독일의 부모들이 아이들을 학교에 오래 두는 것을 싫어하기 때문이라고 한다. 곧 학교교육도 중요하지만 가정교육을 보다 중요시하기 때문인 것이다.

교육학자 세르스키의 조사에 의하면 "아이들을 어떻게 교육시키는가를 누가 결정하는가"의 청년 상대 설문에서 부모가 결정한다는 답이 67.2%요, 학교가 결정한다는 답이 17.1%였다. 곧 부모의 교육권을 높이 인정하고 있다.

그에 반해 독일이 가족 중심적인 것은 영국과 같으나 부친 중심 체계란 점이 다르다. 지금도 독일의 아버지들은 어머니와 사전에 운운하거나 전혀 통고도 없이 친구를 데리고 집에 불쑥 들어가 저녁을 같이 한다는 것은 상식이 되어 있다고 한다. 영국에서는 도저히 상상할 수 없는 일이다.

독일에 있어 아버지는 가장으로서 일가를 지탱하고, 가족을 건전(健全)하게 유지하며, 아이들을 교육하는 책임을 강하게 느끼고 산다. 어머니는 어디까지나 아버지의 훌륭한 협력자 입장이다.

옛부터 독일 여자의 생활의 場을 '3K'로 표현하고, '3K 人生'이라

곧잘 불렸다. 곧 교회(kirche), 부엌(Küche), 아이(kind)가 그것이다.

아버지가 아이들에게 엄한 존재이면 상대적으로 어머니는 자비롭기 마련이다. 그런 자비로운 점에서 삼엄한 영국의 어머니와는 다르다. 그러기에 대체로 독일의 청년들은 한국의 청년들처럼 아버지에 대해서는 반항적이고 어머니들에게는 강한 애착을 갖는다고 한다.

독일의 대학생들이 자신의 인생상담을 하는 상대로서 아버지보다 어머니가 훨씬 많은 비율을 나타낸 것도 엄부에의 반발 현상이라고 할 수 있다.

제2장

서열의식과 남녀 편견

1. 연령의 서열 문화

한국인은 나이를 따지고 서열을 가리는 데 둘째가라면 서러워할 국민이 되었다. 한국 사람들은 서로 만나면 상대방을 탐문하면서 여러 가지 이야기를 하지만, 그중에서도 가장 먼저 하는 것은 아마도 서로 나이를 비교하는 일일 게다.

이전에는 만나면 아예 처음부터 딱 까놓고 서로 나이를 밝혀 아래위를 가린 다음 형, 언니, 동생을 정했지만 지금은 양상이 조금 달라졌다. 사회가 조금 서양화되었다고 해서 그런지 나이를 드러내 놓고 비교하는 것은 아니지만 나이 따지는 한국인의 버릇이 어디 가겠는가. 그래서 처음에는 나이를 서로 묻지 않지만 대화가 조금 진행되면 반드시 나이를 확인하게 된다. 직접적으로 확인하는 방법이 곤란하면 조금 돌려서 띠를 서로 비교하는 방법 등을 쓰기도 한다.

학생들 같은 경우에는 학번이라는 좋은 매개체가 있어 학번을 비교함으로써 서로 나이를 확인한다.

그런데 이 경우에 한국인들은 나이만을 확인하는 데 그치지 않는다. 실제로는 다만 1년이라도 아니 몇 개월만이라도 연장자가 되려고 하는 욕구가 그 나이 확인 작업 밑에 깔려 있다. 이것은 우리나라 사회가 연장자에게 보다 많은 기득권이 돌아가게끔 짜여 있기 때문일 것이다. 윗사람이 되면 말도 놓을 수 있고 대접도 달라지고 하니 그럴 게다.

공자도 그렇지만 맹자가 가장 중요시한 덕목은 항상 연하자가 연장자에 대해 가져야 하는 의무적 덕목이다. 이런 경향은 호칭에서도 나타난다. 형제 자매 간에 연장자를 부를 때에는 부르는 사람의 성별에 따라 '형, 오빠, 누나, 언니'처럼 세분화되어 있는 것에 비해 연하자를 부를 때에는 그냥 '동생'이라고만 한다. 이렇게 연하자에 대한 호칭이 세분화되지 않았다는 것은 그만큼 연하자에 대한 관심이 없고, 연하자의 권리가 무시되고 있다는 것을 말해준다.

그러니까 연장자와 연하자가 싸우다가도 연장자가 조금만 밀린다 싶으면 나이 가지고 밀어서 유리한 세(勢)를 확보하려고 한다. 이전에는 연장자가 그 나잇값을 하기 위해 나름대로의 체면을 많이 차렸지만, 지금은 각자가 자신의 권리만 주장하는 형세가 된 모양이다. 그래서 그런지 몰라도 싸우다가 연장자가 연하자에게 "나한테 너만한 아들(혹은 조카)이 있어" 하고 나이를 앞세우면, 요즘의 연하자들은 곧 "나이만 많으면 다냐. 그 나이에 그게 뭐냐. 나잇값 좀 해라" 하고 다그친다. 그래서 한국인들이 싸우는 현장에는 이 이야기에서처럼 나이 문제 가지고 시비를 가리는 일이 약방의 감초처럼 항상 등장한다.

나이를 가지고 실랑이 벌이는 것은 그렇다치지만 나이의 지나친

분별은 별로 바람직하지 못한 권위주의를 배태시킨다. 그 결과 사회가 하나의 유기체로서, 다시 말해 살아 있는 개체로서 움직여지지 않고 권위가 한 곳으로 집중되니 원활한 기능을 못하게 된다. 이게 문제다. 그저 윗사람의 권위에 눌려 그가 어떻게 생각하고 있는가에만 관심을 갖고 눈치만 살피는 게 우리나라의 실정인 것이다. 그렇게 되니까 윗사람이 아무리 잘못 판단을 내려도 그것을 직접 대놓고 이야기하지를 못한다.

물론 이런 현상은 우리나라에만 있는 것은 아니다. 다만 우리 사회는 '원체' 유교의 영향이 강해 그런 권위주의의 피해가 유독 심하다는 것이다. 우리나라 사람들은 그릇된 권위주의가 가져오는 폐해를 줄이려고 노력하기보다는 권위 혹은 권세를 부릴 수 있는 위치에 못 올라간 것을 한스럽게 생각한다.

- 최준식 교수 글에서

2. 노인석의 유무

어떤 외국 관광객이 한국을 여행하는 사람들을 위한 안내책에다 뭐라고 썼느냐 하면, "한국에서 시내버스를 탈 때에는 절대로 손잡이만 잡아서는 안 된다. 손잡이 위에 있는 쇠막대까지 두 손으로 꽉 잡아야지 잘못하다가는 언제 차가 급정거해서 앞으로 쓰러질지 모른다"는 것이다.

우리도 그 글에 동감할 것이다. 한국 사회에서 인간에 대한 값어치가 떨어지고 사람이 사람 대접을 못 받는 것은 어디 가든지 그렇다. 식당, 길거리, 또 관청 같은 곳을 드나들어 보면 사람이 자랑스럽다고 느껴지기보다는 사람이 너무 흔하고 사람이 천하고 사람 대우를 제대로 못 받는다고 생각될 것이다. 물건값은 제대로 아는데 사람값은 얼마 가는지 가르쳐주는 사람이 없다.

그러나 자세히 한번 스스로 생각해 보자. 이렇게 인간이 최저가치로 떨어진 것 같고 끝없이 인간이 하락해 가는 인간 위기의 시대에 우리가 살고 있는 것 같지만, 자세히 관찰해 보면 다른 나라에서는 도저히 바랄 수 없는, 생각할 수 없는 인간의 싹이 자라나고 있는 것을 볼 수 있다. 그것을 여러분이 발견해 내고 그 싹을 키워줌으로써, 인간 부재의 얼음벌판을 하나의 꽃과 풀과 인간의 땅으로 만들 수가 있다.

그렇다면 그 씨앗, 그 풀이 어디 있는가? 나도 그것을 찾기 전까지는 한국에 희망이 없다고 보았다. 참으로 한국은 인간이고 뭐고 정말 사람값이 없는 땅이라고 생각했는데, 오히려 외국사람이 한국의 숨은 싹을 본 것이다. 바로 아까 버스를 탈 때 쇠막대기 잡아야 된다고 쓴 외국인이 바로 옆에다 뭐라고 썼느냐 하면, 처음 한국에 가서 버스를 타면 도대체 사람 살 곳이 못 되는 것 같은데, 열흘만 머무르면서 버스를 자꾸 타다 보면, 이거야말로 사람 사는 곳이구나 하는 것을 알게 되리라고 하는, 참 재미있는 것을 지적했다. 일본에는 실버시트라고 해서 노인이나 불구자를 위한 자리를 만들어 주어도 양보를 하지 않는데 한국에서는 그렇지 않다는 것이다.

버스를 마구 몰아 사람을 짐짝 취급하는 것 같은 일면이 있는가 하면, 아주 긴박한, 절박한 상업주의 문화, 인간 부재의 문화가 있는가 하면, 또 한편에는 어느 나라에서도 볼 수 없는 인간주의적 문화가 건재해 있더라는 것이다.

외국에선 노인들이 버스에 올라서도 양보해 줄 사람을 찾으려고도 하지 않는데, 한국에선 노인들이 버스에 올라 차 안을 훑어본다. 그러면 젊은 학생이 얼른 일어나서 "여기 앉으십시오" 그런다는 것이다. 이건 세계 어느 나라에도 없는 광경이다. "요즘은 그런 사람 없던데"라고 항의할 사람도 있을 것이다. 사실 한국에서도 그런 사람들이 점점 줄어들고 있는 것은 사실이지만 아직 외국에 비하면 그런 문화가 남아 있다.

또 그런 사람이 줄어든다 할지라도 남이 무거운 짐을 갖고 있으면 앉아 있는 사람이 자기 무릎에다가 남의 짐을 받아서 얹어놓는 풍경을 많이 볼 수 있다. 이것도 외국에서는 절대 볼 수 없는 광경이다.

외국에서는 내가 일단 먼저 와서 선취득권을 가졌으면 누구도 그것을 침범할 수 없으며, 누가 짐을 아무리 많이 들고 오더라도 나와는 관계없는 것, 그건 그 사람의 사정이다 하는데, 우리는 남의 고통을 보고도 모른 체하는 것은 일종의 작은 범죄가 되는 것이다.

또한 남의 자리도 양보하지 않고 짐도 받아주지 않는 사람이 있다 할지라도 그 사람의 얼굴을 가만히 쳐다보면 대개는 미안해서 외면한다는 것이다. 남이 서 있는데 나 혼자 앉아 있는 것을 뭔가 미안하게 느낀다는 것이다.

외국에서는 전혀 미안한 생각이 없다. 내 자리 내가 앉았는데 네가 왜 쳐다보냐는 식이다. 한국에선 제자리 제가 앉았어도 뭔가 자리에 앉아 있는 사람이 미안한 생각을 한다. 그것이 바로 한국적 휴머니즘의 싹이 송두리째 없어진 게 아니라는 증거다. 이걸 다시 살려 키워 가자는 것이다.

- 이어령 글에서

3. 나이 표현에 대한 한·미 문화

우리는 나이를 셀 때 '한 살, 열 살, 마흔 살…'처럼 '살'이라는 말로 표현한다. 그런데 이 '살'이라는 말은 나이를 셀 때 쓰는 의존명사로서 원래 '설'에서 나왔다고 한다. 그러니까 나이가 몇 살이라고 하는 말은 설을 몇 번이나 지냈느냐는 말이다.

한편 영어로는 몇 살이라고 할 때 'ㅇㅇ years old'라고 한다. 그래서 'I am ten years old'(나는 열 살입니다)라는 말은 태어난 지 '십 년 됐다, 십 년 오래 됐다, 십 년 낡았다, 십 년 늙었다'라는 말이 된다. 열 살짜리 아이를 놓고 '십 년 낡았다/늙었다'라고 표현하는 것은 우리로서는 아주 어색하지만, 사실 영어로는 사람이든 집이든 자동차든 무엇이든 나이를 표현할 때 같은 표현을 쓴다.

'My house is ten years old'(우리 집은 지은 지 10년 됐다)
'This car is five years old'(이 차는 5년 된 차다)

한국어와 영어로 나이를 표현하는 방법이 다르다는 사실도 두 문화 사이에 차이가 있음을 말해 준다. 나이가 몇 살이라는 표현이 설을 몇 번 지냈느냐를 가리킨다는 사실은, 우리가 은연중에 설을 많이 지낸 사람을 덜 지낸 사람보다 우러러본다는 것을 암시하고 있다. 그것은 우리말로 나이가 많지 않은 사람, 즉 설을 많이 지내보지 않은 사람을 '어리다'고 한다는 점에서도 알 수 있다.

원래 '어리다'라는 말은 '어리석다'[愚]에서 온 것으로 지금도 경험이 적고 생각이 모자라거나 수준이 낮다는 의미로 쓰이니 말이다. 즉 나이가 많지 않은 사람을 어리다고 표현하는 이면에는 그 사람이 아직 경험이 적고 생각이 모자라고 수준이 낮다는 뜻이 담겨 있다. 그래서 '어리다'는 말의 원래 뜻은 영어로 하면 young보다 foolish에 가깝고, 따라서 어린 사람이라는 말은 어리석은 사람이라는 말도 된다.

우리는 또 나이가 많지 않은 사람을 '젊다'고도 하는데 이 말도 재미있다. 물론 '젊음, 젊은이' 같은 말에는 꿈과 희망과 힘과 활기 같은 긍정적인 의미가 담겨 있지만, 이 '젊다'라는 말도 원래는 (어리다 는 말과 비슷하게) 경험이 모자라고 성숙하지 못하다는 뜻으로 쓰였고 심지어 방정맞게 촐싹댄다는 의미까지 담고 있던 말이다.

우리는 또 나이를 '먹는다'는 표현도 하는데, 여기서도 나이라는 것이 다른 좋은 음식처럼 먹을수록 좋다는 뜻이 담겨 있는지 모르 겠다. "나이깨나 먹은 사람이 왜 그래?"라는 표현에는 일단 나이가 들면 사람이 '무조건 자동적으로' 신중하고 사려 깊고 성숙하고 수 준이 높아진다는 생각이 들어 있다. 그래서 우리말의 '어리다, 젊다, 나이를 먹다'는 말에 이렇게 숨겨진 의미들이 있다는 사실은 우리(문 화)가 일찍부터 나이 많은 사람과 적은 사람을 '무조건, 자동적으로' 차별해 왔다는 것을 가리킨다.

영어(문화)에서는 나이가 든다는 것, 나이가 들었다는 것을 반드 시 좋게 여기지도 않고 '무조건, 자동적으로' 우러러보지도 않는다. 'I am ○○ years old'라는 표현은 태어난 지 몇 년 됐다는 사실을 지적 할 뿐 그 속에 어떤 특별한 뜻이 담겨 있지 않다. 그래서 그들은 나 이의 숫자가 적다고 무조건 자동적으로 미숙하고 어리석다고 짚고 넘어가지 않는다(사실 많은 사물이 오래될수록 낡아진다는 점을 생각하면, 영어표현에서는 '40 years old'가 더 '좋다'고도 할 수 있을 터이다).

나이가 많지 않은 사람을 가리켜 경험이 많지 않다고는 할 수 있 겠지만, 그렇다고 무조건 생각이 모자라거나 수준이 낮고 어리석다 고 말할 수는 없을 것 같다. 어쨌든 나이를 대하는 두 문화의 이러 한 시각적 차이 때문에, 잘 알려진 대로 한국 문화는 일찍부터 어른 과 아이를 구별하고 윗사람을 공대하는(반면에 아랫사람을 하대하는) 수직적 사회를 낳은 반면, 영어 문화(미국 문화)는 나이를 평평하게 대하는 수평적 사회를 형성해 왔다.

- 장석정 교수 글에서

4. 서열문화와 능력주의

한국에서 일반적으로 받아들여지는 사회적 통념에 따르면 대통령은 나라를 다스리는 가장 큰 '어른'일진대, 어른이라면 무엇보다도 일단 나이가 '지긋해야' 한다고 생각하는 것 같다.

반면에 미국인들은 능력 있고 자질만 있으면 젊은 나이에도 대통령이 될 수 있다고 생각하는 것 같다. 한마디로 한국 문화는 나이든 사람을 (거의 자동적으로) 우대하고 공경하는 seniority(서열, 연령)을 중시하는 문화인 반면, 미국 문화는 나이의 많고 적음에 크게 상관하지 않고 오히려 내용과 실속을 따지는 이른바 meritocracy(메리토크라시: 능력주의, 실력사회)를 기반으로 한다고 할 수 있다.

이는 물론 그동안 여러 사람들에 의해서 수없이 지적되어 온 문화적 대조이지만, 문화교류와 동화가 급속히 진전되는 오늘의 현실에서도 아직도 뚜렷하게 남아 있는 양 문화 간의 차이라고 볼 수 있다.

한국에서는 누가 어디서 무슨 일을 하든지 '나이'가 큰 변수로 작용하고 있다. 즉 언제 어디서나 '내가 저 사람보다 나이가 많다 또는 적다'는 사실이 중요하게 작용한다.

나이라는 변수는 더 나아가 '학교를 언제 들어가서 언제 졸업했느냐, 군대나 회사에 언제 들어갔느냐, 시험을 언제 합격했느냐' 등에 따라 학번, 졸업년수, 입대 동기, 입사 기수, 회수 등의 꼬리표로 바뀌는데, 이 또한 한국 사회에서 나이 못지않게 중요한 사회적 변수로 작용하고 있다.

나이가 많고 적음에 따라, 선배와 후배, 고참과 신참, 선임과 후임이 갈리는 한국 사회에서는 중요한 결정 사항이 이에 따라 정해지는 경우가 많다. 얼마 전 새 검찰총장으로 소위 사법시험 몇 기생을 기용하기로 했더니, 그의 동기생들과 선배 기수의 검찰 고위직들이 줄줄이 사표를 냈다고 한다. 동기나 후배 기수가 총장이 되는 마당에 그 '밑에서' 일할 수 없다는 논리 또는 후배 총장이 선배를 거느리게 되는 어려움을 주지 않기 위해서 퇴진한다는 논리이다.

이는 나이와 기수, 회수에 따라 직책에 임면(任免)되고, 직위와 직급이 정해지고, 급여와 승진이 결정되는 이른바 연공서열주의의 전형적인 예이다.

이러한 연공서열주의는 자칫 개개인의 능력과 실적, 성과를 도외시하게 되고 결과적으로 권위주의, 명목주의, 형식주의로 이어지게 된다는 것을 우리는 잘 안다. 이런 상황에서는 능력과 의욕에 따른 실질적인 경쟁이 없게 되어, 극단적으로는 "아무리 노력해 봤자 나이가 있고 기수가 있는데 소용이 없지"라는 식의 무사안일주의로 흐르게 되어 결국 사회 전체가 융통성 없이 경직되기 쉽다.

한국에서는 지도자나 상사는 나이가 든 사람이어야 한다는 통념이 있는가 하면 그 반면에는 가령, 음식점의 웨이트리스나 항공사의 승무원은 젊은 여성들이어야 한다는 통념도 있어 나이를 둘러싼 사회적 경직성이 드러나고 있다.

하지만 미국에서는 식당의 웨이터, 웨이트리스나 항공기 승무원 중에 물론 젊은 사람들도 있지만 나이든 아줌마나 아저씨들도 많이 있다. 나이를 따지기 전에 능력과 경험과 자질을 중시하기 때문이다.

한국에서는 앞서 말한 검찰 등 사법부를 비롯해서 고위 공무원, 군대, 학교, 공기업 등에서 이런 연공서열식의 형식주의가 아직도 크게 지배하고 있다. 따라서 연령에 따라 직위와 직급이 대충 정해지면 그에 따라 보수도 자동적으로, 일률적으로 결정된다.

개인의 실력을 가장 중요시하는 미국의 메리토크라시는 경쟁을 유도하여 결국 효율성, 생산성을 높이는 동력이 된다고 여겨진다.

왜냐하면 성과주의는 개인의 실력을 바탕으로 서로 경쟁해서 발전할 때 (승진, 승급 등) 좋은 결과가 따른다는 인센티브(incentive)를 부여하기 때문이다. '인센티브'라는 말을 가리키는 별도의 정확한 단어가 우리말에 없다는 사실이 한국 문화가 전통적으로 성과주의에 익숙하지 않다는 것을 말해 준다.

그래서 나이, 학번, 기수 등에 따라 서열이 정해지는 한국 사회는 수직적 사회인 반면, 누가 나이가 많으냐, 누가 먼저 시작해서 오래 됐느냐를 심각하게 따지지 않고 능력과 실적에 큰 비중을 두는 미국 사회는 수평적이다.

그렇다면 왜 한국 사회는 비경쟁적, 비효율적, 비생산적이라는 연공서열주의를 아직도 버리지 못하고 있는가. 그것은 문화의 다른 많은 요소들도 그렇듯이, 이 나이를 대하는 전통적 가치관도 뿌리가 깊고 매우 끈끈해서 쉽게 변하지 않기 때문이다.

미국 사회의 수평적 문화는 그들의 개인중심주의와도 맞물려 있는데, 이 개인중심주의도 지나치면 문제다.

미국에서는 때로 부모 자식 간에도 개인중심주의가 지나치게 작용하여, 부모는 자식으로부터 효(孝)를 기대하지도 않고 또 자식은 부모를 모셔야 한다는 책무를 느끼지도 못한다. 그래서 이 점에서만큼은 경로효친을 기리는 우리의 수직적 문화가 그들의 다분히 동물적인 수평적 문화보다 더 바람직하다는 것을 느낀다.

따라서 한국 사회도 한편으로는 경로효친 같은 바람직한 덕목은 지켜 나가되 개인의 능력을 바탕으로 하는 경쟁주의, 성과주의, 실적주의를 더욱 지향해야 할 것이다.

이제 한국에서도 일부 업종에서는 능력 있는 사람들을 발탁하고 스카우트하면서 과거의 연공서열식 급여나 승진 체계에서 벗어나 획기적인 대우를 시작하고 있다지만, 전반적으로는 아직 건강한 메리토크라시가 자리 잡지 못하고 있다.

능력주의를 지향하면서 한 가지 기억할 것은, 능력 있는 사람이 나이에 관계없이 인정받고 우대받는 것처럼, 능력 없고 성과를 못 올리는 사람은 나이에 관계없이 물러가야 한다는 점이다. 즉, 성과주의가 개인중심주의, 특히 개인책임주의와 맞물려 있다는 사실이다.

- 장석정 교수 글에서

5. 남녀 편견

우리는 우리만의 고유한 문화 속에서 살아왔기 때문에 무감각하게 느끼는 면도 서양인들에겐 좀 색다르게 보이는 일들이 있다. 그 중 하나가 남녀에 대한 견해 차이다.

즉, 남자아이들은 떠들고 장난치는데 아무래도 여자아이들은 남자아이들 같지 않다는 것이다. 그것을 보고 서양인들은 '남녀차별이 심한 나라'라는 인식을 가지게 된다. 이론인즉 남자아이가 떠드는 것이 용납된다면 여자아이들에게도 똑같이 용납되어야 한다는 것이다.

실제로 한국인들의 견해는 '여자가 그래서 되겠느냐'는 등 성(性)에 대해서는 상반되는 개념을 가지고 있는 것이 사실이다. 그런데 이런 것들이 남녀평등 개념이 강한 서양인들에게는 이해할 수 없는 것들이다.

우리나라 풍속에는 여자가 결혼하면 귀머거리 3년, 벙어리 3년, 봉사 3년을 지내야 그 가정이 평화를 유지하고 행복한 가정이 된다고 했다.

여자는 결혼하면 나쁜 소리를 듣더라도 못 들은 척, 말을 하고 싶어도 말을 아끼고, 호화스러운 것을 보아도 못 본 척하라고 했다.

미국의 남녀평등 여성운동가들은 'Lady first'라는 말을 좋아하지 않는다. 모든 일에 있어서 똑같은 조건에서 똑같은 대우를 받아야 된다고 주장하고 있기 때문이다. 그렇지만 아직도 대부분의 경우에 'Lady first'가 되지 않을 때는 그 남자는 무례한 사람으로 취급되고 있는 것이 사실이다.

'Lady first'는 결국 연약한 여성을 보호하고 그녀를 향하여 예의를 갖추는 것이다. 보통 가벼운 문은 남성이 열고 여성이 먼저 들어간다. 그러나 무거운 유리문 같은 경우는 남성이 먼저 밀고 들어가서 문을 잡아 준다. 승용차를 탈 때는 남성은 문을 열어 주고 여성이 탄 후 돌아가서 차의 왼쪽에 남성이 탄다. 그러므로 'Lady first'가 정착된 서양인들이 한국 음식점에서 나이 많은 남자에게 먼저 음식을 배달해 주는 것을 보면 놀라지 않을 수 없는 것이다. 한국은 여자보다는 나이 많은 노인이 먼저라는 것이다.

6. 남녀 간의 애정 표현

미국인은 남녀 간의 애정을 도로변이나 공원 같은 공공장소에서 대담하게 표현한다. 대담하다 못해서 뻔뻔스럽기조차 하다. 외국인들과 40여 년을 같이 생활한 필자도 당황할 때가 한두 번이 아니다.

한번은 혼자 미국을 여행할 때 비행기를 타고 가는데, 앞자리에서 이상한 소리(?) 같은 것이 들려서 염치불구하고 보았더니 한 쌍의 남녀가 정열적인 키스를 하고 있는 것이었다. 그 옆에는 초등학교 다니는 그들의 두 자녀가 있었다. 물론 그 아이들은 아무렇지도 않은 듯했다.

또 한 번은 미국 여행 중 미국인 가정을 방문했는데, 남편이 소파에 누워서 책을 보고 있고 부인은 그 남편 위에 누워 있고 시아버지와 시동생과 나는 그 앞에서 대화를 하는 상황이어서 내심 당황한 적이 있다. 공자가 보았으면 용납하지 못할 야한 모습으로 야단맞기에 적합한 장면일 것이다.

동양인은 이성 간의 포옹을 상당히 어색하게 생각한다. 물론 사랑하는 남녀 관계에서는 구별이 없지만, 일반적으로 서양인에게 있어 포옹은 동성 간에 또는 이성 간에 우정을 표현하기 위한 하나의 방법이다.

특히 오랜 기간 같이 일하다가 작별할 때는 동성, 이성 차이를 두지 않고 포옹을 한다. 한국에 와서 어느 기간 동안 근무하던 서양인이 헤어질 때 그 넓은 광장에서 일행이 보는 앞에서 포옹을 해오면, 이런 일에 익숙하지 않은 한국인들은 어정쩡하게 혹은 엉겁결에 포옹에 응하게 된다.

또한 한국인들은 여자들끼리 혹은 남자들끼리 손을 잡고 다니지만 미국인들은 거의 손을 잡지 않는다. 만약 미국에서 손을 잡고 다니면 십중팔구는 동성연애자로 오해받을 것이다. 그런 미국인들이 처음 한국에 와서 충격을 받았음은 말할 것도 없다. 동성연애자가 왜 이렇게 많냐고.

7. 남녀가 보행할 때

남자의 왼쪽에 있는 여자는 어떤 면에서는 'Lady'(숙녀)가 아니라고까지 말한다. 이런 전통 때문에 여자의 자리는 항상 남자의 오른쪽이다. 결혼식장에 신부가 아버지와 함께 입장할 때도 신부는 아버지의 오른쪽에서 걸어 들어온다.

　옛날 기사들은 칼을 왼쪽에 차고 다녔는데, 갑자기 적이 나타나서 결투를 하게 될 경우에 왼쪽에서 걷고 있던, 자기가 보호하던 숙녀가 칼을 빼는 도중 다치게 될지도 모른다는 데서 유래했다고도 한다.

　그러나 이럴 경우 남자는 두 여자 사이에 끼지 말고 왼쪽에 서서 가야 한다. 왜냐하면 남자가 가운데 끼면 말하는 남자는 두 사람을 동시에 쳐다볼 수 없기에 두 여자 중 어느 한쪽에만 시선을 편중시킬 수밖에 없기 때문이다.

　그렇다고 시계추처럼 규칙적으로 고개를 이쪽저쪽으로 돌릴 수는 없다. 더군다나 두 여자가 아주 친근한 사이라면 여자들끼리 말을 할 때 남자는 조금 앞에 가게 된다든지 혹은 조금 뒤처져가게 된다.

　군중이 많이 있는 곳을 통과할 경우에는 손을 잡은 상태에서 남자가 앞에 가면서 통로를 열어 준다.

8. 무거운 문을 열 때

　남녀가 문에 접근할 때는 남자가 먼저 열고 들어가고 뒤에 여자가 따라오도록 문을 붙들고 안쪽에서 있어야 한다. 하지만 문을 바깥쪽으로 당길 때에는 여자가 먼저 통과하도록 남자가 문을 당기고 있어야 하며 여자가 들어간 후에 따라 들어가야 한다.

　아울러 회전문을 통과할 때 그 문이 가만히 서 있을 때는 남자가 먼저, 그 문이 돌고 있을 때는 여자가 먼저 들어간다. 아무래도 힘을 쓰는 일은 남자가 하도록 조물주께서 마련하신 것 같다. 이런 모습이 서양사람들에게는 몸에 배어 있으나 동양사람들은 서툴다.

9. 나이 문화

　90세가 넘은 한 외국의 할머니가 병석에 누워 있었다. 거의 임종이 가까워지고 있는 할머니를 위해 손자가 할머니의 앨범을 보여 드리며 위로하고 있었다. 그때 마침 약 60년 전 사진이 있다고 하며 손자가 신기해하니까, 그 할머니가 아픈 몸으로 말하기도 힘든 상황에서 그 어려움을 무릅쓰고 하는 말이, "그때 무슨 옷 입었느냐"고 묻더라는 것이다. 미적 감각이 남성에 비해 천부적으로 타고난 여성들은 늙어서도 아름다움을 추구하는가 보다.

　일반적으로 한국 여성들은 젊은 사람들이 화장을 많이 하고 늙으면 시들해지나, 서양사람들은 늙을수록 화장을 하고 미적 감각을 추구한다.

　서양 여성에게 묻지 말아야 할 세 가지가 있다. 아름다움에 관계된 것으로, 체중과 나이와 신발 사이즈라는 것이다. 특히 결혼에 있어서 여성의 나이가 별로 중요하지 않은 서구사회에서도 금기의 것이라면 한국 사회에서 여성의 나이에 관해 묻는 것은 더 큰 실례가 아닐까 한다.

　외국인들이 한국에서 살면서 크게 인식하는 것 중의 하나가 나이에 관한 것이다. 아마도 이것은 유교사상 때문이 아닐까 생각한다. 공자님께서도 5년까지는 벗, 10년까지는 형, 그 이상은 부모라고 말씀하셨다는데 어쩌면 우리 한국인들은 공자님 말씀보다도 더 나이에 예민하게 사는 것 같다.

　서구인들은 20년 차이도 'friend', 그 이상도 'friend'다. 결국 우정에는 나이가 상관이 없는 것이다.

　또 연장자라고 해서 그의 의견에 더 비중이 실리는 일도 없다. 곧 아무리 나이가 많은 사람이라 해도 10대인 청소년을 이해시키기 위해 심적 부담을 지고 있는 것이다. 외국인과 같이 생활하거나 근무할 때 '자식뻘 되는 사람이 건방지게…'라는 생각을 하면 서구인들은 그것이 이해가 안 되어 오히려 모욕감을 느끼게 된다.

한국인들은 1년간의 차이가 있는 선후배 사이에서도 엄격히 격차를 따지고 있다. 특히 한국의 군대에서는 군대 밥그릇 차이도 엄격하다.

10. 경로사상과 Lady First

한국의 대중교통을 보면 공부에 찌들어 눈을 감고 있는 학생들을 볼 수 있다. 이렇게 현대인은 남녀노소를 불문하고 피곤한 생활을 하고 있다. 온종일 근무하고 퇴근길에 파김치가 다 되어 버스 의자에 앉은 남자 옆에 한 여자가 서 있는 경우가 있다고 하자. 그런데 그 여자가 그렇게 늙지도 않았고 불편해 보이지도 않으며 임신한 것도 아니고 손에 무거운 것을 들지도 않았다면 그는 자리를 꼭 양보하지 않아도 된다.

실제로 여성들 중에는, 온종일 근무해서 녹초가 된 남자보다 힘이 좋은 여자가 얼마든지 있을 수 있다. 물론 남녀를 불문하고 젊은 사람이 노인에게 자리를 양보하는 것은 당연하다. 특별히 경로석이 있는 우리나라에서는 경로석이 아니라 해도 노인에게 자리를 양보하곤 한다. 이것은 전 세계에 자랑할 만한 미풍양속이라 볼 수 있다.

미국 지하철이나 대중 버스에는 경로석이 없다. 그렇다고 Lady first 자리도 없다. 그러나 다들 알아서 한국 사회는 노인을 공경하는 모습을 보이고, 미국은 Lady first 정신을 지켜야 신사의 도를 한 것이다.

한국에서는 가족이 식사를 하는 도중 전화가 오면 대부분 그 가정의 주부가 일어나 전화를 받는다. 이것을 보고 서구인들은 한국의 여성은 차별대우를 받는다고 생각한다. 또 식사 도중 물을 마시고 싶을 때도 주부가 일어나 물을 준비한다든지 하며 몇 번이고 일어나는 모습을 본다.

서구인은 각자 먹을(편리한 시간에) 뿐만 아니라 설거지도 각자 하는 편이다. 어느 것이 좋다 그르다를 떠나서 지구 한편에는 이렇게 사는 나라들도 있다는 것을 알고는 있어야 할 것이다. 왜냐하면 외국 가정에 손님으로 갔을 때 자기가 해야 할 일이 있는 경우가 있기 때문이다.

국제 결혼을 한 아들이 부인을 데리고 남자의 부모님 집을 방문해서 식사 후 외국인 며느리가 시아버지에게 주스 한 잔을 냉장고에서 갖다 달라고 주문했다. 시아버지는 심히 불쾌했지만 주스를 갖다 며느리에게 바쳤다. 며느리가 시아버지에게 요청한 것은 냉장고가 시아버지 옆에 있었기 때문이다. 이것이 서양 여성의 모습이다. 이런 모습은 남성상위시대에 살아온 시아버지와 여성상위시대를 살아온 며느리의 행동이 갈등을 일으키기에 알맞다.

11. 미국과 프랑스의 섹스 문화 충돌

도미니크 스트로스 칸 전 IMF 총재의 호텔 여종업원 성폭행 혐의를 둘러싸고 미국과 프랑스의 성범죄에 대한 시각이 달라 사건이 엉뚱하게 문화 충돌의 논쟁을 한 바 있다. 우선 프랑스인들은 어떻게 유명인을 그렇게 잡범 다루듯이 수갑 채워 연행할 수 있는가 하는 불쾌감을 지니고 있는 것 같다. 프랑스에서는 용의자가 유죄로 밝혀

질 때까지는 수갑을 채워 연행하지 않는다.

프랑스의 저명한 철학자인 버나드 앙리 리바이 교수는 "미국 판사는 스트로스 칸을 일반 범죄자와 똑같이 취급함으로써 마치 공정한 재판을 진행하고 있는 것처럼 보이려 하고 있지만 바로 그것이 불공정한 일이다"라고 했다.

그는 세계 경제를 좌우하며 가난한 사람들을 위해 봉사해온 사람이다. 한마디로 프랑스인들은 호텔 방 청소하는 흑인 여종업원 좀 건드렸다고 프랑스의 대통령 후보가 될 인물을 그렇게 잡범 취급할 수 있느냐는 식의 불만인 것이다. 사회당원인 스트로스 칸은 여론조사에서 2012년에 있을 대통령선거 후보 중 선두를 달리고 있는 인물이었다. 당시 대통령이었던 보수당의 사르코지는 인기가 내리막을 달리고 있어 프랑스인들 중에는 다음 대통령으로 스트로스 칸을 상상하고 있는 사람이 많았다.

사실 미국 정치인들도 여성 문제로 말썽을 일으킨 사람들이 많은데 뭘 그러느냐고 말하는 프랑스인들도 있다. 제퍼슨은 흑인 하녀와의 사이에 자녀를 여럿 두었었고, 케네디는 마피아 두목의 애인과 교제했으며, 클린턴 대통령은 수습 인턴을 건드렸고, 공화당의 매케인과 깅그리치, 줄리아나도 조강지처를 버린 정치인들이다. 그런데도 이들은 정치적으로 매장되지 않고 다시 살아났다. 프랑스인들 가운데는 스트로스 칸 사건도 그런 아량으로 이해해 줄 수 있지 않느냐는 의견을 갖고 있는 사람들이 많은 모양이다.

그러나 스트로스 칸은 다르다. 미국 정치인들은 바람을 피운 것이고, 스트로스 칸은 상습적 강간범이다. 스트로스 칸은 자신을 인터뷰하러 온 바농이라는 여기자를 성폭행한 적이 있으며, IMF 여직원이며 헝가리 경제학자인 피로스카 나기라는 여인을 강간해 사과 성명까지 낸 적이 있다. 이외에도 그의 강간 미수는 여러 건이 있다.

사르코지 대통령은 그를 IMF 총재에 임명하면서 "엘리베이터에 여자와 둘이 있을 때 프랑스를 망신시키는 행동을 삼가해 주시오"라고 말했을 정도로 성추행을 둘러싼 그의 악명은 높다.

그런데 피해 여성들은 왜 스트로스 칸을 법정으로 끌고 가지 않았을까. 프랑스는 부르봉 왕조 때부터 권력자나 부자가 여자를 희롱하는 것을 당연시해왔다. 그런 전통 때문에 피해 여성이 고발해봤자 자신만 망신당하고 가해자는 막강한 변호사를 고용해 무죄가 되는 일이 잦기 때문에 여성들이 입을 다무는 경우가 대부분이다. 인터뷰하려다 성폭행 당한 여기자도 사회당원인 어머니가 스트로스 칸과 인연이 끊어지는 것을 두려워해 고발을 말리는 바람에 형사 문제화하지 않은 것으로 알려졌다.

그는 바람기 있는 남자가 아니라 성범죄자다. 단단히 벌을 받아야 한다. 성도착증에다 성중독자다. 프랑스와 미국의 문화 충돌로 해석해서는 곤란하다. 이런 인물이 프랑스 대통령이 된다면 엘리제궁에서 근무하는 여직원들의 안전이 어떻게 되겠는가. 대통령을 고발할 수가 있을까. 스트로스 칸은 이름이 말해주는 것처럼 유대인이다. 유대인 출신 프랑스 대통령이 탄생할 뻔했는데 이제는 어렵게 되었다. 유대인의 커다란 손실이다.

- 이철 글에서

12. 대화를 할 때

'Birthday party'나 'birthday cake'를 기다리는 아이들에게 "How old are you?" 하고 물어봐도 실례가 되지 않으나 "When is your birthday?" 하고 물어서 "Well, not this month for sure"(예, 아마 이달은 아니지요) 하면서 우물우물 동문서답식 대답하는 사람은 나이를

묻는 것을 몹시 싫어한다고 봐야 하며, 그런 사람에게 "How old are you?" 하고 묻는 것은 실례가 된다. 영국이나 미국에서 특히 나이에 신경을 많이 쓰는 무대 배우나 영화 배우에게 이 질문을 하는 사람은 예의를 모르는 야만인이라고 욕먹을 각오를 하고 일부러 하는 사람으로 간주한다.

돈에 관계되는 이야기를 함부로 질문하는 것도 에티켓에 어긋난다. "How much is your house?" 하고 물으면 "뭐 얼마 안 됩니다"(Well, so on) 정도로 대답해 둔다. 물론 가족이라든가 친구 사이라면 괜찮다.

영국 사람으로부터 집으로 초대받았을 경우, 어느 정도의 결례는 친구 사이라는 점에서 면책된다는 관례가 있기는 하나, 역시 "지나침은 미치지 못한 것과 같다"(Never too much)는 마음가짐을 잊어서는 안 된다.

세상에는 지나치게 정직한 사람이 있어서 다른 사람의 흠을 찾아내거나 흉을 찾아내거나 흉을 보는 데는 열심인데 자신의 결점을 지적하거나 듣기 거북한 말을 하면 성을 낸다. 예부터 "좋은 충고는 결정적으로 인간관계를 부숴 놓는다"(Good advice is absolutely fatal)라고 말한다.

말을 건넬 때, "Do you mind if I speak to you?" 또는 "Excuse me. May I talk to you?"와 같이 말하는 것은 형식적인 에티켓이므로 상대방이 이쪽을 의식하고 있다는 점을 알고 있으면 그대로 대화로 들어가는 것이 좋다. 여행자의 경우는 "Excuse me" 하고 곧 질문에 들어가는 것이 편리하다.

신경을 별로 쓰지 않는 분위기에서는 "Hello" 또는 "Hi" 하고서 이야기에 들어가는 것도 젊은 연령층에서는 자연스럽다.

물어보고 싶을 때 "개인적인 것을 질문해도 상관없겠습니까?"(Do you mind if I ask personal question?) 식으로 거창하게 나가기보다 그대로 요점을 질문하는 것이 좋다. 다만 "Where are you going?" 같은 질문은 낯익지 않은 사람에게 하면 무시당하든가 아니면 욕을 먹게 되므로 주의해야 한다.

우리나라 사람이건 또는 미국 사람이건 'an American'이라는 말을 들었을 때 미국인이라는 이미지(image) 안에는 미합중국(The United States of America, the States)뿐이고, 중남미(Cental and South America)라는 개념이 머리에 떠오르지 않는 사람이 대부분일 것이다. 멕시코(Mexico)나 브라질(Brazil)에 가면 "우리도 아메리카인입니다"(We are Americans, too) 하는 의식을 가지고 있는 경우가 많고, 특히 브라질 사람은 미국을 브라질보다 작은 나라고 관광여행 때에 들르게 되는 나라 정도로 인식하고 있는 사람까지 있다.

외교상의 용어로 '미 대사관' 하고 말할 때는 'The American Embassy'가 아니고 'The United States Embassy'가 정확한 용법이지만, 중남미를 제외하고 생각하면 'an American'은 '미합중국 시민'이고 또 'American History'는 '미합중국의 역사'가 되고 만다. 중남미를 여행할 때는 기본적 용어의 선택을 다시 한번 점검한다.

맞장구를 칠 때, 또는 대답을 할 때, '예'(Yes)와 '아니오'(No)만으로는 너무 무미건조하므로 "Yes, I think you're right"라든가 "No, I don't think so" 등 약간 길게 대꾸하는 게 적절한 커뮤니케이션(good communication)이다.

제3장

공간과 장례 문화

1. 공간의 공유화와 사유화

　공간의식(空間意識)의 심한 차이를 동서양에서 볼 수 있다. 서양 집은 완전히 사유화(私有化)한 공간인 데 비해, 한국 집은 완전히 공간을 공유(共有)한다. 서양 집은 물질적으로 사유하는 데 비해, 한국 집은 정신적으로 공유한다. 서양 집은 도어를 닫고 자물쇠를 잠그면 소리까지도 밀폐된 공간이 완벽하게 형성되는데, 한국 집의 장지문이나 미닫이에는 자물쇠도 없고 밀폐가 불가능하다. 그러기에 서양 집의 방을 나오면 바로 대문을 나온 것과 같이 외계(外界)와 통하는데, 한국 집의 방을 나오면 외계도 아니요, 내계(內界)도 아닌 완충의 공간으로 나가는 것이 된다. 곧 흑(黑)도 아니요, 백(白)도 아닌 회색 공간(灰色空間)이 형성된다.
　그러기에 담으로 둘러싸인 집안의 공간은 서양인의 집처럼 단순하지 않고 많은 차원의 보이지 않는 장벽이 복합되어 있다. 서양 집의 정원은 집을 미화(美化)하는 정원의 뜻밖에는 없고, 정원 틈에 난 길은 사람이 걷기 위한 길이란 뜻밖에 없다. 하지만 한국 집의 마당이란 공간은 미화의 역할도, 길의 역할도 하면서 그밖의 너무 많은 구체적 역할과 보이지 않는 터부와 심볼리즘의 역할이 복합된다.

한국의 안방도 용도가 다양하다. 방석이나 담요를 깔아 놓고 화투장을 펴 놓으면 '라스베이거스'(Las Vegas)의 도박장이 된다. 요강을 갖다 놓으면 화장실이 되고, 아이들 장난감을 펴놓으면 어린이 놀이터가 되고, 밥상이 들어오면 식당이 된다. 밤늦게 이불을 펴놓으면 침실이 되고, 책상을 놓으면 공부방 및 도서관이 된다. 이렇게 다목적 용도로 이용된다.

이렇듯 한국인의 공간은 다양하고 아울러 공간의식이 발달했다. 곧 완충과 연결의 미학(美學)이 이에 형성되며 한국인의 미(美)의식이 여기에서 탄생된다. 서양화는 그린 부분으로 감상함으로써 미가 포착되는데, 동양화는 그린 부분보다 그리지 않은 여백으로 주제(主題)의 취의(趣意)를 살린다. 곧 그리지 않은 부분을 그린 부분과 더불어 통관(通觀)함으로써 미가 토착된다.

가야금이나 거문고 산조(散調)도 그렇고, 판소리에서 가장 특색이 드러난 것은 소리 없는 사이런스(默音) 활용의 능란함에 있다. 송강(松江)도 "소리 없음이 소리 있음보다 낫다" 하지 않았는가. 이 모든 한국적인 미는 이같이 발달한 한국인의 공간의식에서 비롯된 것이다.

2. 공간 서열과 시간 서열

결혼식장이나 교회 강연장 등 공공장소에서 한국 사람은 뒷자리로부터 앉아나가는 데 예외가 없다. 미국 사람들이 앞자리부터 앉아나가는 것과 역현상이 벌어진다. 한국인은 이 강단(講壇)이나 무대라는 기점(基點)을 두고 가까울수록 서열이 높은 자리라는 공간의 서열 파악을 모두가 하고 있다. 다중(多衆) 속에 들어가면 대체로 겸손하게 마련인 한국인인지라 서열 높은 앞자리에 앉는 것을 기피한다. 왜냐하면 앞자리에 앉으면 자기를 높은 사람으로 과시한 격이 되고, 남들로부터 오만하다는 지탄을 받게 될 것이라는 의구심 때문에, 가급적 서열이 낮은 자리를 찾아 앉고 보니 뒷자리부터 찾아갈 수밖에 없다.

공간뿐 아니라 시간도 그렇다. 모든 행실에 선후를 중요시하는 한국인의 행동 방식이 그것이다. 찬물도 위아래가 있다는 말도 있듯이 시간의 선후는 공간의 전후와 같은 효과를 지닌다. 연장자와 겸상해서 밥을 먹을 때 연장자가 숟가락을 들기 전에 숟가락을 들어서도 안 되며, 맛난 음식일수록 그 연장자가 젓가락을 대기 전에 집어 먹어서도 안 된다. 상대방이 숟가락을 놓기 전에 먼저 숟가락을 놓지 않는 에티켓은 상대방에게 경의를 표하는 한 수법이었다. 그러기에 존경하는 상대방의 줄어드는 밥그릇의 속도를 가늠해가면서 내가 먹는 밥의 속도를 잘 조절할 줄 알아야 한다.

새로운 과실이나 맛있는 음식은 반드시 조령(祖靈)을 불러 먼저 맛보게 한 다음, 살아있는 자 가운데 가장이 그다음 맛보고, 식구는 그다음 차례에 먹어야 한다. 이렇게 시간이나 공간을 둔 서열 파악은 한국인에게 유별나게 강한 동일성(同一性) 가운데 하나이며, 이것이 지배하는 의식구조와 행동방식(行動方式)이 구미인의 그것과 부딪혀, 소위 문화 충격(文化衝擊)의 가장 잦은 유발요인을 이루고 있는 것이다.

3. 개별 공간과 공존 공간

한국의 집은 가족 간의 분리를 거부하는 공존 공간 구성을 하고 있고, 서양 집은 가족 간의 공존을 거부하는 개별 공간 구성을 하고 있다. 한국인에게 유별나게 강한 가족 의식 때문에 이 같은 공간 구조가 형성되었다고 할 수도 있고, 이 공간 구조 때문에 가족의식이 강해졌다고 할 수도 있다.

미국의 어린이들은 나의 의자, 나의 침대, 나의 식탁, 나의 데스크 식으로 나의 개체 공간화를 어릴 때부터 훈련시킨다. 이에 비해 한국의 가옥 내에 있는 공간은 어느 하나 개체에 소속된 공간이 없다. 모두가 우리 것이다. 근대화 과정에서 가옥 구조를 서구식으로 개조, 가족들에게 각기 개별적인 방을 배당하는 취향이 있으나, 이 전통적 주택 공간의 공유의식 때문에 각기 제 방에 있는 것을 불안해한다.

꼭 할 일을 끝내면 모두 제 방에서 나와 '우리' 방에 모여서 소일한다. 서재를 만들어 놓고도 서재를 이용하지 않는 남편도 매한가지다. 혼자 있는 공간에 길들어 있지 않는 공간의식 때문에 개량주택들은 이용도에 있어 균형이 맞지 않는다. 아파트나 개량주택에 오래 살아 본 사람일수록 어딘지 옛 한식집이 그리워지는 것은 이 '사이'로 이뤄진 심리적 공간 배려에의 민족 원형질(原形質)적인 향수(鄕愁)랄 것이다.

4. 눈앞만 보는 시각과 먼 장래를 보는 시각

한국은 도시계획이나 신흥주택지를 개발하는데도 바로 눈앞만 보고 몇 년 후를 못 보는 것 같다. 서울 간선도로를 넓히는 데 10여 층짜리 고층 건물들을 헐어내는 것을 보았지만, 그 건물들은 겨우 4~5년 전에 허가를 받고 지어진 경우가 많다. 뿐만 아니라 포장해 놓은 도로 밑을 1년에 몇 번씩 파헤치는 것도 다반사다. 좀 더 앞을 내다본다면 한번 파헤쳤을 때 하수도며 상수도며 전선이며 가스관이며 하는 지하공사를 한꺼번에 할 수 있었을 것이다.

알프스의 마터호른이 바라보이는 스위스의 관광지 체르마트란 곳이 있다. 그 도시에서는 어느 한 빈터가 생겼다 해서 그 땅 주인이 함부로 남에게 팔지도 못할 뿐더러, 또 그곳에 땅주인 마음대로 건물을 지을 수도 없다. 시청에서 규제하는 것도 아니다.

그곳에 사는 주민들 스스로가 합당하다고 여기고 합의를 본 건물만을 지을 수가 있는 것이다. 그 관광지에는 자동차를 타고 들어가지 못하도록 기계소리를 거부할 만큼 그 도시를 위한 원대한 계획 아래 많은 제한을 받고 있다.

이에 비해 우리 한국은 주인 한 사람 한 사람이 자기 땅이라 해서 제각기 제 마음대로 집을 짓는다. 길이 어떻게 나건 또 남의 집을 가리건 말건 아랑곳없으며, 하물며 그 전체의 미관 따위를 생각하는 법이 없다. 먼 훗날이라는 시간적인 앞을 못 볼 뿐 아니라 공간적으로도 눈앞만 볼 뿐 먼 곳을 볼 줄 모른다.

그러기에 어느 단계에 이르면 이전에 부흥했던 것을 부수고 또 그 자리에 새로 짓고, 새로 지은 것을 다시 부수고 짓곤 하는 파괴의 연속 위에서 오늘의 서울이 이룩된 것이다. 미래의 서울을 예상하고 파괴 없이 단계적으로 부흥된 것이 아니다. 독일의 함부르크도 2차대전으로 폐허가 되었던 도시다. 함부르크는 그 부흥의 제1단계를 항만, 제2단계를 공장, 제3단계를 주택, 이런 식으로 분명한 계획과 순서 아래 부흥, 오늘의 함부르크를 이룩한 것이다.

그런 단계 부흥이 어떤 법률이나 시 당국의 계획에 따른 견제력에 의한 것이 아니라 시민들의 자발적인 의사에 의해 진행되었던 것이다. 항만이 건설되고 공장이 재건될 때까지 함부르크 시민들은 폐허에 바람을 가리거나 가옥을 짓고 참아냈던 것이다.

금비(金肥)를 쓰면 땅이 산성화되어 그 정도가 심하면 수확량이 줄 뿐만 아니라 폐토화(廢土化)된다는 사실은 어느 농민도 예외 없이 다 알고 있는 사실이다. 그래서 퇴비를 쓰도록 장려하고 퇴비 생산을 의무화하도록 계몽도 하고 강제하기도 했지만, 퇴비를 써야 할 농민이 이를 무시하고 있는 상황이다.

앞을 보는 농민이라면 계몽이나 의무화를 하지 않더라도 스스로 퇴비를 생산하고 썼을 것이다. 그러나 구하기도 쉽고 또 시비하기 쉽고, 당장에는 퇴비보다 수확량이 많기 때문에 우선 금비를 쓰고 본다.

독일의 위치는 만주 북부와 같은 위도로 그 농토가 풍요하지 못하다. 그러기에 독일 사람들은 3포식(三圃式)이라 하여 일정 면적의 땅을 삼분해서 2포를 경작하는 동안 나머지 1포를 유휴시킴으로써 지력 소모를 막는다. 이렇게 1포씩 번갈아가며 쉬게 하는 농사를 3포식이라 한다.

물론 독일 사람도 금비의 효력을 잘 안다. 또한 양식의 증산을 위해 1포를 쉬지 않게 경작할 수도 있다. 우리 한국 사람 같으면 금비를 써서 노는 땅을 없앴을 것이다. 그러나 독일 농촌에 가면 여전히 3포식 농사를 지속함으로써 앞날을 위해 지력을 아끼고 있는 것이다. 미국에서도 윤작을 하는 곳이 많다.

해방 전에는 겨울 생선으로 보편적이었던 것이 동태와 대구였다. 그러나 요즈음 대구는 희귀한 생선이 되고 말았다. 대구는 회유하는 성질이 있어 주로 진해만에 와서 알을 까고 다시 동해안의 한류를 따라 북상한다고 한다. 그래서 해방 전에는 산란지인 진해만 인근에서는 이 대구잡이를 엄하게 제한함으로써 한국 연안에 대구를 번식시켰던 것이다.

그러나 해방 후 이 제한이 해제되면서부터 진해만의 대구가 남획되어 해가 갈수록 대구가 잡히지 않게 된 것이다. 눈앞에 보이는 대구를 잡을 줄만 알지 그것이 앞날의 멸종으로 연결된다는 것을 알면서도 실행을 못한다.

따지고 보면 욕심나는 물건이 앞에 있으면 바로 달려가 입수한다는 것이 소박한 인정이요, 인지상정이랄 수도 있다. 독도에 물개가 없어진 것도 일본인들의 지나친 남획 때문이다.

먼 날을 위해 단계를 밟아가며 괴로운 길을 걷는다는 것을 한국인은 참아내질 못한다. 기분이 앞서 사리나 도리를 무시한다. 목적이 눈앞에 있으면 그 목적을 이루는 과정을 뛰어넘어 그저 결과부터 입수하려 든다.

농사나 어업뿐 아니라 공업, 상업 분야에서도 예외가 아니다.

5. 한·미 장례 문화의 변화

한국의 공동묘지는 비교적 경제적 여유가 없는 가정의 죽은 자가 매장되는 곳이다. 이런 묘지를 Cemetery라고 한다. 부유한 사람들은 명당을 찾아서 개인 소유의 땅에 묻힌다.

한국에서 고속도로를 달리다 보면 명당이라 부를 수 있는 경치가 아름답고 양지바른 곳에 묘비와 둥근 묘가 보인다. 이런 묘지가 고속도로 변에 자주 나타난다. 그 묘지의 면적이 100여 평은 넘는 자리를 차지하고 있는 것 같다. 국토는 좁은데 이런 묘지가 차지하는 면적이 대단하다.

경지 면적이 좁은 한국에서는 이런 비생산적인 묘지문화가 변해야 할 것 같다. 조상의 묘지에 성묘를 가는 날이 1년에 한두 번이다. 거리가 멀고 교통이 좋지 않기 때문에 자주 찾아 뵙기가 어렵다.

한국의 묘지 면적은 전 국토의 약 1%로 주거지역의 절반, 공업지역의 약 2배에 해당한다. 매년 묘지로 큰 국토 면적이 잠식되고 있다. 국립묘지 설치법에 따라 국가 원수 묘역의 너비는 264㎡(약 80평), 묘역으로 이어지는 계단까지 포함하면 495㎡(약 150평) 정도다. 장묘(葬墓) 문화를 바꿔가야 할 필요성은 절실하다. 대통령을 비롯해서 지도층이 앞장서야 문제가 풀리고 국민적 공감대를 넓혀 갈 수 있다.

우선 국가 원수 묘역부터 줄이는 규정을 만들어야 한다. 최고 지도자의 업적은 묘역의 규모와 아무 관련이 없다. 미국의 알링턴 국립묘지에는 장군 묘역과 사병 묘역이 구분돼 있지 않고 사병과 장군이 똑같은 너비의 땅에 묻혀 있다.

미국의 공동묘지는 Cemetery라고 하지 않고 Park(정원) 또는 Forest Lawn 같은 이름으로 불리고 있다. 이런 공원은 조경시설이 잘되어 있고 관리자가 있어 잔디와 조경수들을 잘 가꾸고 있다.

묘지는 평지와 같아서 지상 위에 돌출 부분이 거의 없다. 한 시체가 차지하는 면적도 한 평 정도로 좁고 바로 옆에 다른 사람의 시체가 누워 있다. 같은 장소에 상하로 된 묘지도 있어 부부 중 먼저 간 사람의 시체가 밑에 들어가고 위층에 나중에 죽은 사람이 놓인다.

한국의 선조들이 묻힌 묘지는 집에서 상당히 먼 거리에 있으나 미국의 묘지는 집과 가까운 거리에 있다. 이런 조상의 묘지는 매주 가는 교회나 정원 내에 있는 경우도 있다.

미국의 묘지가 이렇게 가까이 있는 것은 삶과 죽음이 공존하는 것이기에 가까이 모시는 것으로 보고 조상이 생각날 때마다 찾아가서 대화를 한다.

　한국에서는 죽음은 마치 나와 아무 상관이 없는 것으로 보기 때문에 멀리 모시고, 추석이나 한식 같은 절기에 따라 형식적으로 1년에 한두 번 찾아간다.

　지금은 한국에도 현대식 사립 공동묘지가 공원에 들어서기 시작했다는 소식이 들려 온다. 사람이 세상에 올 때는 순서가 있으나 갈 때는 순서가 없다. 그래서 언제 죽을는지 알 수 없기에 묘지를 미리 가족 단위로 구입해 놓기도 한다.

　성묘할 때 꽃다발이나 작은 화분을 사서 가지고 간다. 공원 관리인이 물을 주고 꽃이 오래되어 죽으면 자손들이 가서 처리하지 못해도 공원 관리인이 제거해 준다.

　지난 20년간 아무도 예상하지 못한 속도로 바뀐 것 중 하나가 한국의 장례 문화다. 1991년까지만 해도 매장이 88%로 압도적이었다. 그러던 것이 매년 4~5%씩 화장이 늘기 시작, 2010년의 경우 화장이 67%를 넘어섰다. 2000년까지만 해도 매장이 66.3%를 차지했다. 관계자들은 2013년에는 화장이 70%를 넘었을 것으로 추산하고 있다.

　이처럼 화장이 급증하고 있는 것은 깨끗하고 간편한 것을 선호하는 풍조 탓이기도 하고, 매장 장소 부족을 이유로 정부가 이를 장려하고 있는 것도 한 요인이지만, 세대 간의 결속이 크게 약화된 것이 주원인으로 꼽히고 있다. 아무도 찾아오지 않아 사실상 버려진 무덤이 급속도로 늘고 있는데 그렇게 되기보다는 깨끗하게 화장하는 게 낫다고 많은 사람들이 생각하게 된 것이다.

　대도시일수록 화장률이 높아 부산이 83.5%로 최고를 기록했고 인천(81.1%), 울산(77.7%), 서울(75.9%) 순이었다. 대체로 도시가 화장률이 높고 시골이 낮은 것을 알 수 있다.

　우리가 살고 있는 미국은 어떨까. 속도는 한국보다 느리지만 방향은 대체로 일치한다. 2011년 미국에서 사망한 사람은 250만인데 이 중 42%가 화장을 택했다. 이는 15년 전에 비해 두 배가 늘어난 것이다. 미국도 지역별로 편차가 큰데 서부지역이 높고 남부지역은 낮은 편이다. 네바다가 74%로 가장 높고 워싱턴은 72%, 가주는 60% 정도다. 반면 제일 낮은 곳은 미시시피로 15.7%다.

이처럼 지역적으로 큰 차가 나는 것은 종교적 성향과 관계가 있는 것으로 보인다. 가톨릭은 1963년까지 화장을 불허했고 정통 유대교, 회교, 보수적 개신교 등은 아직도 화장을 금하고 있다. 기독교 입김이 센 남부가 매장을, 상대적으로 자유로운 서부가 화장을 택하고 있는 것은 이 때문이다.

세계적으로 가톨릭이 대부분인 폴란드의 경우 화장률이 10%도 안 되는 반면 일본의 경우는 99%에 달한다.

최근 미국에서 화장이 꾸준히 증가하고 있는 이유는 무엇보다 비용 때문으로 전문가들은 보고 있다. 미국 내 평균 장례비용은 6,500달러인데 화장은 그 1/3이면 된다. 미국은 땅이 넓어 아직은 묘지 부족 걱정은 하지 않아도 되지만, 유럽 각국은 한국처럼 이 문제로 골치를 앓고 있다. 런던에서는 공동묘지를 2층으로 하는 안이 추진 중이다.

조상 숭배의 전통이 약화되고 세속화가 진행되는 것에 비례해 화장이 늘어나는 것은 불가피해 보인다.

6. 장례 문화의 이중성과 선진화

농촌의 상가(喪家)에 가보면 상복(喪服)으로 검은색 양복을, 여자들은 흰색 치마저고리를 입고 있다. 언제부터 우리는 이런 상복을 입게 된 걸까.

1970년대 '가정의례준칙'에서 시작된 것으로 생각된다. 검은 양복과 흰 치마저고리는 서양과 동양의 타협이자 이중성으로 보인다.

통상 빈소에서는 거의 말을 하지 않는다. 표정도 근엄하고 엄숙하다. 그런데 빈소를 나와 음식이 차려져 있는 곳으로 가면 분위기는 확 달라진다. 술과 음식이 나오면서 갑자기 떠들썩해진다. 때로는 도박도 한다. 장례 분위기에서 갑자기 잔치 분위기로 뒤바뀐다. 조금 전에 눈물짓던 얼굴엔 술 마시며 웃음까지 번진다. 이는 묘한 이중성이다.

21세기에 세계에서 가장 앞서가는 IT 강국을 자부하는 대한민국 정부가 주관하는 국가 차원의 장례식을 보며, 한국의 장례 문화도 선진화되어야 할 필요가 있음을 느낀다. 우선, 정부가 국가 예산으로 수도 서울 지역뿐 아니라 전국에 이른바 '분향소'를 설치하고, 국민들에게 분향, 헌화, 내지 참배(큰 절)를 하게 한 것은 과거 '왕조 시대'나 독재 국가에서나 행해지는, 시대에 맞지 않는 관행이 아닐까 생각한다.

물론 정부가 국민들에게 분향소에 나와 헌화하라고 강요하지는 않았다. 그러나 분향소를 차려놓고 많은 사람들이 찾아가는 것을 직접 혹은 언론 매체를 통해 보게 되면 군중 심리 내지 이른바 '집단 사고'에 의해 움직이지 않을 수 없다. 물론 국장 기간에 국민들은 애도의 마음을 가져야 한다. 그러나 공무원이나 직장인들을 산적한 업무들을 제쳐놓고 분향소에 나가게 했다면 그것은 국력의 낭비임에 틀림없다.

최근 한국의 '국장'에서도 전국의 분향소에서 사람들이 꽃을 영정 앞에 바치고 참배를 하는 것을 보았다. 미국에서는 장례식이나 추도식에 참석자들이 꽃을 헌화하는 풍습은 없다. 다만 하관식 때에는 고인이, 언젠가 꽃과 같이 다시 피어나기를 기원하며 땅에 묻히기 전 관 위에 꽃을 얹어 놓고 이별을 고한다.

미국에도 '국장'(state funeral) 제도가 있다. 현직, 전직 대통령 사망 시 가족의 동의하에 국장을 수행한다. 그리고 국가와 사회에 큰 공로를 이룩한 자에게 국회의 결의에 의해 국장으로 장례식을 거행할 수 있다. 그러나 전국에 무슨 분향소나 참배 장소 같은 것은 설치하지 않는다.

미주 한인 사회에서의 장례식에는 특별히 조문객이 많은 것으로 이미 장례계에 소문이 나 있다. 그리고 조의를 표하는 뜻으로 누구나 '봉투'(금일봉)를 제출하는 것이 관례이다. 과연 이와 같은 풍습이 바람직한 일일까?

미국인들은 조문 갈 때 조의금을 가지고 가지 않는다. 한인들은 장례식에 참석할 때 반드시 까만색의 정장 옷을 입어야 한다. 그러나 미국에서 장례식 때 까만 옷을 입는 풍습은 이미 오래 전에 사라졌다. 미국 조문객은 평상복을 입고 나타난다.

21세기에 맞게 허례와 낭비적인 요소는 버려야 할 것이다. '국장'이라 할지라도 과거 '나라님'을 여읜 것 같은, 지나친 국민적 슬픔의 태도는 더 이상 갖지 말고 세계 13대 경제 선진국답게 장례 문화도 선진화되어야 할 것이다.

7. 장례 형식과 장지

고인에 대한 산 자들의 적절한 애도는 살아 있는 사람들의 예의다. 화려한 장례식은 죽은 자의 명예보다 산 자의 허영이나 아첨이 아닐까. 빈손으로 왔다가 한 줌의 부토(腐土)로 돌아가는 게 인생인

데 장례의 격이 무슨 의미가 있는가.

　어떤 장례건 경건하게 치르면 된다. 장례의 격이 고인의 위대함을 재는 잣대는 아니다. 화장해서 집 가까운 곳에 작은 비석 하나 세우라는 유서를 남긴 노무현 전 대통령은 그 점에서 오히려 돋보인다. 가족장이었으면 좋았을 법했다. 고인도 그걸 원했던 것 같은데 살아 있는 자들이 고집을 부렸다.

　지하 호화궁전을 지어 죽어서도 영화를 누리고자 했던 중국 황제들의 무덤을 보며 느낀 건, 그들이 죽음을 죽음으로 받아들이지 않은 오만함을 가졌을 것이라는 점이었다. 죽어서 무슨 영화를 누리겠다고! 미국 초대 대통령 조지 워싱턴의 묘는 생가 한쪽에 있다. 그의 묘는 검소하다 못해 초라할 정도다.

　중국의 저우언라이(周恩來)나 덩샤오핑(鄧小平)은 재가 되어 국토에 뿌려졌다. 아무것도 남기지 않았다. 그러나 많은 걸 남기고 갔다. '독일 통일의 아버지'라고 불리는 빌리 브란트 전 총리는 베를린 시민이면 누구나 묻힐 수 있는 공원묘지에 보통 시민들과 함께 잠들어 있다.

　프랑스 드골 전 대통령은 가족장을 하고, 묘지는 장애인이었던 딸이 묻혀 있는 콜롱베의 마을 공동묘지로 하라는 유언을 남겼다. 묘비에는 그의 유언에 따라 "샤를 드골, 1890-1970"이라고 새겨져 있을 뿐이다. 미테랑 전 대통령도 그의 고향마을 가족묘지에 묻혀 있다.

　한국에는 다른 나라와 거꾸로 되어 있는 점이 있다. 그것은 가장 경치 좋은 곳에 죽은 사람과 가난한 사람들이 한동네에 살고 있다는 점이다. 한국은 그야말로 지상의 천국이다.

　제주도에 가봤더니 죽은 사람이 농사를 짓는 밭의 복판에 묻혀 있었다. 배를 굶주려 가면서 조상을 숭배하는 한국인은 그야말로 천국인이다.

살아서 영광스런 자리에 있었던 사람은 죽어서도 그런 자리를 차지해야 하는가. 묘지를 통해 신분을 과시하지 않더라도 역사적 평가는 정확하게 나온다. 평등하게 태어났다고 하지만 사람마다 삶의 무게가 다르다. 국가와 사회를 위해 애쓴 분들에게는 그에 어울리는 예우를 하고 그를 기리는 사업을 벌이는 건 마땅한 일이다. 그러나 그 일은 장례를 크게 치르고 묘지를 호화스럽게 만드는 것과는 다른 것이다.

대통령이나 지도자의 묘지가 보통사람의 것과 달라야 할 까닭이 없다. 그들이 공원묘지에 보통사람과 함께 잠들어 있는 모습을 상상해 보라. 그런 모습을 보는 국민들의 마음은 흐뭇할까 허전할까. 큰일을 한 대통령도 하찮은 삶을 산 보통사람과 함께 잠들어 있다는 사실만으로도 국민은 살맛이 날 것이다.

국장으로 치러진 김대중 전 대통령보다 장례의 격이 떨어져서는 안 된다고 생각하는 전직 대통령이 있을지 모르지만 국민은 그렇게 생각하지 않을 것이다. 소박하게 가족장으로 치르고 고향마을에 묻어달라는 유서를 쓰거나 유언을 남기는 전직 대통령이 있다면 그를 더욱 우러러볼 것이다. 국민은 그런 지도자를 보고 싶은 것이다.

8. 한·미 장례 문화 차이

한국에 11년간 머무는 동안 가끔 장례식에 참석했다. 언제부터 장례식이 병원에서 치러졌는지 알 길이 없지만 지금은 대부분의 장례식이 병원에서 열린다.

몇 년 전 서울 S병원에서 친구 부친의 장례식에 참석했을 때다. 별채로 된 3층짜리 장례동 입구에 들어섰다. 각 장례실 입구와 복도에는 수십 개의 조화들이 장사진을 치고 있었다. 각 조화에 매달려 있는 리본에는 조화를 보낸 사람의 이름과 사회적 지위가 적혀 있었다. 상주에게 눈도장을 받기 위해서라고 친구가 말해준다.

그런데 우리가 찾아간 장례실에서는 조화를 전혀 볼 수가 없었다. 상주가 '조화 사절'을 미리 알렸기 때문이다. 참 잘한 일이라고 생각했다. 나는 동행했던 친구와 함께 입구에 자리한 접수처에 들러 조의금을 접수시키고 '식표'를 받았다.

장례실에 들어서니 상주 한 분이 꽃 한 송이를 건넨다. 나는 친구와 함께 영정 사진 앞에 꽃을 놓고 뒤로 물러서서 사진을 향해 절을 했다. 장례식을 마치고 문을 나서는데 안내원이 식당으로 안내한다. 친구와 함께 학교 강당 같은 식당으로 들어서니 여기저기 식탁 위에 장례실과 고인 이름의 푯말이 붙어 있었다.

우리 자리를 찾아 앉았다. 직원이 설렁탕과 비빔밥 둘 중 하나를 택하라고 한다. 주문한 지 5분 만에 식단이 차려졌다.

"식사를 30분 안에 마치셔야 합니다. 다음 손님들이 기다리고 있으니까요."

직원 아줌마가 우리에게 건네는 부탁이다.

내가 1960년대 미국에 와서 충격을 받은 것 가운데 하나가 장례식이다. 직장 동료 부친의 장례식에 가서 '뷰잉'(viewing)을 했다. 장례 예배를 마치고 문상객들이 줄을 지어 열려진 관 속에 누워 있는 시신을 잠깐 동안 보면서 고인의 옛날을 반추해 보는 순서다. 처음에는 왜 시신을 봐야 하는지 이해가 되지 않다가 세월이 흐르면서 '뷰잉'의 의미를 깨닫기 시작했다. 한국 장례식에서는 고인과 마지막으로 대화할 수 있는 절차가 없다.

우리는 미국식 장례식에서 '뷰잉'을 통해 고인의 옛날을 되새기고 또 고인에게 마지막 말을 전한다. '뷰잉'을 마친 문상객들은 옹기종기

식장에 남아 고인을 추모하며 이야기한다. 즉 미국에서는 고인이 장례의 주인공이 되는 것이다. 그러나 한국에서는 상주가 주인공이 되고 있다. 장례식 참석 여부와 조의금 액수는 고인보다는 순전히 상주의 영향력에 달려 있다. "정승집 개가 죽으면 문상을 가도 정승이 죽으면 문상을 가지 않는다"는 속담 그대로다.

미국 일간지들을 보면 부고란이 있다. 나는 이를 자세히 읽으면서 미국 사회의 현주소를 읽는다. 사진과 함께 실린 부고란에는 고인의 생년월일과 세상을 떠난 날을 비롯해서 고인의 삶이 자세히 적혀 있다. 그리고 끝에 조의금은 어느 자선단체나 장학회로 보내라고 당부하는 글귀가 있다.

한국 부고는 왜 이렇게 하지 못할까 하는 의구심을 가져본다. 한국 부고는 조의금에 대한 언급 없이 고인의 사회적인 지위와 몸담았던 기관들, 유가족의 이름들과 사회적인 지위를 열거하고 있으니 말이다. 우리도 한 번 생각해 봐야 되지 않을까?

- 허종욱 교수 글에서

9. 상대방의 눈을 안 보는 문화와 쳐다보는 문화

미국 와서 이상했던 것 중의 하나가 TV에서 앵커들이 시청자 쪽을 보지 않고 자기들끼리 눈을 빤히 쳐다보며 얘기하고, 야구 중계 때 코치와 심판이 서로 눈을 바싹 댄 채 언쟁하는 모습이었다. 미국인들의 눈맞추기는 대인관계에서의 기본적인 '아이 컨택트(eye contact) 문화'로 그렇게 하지 않을 때는 비정상으로 본다.

동양적 관점에서 시선은 곧 상대방에 대한 예의다. 눈을 쳐다보지 않는다. 자녀가 부모와 눈을 맞추면 버릇없고, 조폭세계처럼 상하가 분명한 조직일 경우 "어디다 눈을 똑바로 뜨냐"는 항명 시비가 될 수 있다.

그러나 서양은 권위보다 평등, 감추기보다는 감정을 표출하는 수평적 개방사회다. 그래서 신체 부위 중에서 속내를 가장 잘 드러내는 '마음의 창'인 눈을 대인관계에서 가장 중요시한다. 대화할 때 서로 창을 활짝 연 상태, 즉 눈과 눈을 마주치는 것을 기본 예의로 본다.

이때 시선을 피하면 '마음의 창'을 닫는 것으로 간주하여 뭔가 숨기고 속이려 한다고 받아들인다. 또 자신을 정당하게 드러내는 것을 좋게 보기 때문에 눈을 피하려는 사람들을 자신감이 결여되어 능력도 뒤처진다고 간주한다. 미국 병원의 한 한인 간호사가 업무 평가가 나빠서 수퍼바이저에게 따졌더니 "평소 아이 컨택트를 하지 않았기 때문"이란 말을 듣고 놀랐다는 것이 좋은 예다.

따라서 미국 가정에서는 아이가 말을 배워 대화가 가능해질 때 부모는 제일 먼저 아이의 어깨를 잡고 얼굴을 똑바로 보게 한 후 "애야, 엄마 눈을 보렴" 한 다음에 말을 한다. 이때 딴 곳을 보면 아이의 얼굴을 손으로 잡아 엄마의 눈과 높이를 맞추게 고정시킨 상태에서 똑같은 훈련을 반복한다. 학교에서도 교사는 학생에게 이런 자세를 가르친다. 면접할 때 각별히 주의해야 한다.

지시를 할 때 전달사항을 말하기 전에 "제임스, 룩 앳 마이 아이즈"라고 함으로써 눈을 주시하게 만든다. 직장 인터뷰 때도 면접관이 예의 주시하는 것이 '아이 컨택트'이기 때문에 미리 카운슬링까지 받는 경우도 있다고 한다. 그러나 한인들은 눈맞춤의 문화가 아니기 때문에 미국 엄마들과는 달리 아이의 눈이 아닌 불특정 신체 부위를 향해 말을 한다.

그래서 가정에서 못 배운 채 학교에 가게 된다. 학교에서 선생님이 주의를 줄 때 눈을 쳐다봐야 한다고 해서 집에서 아빠가 야단을 칠 때 똑바로 쳐다봤다가 "어디서 빤히 보냐"며 뺨을 맞고 울어 버렸다는 2세의 기사를 읽은 적이 있다. 이민 자녀가 겪는 문화 혼란의 하나다.

   1세인 우리가 미국 문화를 다 섭렵할 수는 없다. 그러나 자녀가 미국인에게 외계인처럼 놀림의 대상이 되지 않게 기본적인 문화를 알아, 어려서 가정에서 훈련시키는 것은 이민 부모의 책임이다. 문화는 머리로 받아들이는 것이 아니라 습관으로 몸에 배는 것이기 때문이다.

제4장
법 문화와 인종 갈등

1. 황당한 법, 황당한 소송

동양인과 달리 서양인들은 작고 사소한 일을 가지고도 "I'm sorry"를 자주 사용한다. 친구나 가족 간, 부부 간에도 역시 곧잘 사용한다. 어쩌다 이렇게 늦게 퇴근하게 되었느냐고 가볍게 묻는 아내에게 "I'm sorry"(미안합니다)가 자연스럽게 나온다. 변명을 하더라도 우선 "I'm sorry"를 해놓고 그 이유를 설명한다. 아마 우리도 "죄송합니다"라는 말을 좀더 자주 사용하면 꽤 많은 마찰과 불쾌감을 피할 수 있을 것이다. 짜장면 배달이 늦어졌거나, 어쩌다 지나가는 옆사람을 건드렸어도 "죄송합니다"라고 한마디 하면 훨씬 부드러운 사회가 될 것이다.

그러나 주의해야 할 점은 미국에서 여행을 하다가 교통사고를 냈을 때 "I'm sorry"를 하면 그것이 근거가 되어 과실을 인정하는 것이 된다. 그렇게도 "I'm sorry"를 잘 사용하던 일상생활 용어가 교통사고 시에는 사과라는 말을 절대로 하지 않는 것이 미국의 일반적인 관습이다.

"I am sorry", "미안합니다"라는 말은 2001년 1월 1일까지 캘리포니아 주의 운전자와 의사에게는 가장 하기 힘든 말이었다. 캘리포니아 주에서는 2000년 12월 31일까지 자동차 사고현장에서 운전자가 "미안합니다"라고 말하면 사고를 낸 책임이 있다고 인정하는 법적 증거로 받아들여질 수 있었기 때문이다. 미국 사람들이 사고가 났을 때 서로 정보만 주고받은 뒤 조용히 헤어지는 것은 타고난 신사 숙녀여서가 아니다. '미안하다'는 한마디를 나누는 것조차도 큰 손해가 될 수 있기에 그래서 모든 일은 보험회사와 변호사에게 맡기는 것이다.

의사가 병이 낫지 않은 환자에게 "미안합니다"라고 말해도 의사가 자신의 책임을 고백하는 증거가 됐었다. "미안하다"는 한마디를 근거로 환자가 엄청난 배상금을 요구하는 소송을 하는 케이스도 많았다.

그러나 2001년부터 운전자나 의사가 "미안하다"고 말한 것이 법적 증거로 채택되지 않는다는 내용의 새 법(sorry law)이 발효되면서 상황은 달라졌다. 운전자와 의사는 "미안하다"는 말을 쉽게 할 수 있게 됐다. 매사추세츠 주와 텍사스 주에서는 캘리포니아 주보다 먼저 이 같은 법이 시행됐지만, 아직도 미국의 많은 주에 사는 사람들은 "미안합니다"라는 말을 쉽게 하지 못할 때가 있다.

미국에서는 매년 새로 발효되는 연방법만 해도 수백 종류다. 새로 생기는 법 가운데는 인간의 권리를 보호하는 내용이 많아 새 법이 생길 때마다 권리를 찾겠다는 사람들의 소송도 늘어난다. 소송 내용은 때로는 상상을 초월한다.

법대를 다니다가 낙제를 한 학생이 학교를 고소했다. 학교를 고소한 학생은 45살의 여성으로 학교는 자신이 낙제할 것을 알면서도 등록금을 받기 위해 입학시켰다고 주장했다. 고소당한 학교는 미국 변호사협회의 인가를 받은 웨스턴 스테이트 유니버시티이다.

전과자도 입사원서를 냈다가 거부당하면 소송을 하는 나라가 미국이다. 한 남성이 위스콘신 주에 있는 쓰레기 회사에 입사원서를 냈다. 이 남성은 할로윈데이에 어린이를 성폭행하고 살해한 2급 살인 전과자였다. 복역한 뒤 출소해 집행유예 기간에 구직신청을 했지만 취직이 안 되자 전과자이기 때문에 부당한 대우를 받았다고 차별소송을 했다. 이 남성을 채용하지 않은 회사는 어린 학생들이 견학을 많이 오고 위험한 물질이나 무기도 다루기 때문에 전과자를 입사시키는 것이 적합하지 않다는 결론을 내렸다고 정중히 밝혔다.

신(God)이 피고가 된 경우도 있다. 펜실베이니아 주에 살던 63세 남성은 자신이 해고당한 회사와 30년간 이어진 소송에서 실패하자 그 책임을 신에게 돌렸다. 우주의 통치자인 신이 세상의 잘못을 방치해 자신의 인생이 망가졌다는 주장이었다. 그는 신에게 자신의 청춘을 돌려놓고 유명한 기타리스트가 되려고 했던 꿈도 이루게 하라고 요구했다. 만일 신이 법원에 출두하지 않으면 소송에서 진 것이라고까지 했다. 판사는 소송을 기각했다.

캘리포니아 주에서 "미안합니다"라고 선뜻 말할 수 있는 법을 통과시킨 것도 소송을 줄여 보험료나 정부 지출을 줄이려는 속뜻이 있었다. 자동차 접촉사고나 의료사고가 났을 때 상대 운전자나 의사가 "미안하다"는 한마디만 했어도 고소하지 않았을 것이라고 말하는 사람이 많기 때문이다.

새 법이 발효된 주에서 "미안하다"는 말을 할 때도 여전히 조심해야 한다. 운전자는 "미안합니다" 뒤에 "제가 못 봐서요"라고 덧붙이면 안 된다. 의사도 "이런 일이 당신에게 일어나서 유감입니다. 미안합니다"라고만 말해야 한다. "나의 치료가 당신을 고통받게 해서 미안합니다"라고 하면 과거처럼 손해보상 소송통지서를 받을 수도 있다.

"미안합니다"라는 말을 듣고 진정했던 사람의 마음도 바뀐다.

사고가 나고 3분 뒤와 3주일 뒤는 상황이 달라진다. 목이 당기고 허리가 아파오면 사람들은 다른 생각을 하기 시작한다. 소송은 줄지 않고 불필요한 소송을 막기 위해 법은 또 생기고…. 이래저래 변호사가 늘어날 수밖에 없는 나라가 미국이다.

2. 법 앞에서는 만민이 평등

로라 부시 여사가 텍사스 주 퍼스트레이디였을 때의 일이다. 프랑스를 여행하고 텍사스 공항에 도착하자마자 세관의 조사를 받았다. 로라 부시는 프랑스에서 산 물건값을 500달러라고 신고했지만 실제 물건값은 일만 9천 달러였고 여권에서는 영수증이 나왔다. 세관 직원은 재선된 조지 부시 주지사의 부인 로라 부시의 얼굴을 분명히 알고 있었다. 그러나 그는 로라 부시를 일반인과 똑같은 규정대로 조사했다. 로라 부시도 불평 없이 조사받은 뒤 세금과 벌금 4,100달러를 내고서야 주지사 관저로 갈 수 있었다.

조지 부시 주지사가 대통령이 됐을 때에는 쌍둥이 딸들이 문제를 일으켰다. 19살이었던 바바라와 제나 부시가 텍사스 주에서 가짜 신분증으로 술을 사려다가 경찰에 체포됐다. 미국에서는 18살부터 성인이지만 술은 21살부터 살 수 있다. 물론 21살이 안 된 대학생의 상당수가 알게 모르게 술을 마시기는 해도 술을 사거나 마실 수 있는 법적 나이는 21세 이상이다.

둘째인 제나의 불법 음주 문제는 벌써 세 번째였다. 대통령 딸들의 사생활을 보호해야 한다는 주장도 있었지만, 이어지는 딸들의 불법 음주 문제는 대통령의 직무에 지장을 주니 사생활 차원이 아니라면서 언론은 사실을 보도했다.

언론의 보도보다 더욱 중요한 것은 경찰이 어떻게 출동했느냐이다. 바바라와 제나 부시가 가짜 신분증으로 칵테일 마가리타를 주문했을 때 식당 매니저는 대통령의 딸들을 알아봤다. 그는 긴급전화 911에 신고했고, 대통령의 딸들이 앉아 있던 테이블에는 마가리타 대신 경찰이 도착했다. 경찰이 경고에 그치려 하자 매니저는 대통령의 딸들도 보통사람과 똑같은 법 적용을 받아야 한다고 주장했다. 식당에는 대통령 딸들의 경호원이 있었지만 경호원은 신변안전만 책임진다. 식당 매니저가 조지 부시 대통령을 싫어해서 그의 쌍둥이 딸을 신고까지 했다는 뒷얘기도 있다. 그러나 중요한 건 경찰의 출동에서부터 재판까지의 법 집행과정이다. 대통령의 딸들은 음주 위반 티켓을 받은 뒤 경찰과 법원으로 불려 다니다가 사회봉사와 벌금형을 선고받았다.

빌 클린턴 전 대통령과의 섹스 스캔들 주인공인 모니카 르윈스키, 폴라 존스 두 사람은 대통령을 상대로도 미국의 법 집행이 기본적으로 평등하다는 사실을 경험했다.

대통령 탄핵이 거론될 때였다. 모니카 르윈스키는 대통령이 탄핵재판을 받게 될 수도 있는 내용의 증언을 하고 면책특권을 받았다. 대통령이 백악관 인턴이었던 자신과 성관계를 하지 않았다고 말하라는 위증교사를 했다는 증언이었다. 현직 대통령에게 치명적인 증언을 하면서 일반인이 법적 권리를 보장받은 케이스다.

폴라 존스는 클린턴 대통령을 상대로 성희롱 민사소송을 했다. 폴라 존스는 클린턴 대통령이 알칸소 주지사였을 때 직권을 남용해 남편이 있는 자신을 호텔 방으로 불러들여 성희롱을 했다고 주장했다. 그가 기자들에게 한 말 한마디가 인상 깊다.
"나 같은 평범한 시민이 대통령에게 민사소송을 할 수 있는 법적 권리를 보장받는 미국인이라는 사실이 자랑스럽습니다."

남가주 샌디에이고 시의 노숙자 9명은 2004년 겨울 노숙자의 법적 권리를 보장하라면서 시 정부를 고소했다. 길에서 잠을 자다가 경찰에게 티켓을 받았기 때문이다.

시 정부는 시의 이미지를 좋게 하기 위해 다운타운에서 노숙자들이 잠을 못 자게 하는 시 조례를 만들었다. 노숙자들은 길에서 잠을 자지 않도록 노숙자 숙소에 침대를 충분히 갖추라고 요구했다.

- 강혜신 글에서

3. 인간적인 방법과 제도적인 방법

한국에서 야당들이 의결한 특검법을 대통령이 비토하였다고 원내 다수당의 대표가 "나라를 구하겠습니다"라는 구호를 벽에 걸고 단식투쟁을 하는 사진을 보면서 혼란을 느꼈다. 머리에 붉은 띠를 두르지 않았다는 것 외에는 한국의 노동투쟁 등에서 흔히 보는 모습이다. 법을 제정하는 기관에서까지 이런 식으로 문제를 해결하려 하는 것은 이해하기 어렵다.

국회가 결정한 법안을 대통령이 거부할 수 있고, 그럴 경우 국회는 재의를 통해 3분의 2의 표결로 다시 결의하면 대통령도 더 이상 거부할 수 없도록 법으로 명백히 규정되어 있다. 이 제도는 민주주의의 근간인 권력의 분립과 견제를 위한 제도적 장치이다.

미국에서는 대통령이 고유권한인 거부권을 가끔 행사하며 이로 인해 문제가 되는 경우가 전혀 없다. 한국에서는 그동안 여당이 무리수를 두어서라도 국회의 다수당이 되었기에 이런 문제가 없었다. 하지만 지금은 사정이 달라져서 대통령이 거부권을 행사하는 상황이 벌어졌다. 대통령이 법에 규정되어 있는 대로 권한을 행사하면 국회도 이에 따라 문제를 처리하면 될 텐데, 그렇게 상식적으로 진행되지 않는 것이 한국의 실정이다.

문제를 처리하는 방법을 크게 두 가지로 나누면 규정과 절차를 통한 제도적 방법과 사람의 판단과 결정에 의존하는 인간적 방법이 있다. 인간적인 방법은 빨리, 그리고 형식에 구애받지 않고 융통성 있게 처리할 수 있다는 장점이 있다. 단점으로는 당사자의 주관적 판단에 영향을 받으며 정실에 흐르기 쉽고 감정적 대립으로 치달을 확률이 배우 크다는 점이다.

제도적 방법의 장점은 체계적이고 이성적 판단과 예측이 가능한 것이며, 단점으로는 시간과 비용이 많이 들며 형식적일 수 있다는 점이다. 모든 일들이 순조롭게 될 때는 인간적 방법이 효율적이다.

교통사고를 당했을 때 양자가 원만한 합의를 볼 수 있다면 경찰을 부르지 않아도 된다. 하지만 서로 삿대질하며 목청을 높이는 것보다는 경찰이 와서 사건 경위서를 작성하고 각자의 보험회사가 책임의 소재를 가려 해결하는 제도적 방법이 낫다.

한국에서는 주로 인간적 방법으로, 미국에서는 제도적 방법으로 일을 해결해 나간다. 그래서 한국에서는 인화와 화해란 말이 자주 사용된다. 원만한 인간관계의 회복이 문제해결에 우선하므로 폭탄주가 위력을 발휘한다.

미국에서는 제도적 처리를 위해 문서화하는 것과 제도화가 중요하다. 그리고 지속적 개선을 통해 현행 제도의 문제점을 보완하며 발전시켜 나간다. 지난 1999년 빌 클린턴 대통령이 탄핵 절차를 거쳤던 일과 2000년 대통령 선거에서 승패가 뒤바뀔 수 있는 절박한 상황 속에 벌어진 플로리다 재개표 문제를 어떻게 다루었던가 생각해 보자. 한 번의 농성, 단식투쟁 혹은 장외 투쟁 없이 제도적으로 처리되었다.

9·11 사태 이후 도의적 책임을 지고 물러난 고위공무원은 아무도 없다. 그보다는 그런 일이 왜 일어났으며 어떻게 방지할 수 있을지 제도적 보완에 박차를 가하였다.

이런 일들이 한국에서 일어났다면 어떻게 진행되었을 것인가는 자명하다. 해당 장관 내지 국무총리가 도의적 책임이란 명분으로 책임추궁을 당하며 사임을 강요받는다. 그러니 제도적 개선은 뒷전이고 사람을 바꾸어 해결하고자 하다가 정작 사후대책은 미봉책으로 끝나고 만다

- 임진혁 교수 글에서

미국 서부 명문 UCLA 총장이 몇 년 전에 만취된 상태에서 운전을 하다가 서 있는 차를 받고 계속 갔다. 얼마 후 가로수를 받아 차가 멈춤에 따라 경찰에 잡혀 운전을 3개월 못하도록 법정 판결을 받았다. 이것이 미국의 제도다. 한국 같으면 본인은 물론이요 교육부장관, 국무총리까지 들썩들썩했을 것이다.

한국에서는 안 되는 게 없으며 또한 되는 게 없는 역설적인 이유가 여기에 있다. 이제는 안 되는 것은 안 되고, 될 것은 되는 제도적 해결책을 조금씩이라도 도입하여 각계각층의 상이한 이해가 이성적이고 합리적으로 처리되어 가는 성숙한 사회로 발전하여야 한다.

미주 내 한인회, 교회, 그리고 각 단체들도 한국의 인간적 문제해결 방법을 그대로 답습하면서 마치 전통을 지켜나가는 체하는 모습에서 점차 벗어나 제도적 방법으로 문제를 해결하도록 노력해야 한다.

4. 형사적인 문제가 되는 한국식 사고

백화점에서 물건 값을 지불하지 않고 나오다 절도죄로 잡혀오는 한인들은 거의 모두가 갓 미국에 도착한 방문객이나 단기연수 학생들이다.

이들은 미국의 백화점 경비가 아주 허술하게 보여 아무도 지켜보지 않는 줄 알고 도둑질하려는 마음이 발동을 한 것이다. 백화점의 경비가 이처럼 허술할 턱이 없는데도 막 도착한 방문객들은 그런 걸 모르고 부끄러운 일을 저지르고 만다. 하물며 대학에서 강의를 한다는 지식층까지 끼어 있는 걸 보면, 이런 현상이 극소수의 예외적인 사람들의 일만은 아니라고 생각된다.

또 한 가지, 한국에서 갓 온 사람들은 미국에서 사람들과 부딪칠 때에 처신에 유의해야 한다는 사실을 잘 모른다. 한국에서는 복잡한 인도나 백화점 같은 곳에서 사람끼리 부딪치는 것은 보통으로 치부한다. 때로는 거의 고의적이라 할 만큼 심한 경우도 있지만, 한국에서는 거의 그냥 넘겨버리는 것이 생활습관이다.

그러나 미국에서는 다른 사람과 부딪치는 것은 꽤나 큰 실례에 속하며, 부딪쳤을 경우에는 적어도 미안하다는 사과 표시를 해야 하는 것이 이곳의 풍습이다. 각별히 신경 쓰지 않으면 봉변을 당할 수도 있는 일이다.

그래서 지하철 같은 복잡한 곳에서라도 지나치다 몸이 부딪치면 반드시 "미안합니다"(I am sorry! 또는 Excuse me!)라고 하며 용서를 구해야 한다. 이럴 경우에 그냥 모른 척 지나가는 것은 교양 없는 사람으로 치부되는 것이 약과이고 잘못하면 고의로 부딪친 걸로 크게 오해를 살 수도 있다.

플러싱의 한 붐비는 실내 경마장인 OTB에서 어느 한국 방문객이 이런 실례를 하고 무심코 지나쳤다가 큰 봉변을 당한 경우가 있다. 그가 문을 열고 들어서려는데 너무 붐벼서 사람들 틈새로 비켜가야 할 정도였다고 한다. 그러자 그는 흔히 한국에서 하던 버릇대로 사람들을 조금 밀치면서 안으로 들어간 모양이었다.

안에 들어섰을 때 옆에 서 있던 한 미국 여성이 큰 소리로 이 사람에게 항의를 하는 것이었다. 이 사람이 문을 열고 밀치고 들어오면서 팔꿈치로 그녀의 유방을 건드렸다고 불평한다는 것을 알았다. 일단 미안하게 되었다고 사과하고 일은 마무리되었다.

며칠 뒤에 다시 그가 이곳을 방문하게 되었는데, 그때 역시 붐비고 있어서 역시 한국식으로 말하자면 좀 비비고 들어선 모양이었다. 그런데 조금 시간이 지나자 경찰관이 들이닥쳤고 경찰은 이 한국인을 심문하기 시작했다. 첫날 자기의 유방을 건드렸다고 불평했던 여인이 역시 그곳에 있었고, 그가 상습적으로 성추행을 한다고 경찰에 신고한 것이었다. 그가 고의로 성희롱을 목적으로 자기를 밀쳤다는 신고였다.

이런 정도의 불평 신고라면 경찰은 법원에 출두하라는 출두 통지 딱지 정도를 주는 것이 관례이다. 경찰이 출두 통지서를 작성하려고 그에게 신분증을 요구했는데, 불법으로 체류중인 이 사람은 아무런 신분증이 없어 경찰은 그를 체포하게 되었다. 그는 결국 성추행, 형사범죄 혐위로 체포되어 법원의 재판에 회부되었다.

미국에서 성추행 혐의는 아무리 미미한 것이라도 사건이 종결될 때까지 아주 어려운 절차에다 오랜 시간 고생을 하게 된다. 성추행 혐의에 대해서는 검찰이 좀처럼 기록상 무해한 다른 혐의로 낮추어서 협상 제시를 하지 않기 때문이다.

- 박중돈 법정 통역관 글에서

5. 대표적인 한·미 문화의 비교
(Some Differences Between korean and American Cultures)

	미국 문화 (American Culture)	한국 문화 (Korean Culture)
1. 세계관 (Worldview)	개인 중심 (Individual Centered)	상호관계 중심 (Human Relations Centered)
2. 대인관계 (Human Relationship)	평등한 관계, 횡적 관계 (Equalitarianism Relationship)	상하관계, 종적인 관계 (Hierar chical)
3. 가치관 (Values)	인권 중심 (Individual's Rights)	책임과 의무 (Duties and Responsibilities)
4. 태도 (Attitudes)	개인의 권리 주장 (Assertiveness & Self Expression)	권리 존중과 순종 (Respect and Docility)
5. 주체관 (Self Identity)	개인의 능력과 성공 (Personal Ability & Achievement Group)	그룹 내의 지위 (Status 'position' in a Group)
6. 성장 과정 (Socialization)	적극적 참여와 공헌 (Active Involvement)	관찰과 모방, 상상력 무시 (Observation and Emulation)
7. 사고방식 (Thinking Style)	분석적, 구체적 (Analytic and Detail specific)	전체적, 인상적 (Global and Impressionistic)

6. 미국의 인종주의

한국이나 중국의 대학에서 교편을 잡고 자기 전공분야의 논문과 책을 출판한 사람들이, 미국 대학에서 박사학위 취득에 요구되는 제2외국어 시험을 치기 위해 초등학교 수준의 독일어나 불어를 공부해야 하는 수모를 겪고 있다. 미국 대학의 터줏대감 노릇을 하고 있는 백인 교수들이 한국어나 중국어를 문화어로 인정을 안 하기 때문이다.

미국 대학에는 최근 아시아계 학생들이 급증하고 있다. 이들 1.5세 중에는 고등학교나 대학 수준의 모국어 실력을 갖춘 학생이 많다. 그런데도 이들은 졸업에 요구되는 제2외국어 과목을 이수하기 위해 불어나 독일어를 공부해야 되는 게 대부분의 실정이다. 백인 교수들이 제2외국어 하면 불어나 독일어만을 인정하기 때문이다.

　백인 교수들이 기득권을 포기하지 않으려고 아시아계 학생들이 이미 소유하고 있는 모국어 실력을 인정할 제도적 장치를 만들지 않고 있다. 많은 학생들이 요구하는 아시아어 강좌는 증설을 안 하고 수강생이 몇 명 되지도 않는 유럽어 강좌만을 계속 열고 있다.

　아시아계 학생들이 가득 찬 교실에서 백인 교수가 미 대륙을 처음 발견한 것은 1492년 컬럼버스에 의한 것이라고 가르치고 있다. 컬럼버스 이전에 아시아 대륙으로부터 건너와 남북미 대륙에 찬란한 문화를 건설했던 수백만의 미 본토인(Native American)에 대해서는 말을 하지 않는다.

　많은 아시아계 학생들이 졸업에 필요한 모든 과목을 이수하고도 영작능력평가시험(Writing Proficiency Exemination: WPE)에 합격을 못해 몇 년씩 졸업을 늦추거나 아주 포기하는 경우도 있다. 미국 출생의 백인 교수들이 주로 출제를 하고 채점을 하는 이 시험은 아무리 영어 소통 능력이 있어도 미국에서 출생한 사람이 아니면 합격하기가 힘들다. 관사, 콤마, 피어리어드, 세미콜론을 잘못 붙였다고 떨어뜨린다. 모든 과목들은 A나 B로 통과시키고 영작시험(WPE)을 본토박이(nativist) 편견을 적용해 통과시키지 않는 것은 유일 언어주의의 남용이고 2중 기준을 사용하는 불공평한 처사이다.

　미국의 교육제도는 백인 학생들을 위해서 백인 교육자, 백인 교수, 백인 학자에 의해 짜여졌다. 이들에게 음악은 베토벤과 슈베르트이고, 문학은 초서와 셰익스피어이다.

　종교는 유대교·신교·가톨릭이고, 사상가는 플라톤과 헤겔이다. 서양문명권 밖의 음악, 문학, 예술, 사상은 있는 줄 모르거나 관심이 없다. 있는 것을 인정하는 경우에는 유럽 것이 제일이라고 생각한다. 이들에게는 유럽 것만이 예술, 문학, 음악, 사상의 정수라고 생각하는 편견이 강하다.

유치원부터 대학까지의 교육과정을 통해 미국의 학교들은 학생들에게 이와 같은 유럽문명 중심의 유일문화주의(monoculturalism)를 세뇌시킨다.

유럽-백인 문명 위주의 유일문화주의에 기초한 미국의 교육제도는 백인 학생들에게는 긍지를 길러주지만, 비유럽 배경의 비백인 학생들에게는 소외감과 열등의식을 심어주기 쉽다. 교육제도를 통해서 유럽 문명이 제일이라는 것을 소수 인종 민족 학생들에게 내면화시킴으로써 미국 사회에서의 백인들의 지배적 위치를 정당화하고 있다.

가시적 인종차별제도가 불법화된 상황에서 백인 지배집단의 유일문화주의가 새로운 형태의 인종주의로 작용하고 있다. 노예제도가 폐지된 지 130년이 넘고 흑백 분리 교육제도가 철폐된 지 4반세기가 됐는데도 사회, 경제, 정치 전반 분야에 걸쳐 흑백 간의 상대적 격차가 줄어들지 않고 있고 인종 갈등이 계속되는 것은, 백인 위주의 유일문화주의 이념 위에 유지되고 있는 미국의 교육제도가 흑인들에게 자신감과 긍지를 기를 수 있는 기회를 마련해 주지 못하기 때문이다.

백인 지성인들이 그들의 유일문화주의 아집에서 벗어나 비유럽문화도 받아들이고 비백인들의 공헌도 인정을 해야 다민족사회에서 참평화를 이룰 수 있다. 백인들이 비백인들보다 우수하다는 생각을 버리지 않는 한 인종 간의 갈등은 계속될 수밖에 없다.

이젠 유럽 문화주의나 우월감을 버려야 할 시기에 도달하고 있다. 다문화주의를 수용하고 다 같이 함께 조화를 이루며 살아야 한다.

백인들의 대다수는 자기 자녀들이 동양인이나 흑인들과 같이 같은 학교에서 공부하는 것을 원치 않는다. 이와 같은 현상은 초등학교나 중·고등학교에서뿐만 아니라 대학교에서도 나타나고 있다.

UC Berkeley나 UCLA에서 동양 학생들이 많아지고 있는 것에 대해 학교 당국이 고민하고 있는 것은, 동양 학생들이 너무 많아지면 백인 학생들이 기피하게 되고, 결과적으로 후원자 기반(support base)이 약해질 것을 우려하기 때문이다.

그런데 동양 사람들을 피해 먼 교회 지역으로 이사를 가는 백인들을 부지런히 쫓아다니는 성향이 특히 한인들 사이에 강한 것 같다. 백인 학생의 비율이 많을수록 교육환경이 좋다고 생각하는 것은 좀 반성해봐야 할 여지가 있다. 이러한 환경이 백인 학생에게는 적합한지 모르나, 백인들 사이에 하나둘 끼어 있는 소수민족 학생에게 최적의 교육환경이 될 수 있는가는 재고의 여지가 있다. 평균 학력이 교육환경의 유일한 지표는 될 수 없다.

인종주의는 미 대륙에 유럽인들이 이주를 시작한 1609년부터 미국 역사와 사회제도의 근간을 이루어 왔다. 19세기가 저물 때까지 수백 년 동안 백인들은 흑인을 농장의 노예로 묶어 놓았고, 미 본토 인종인 인디언을 사막의 레저베이션(reservation)에 묶어 놓았었다.

동양인에 대한 심한 핍박도 미국 역사에 강하게 작용해 왔다. 1850년의 캘리포니아 주 광산법은 중국인이 경영하는 광산 수입의 98%를 세금으로 징수했다. 1854년부터 1875년 사이에 동양인은 법원에서 증언을 할 수 없었다. 1860년부터는 동양인 자녀가 백인이 다니는 공립학교에 다닐 수 없게 법을 만들었다. 1882년에는 중국인 배척법을 제정했고, 1924년에는 동양인 배척법을 제정해서 동양인의 이민을 전면 금했다. 1901년에는 동양 사람과 백인 사이의 결혼을 금지하는 법을 제정했고, 1913년에는 동양인이 토지나 주택 등 부동산을 소유할 수 없도록 법을 제정했다.

1941년에는 미국 태생의 2세를 포함해 10만이나 넘는 미국계 일본인들을 모두 아무 죄도 없이 사막 가운데의 감옥에 몇 년 동안 가두어 두었었다. 유럽에서 독일군과 싸워 전공을 세우고 돌아온 일본인 2세들을 미국인들은 냉대와 핍박으로 맞이했다.

제2차 세계대전 전까지는 동양인들이 캘리포니아에서 학교 선생이나 변호사, 공무원, 의사를 할 수 없었다. 이러한 동양인들에 대한 여러 가지 차별법이 철폐되기 시작한 것은 1950년과 1960년대에 와서였다.

1965년의 개정이민법으로 동양인이 모여들자 미 의회는 다시 동양인의 이민을 제한하는 법을 제정하려고 시도하고 있다. 일류대학에 동양 학생들의 수가 늘고, 동양인들이 경제적 경쟁의 대상이 되자 동양인에 대한 백인의 인종주의가 다시 고개를 쳐들기 시작했다.

한인들 중에는 백인을 높이 생각하고 흑인을 낮추어 보는 사람이 있다. 그러나 백인들 눈에는 한인이나 흑인이나 모두 유색인종이요 똑같이 차별과 편견의 대상이 되고 있다.

인종주의는 백인의 동양인에 대한 것이나 동양인의 흑인에 대한 것이나 모두 배제되어야 한다. 그렇지 않으면 다민족국가인 미국이 평온할 수가 없기 때문이다.

7. 인종 격리 현상

미국은 세계 각 곳에서 모인 여러 민족과 인종들로 구성되어 있는 인종문화합중국이라고 볼 수 있다. 그렇기 때문에 인종 관계는 미국 사회의 가장 중요한 사회적 변수로 작용하고 있다. 미국 사회가 당면하고 있는 심각한 과제들, 즉 범죄, 마약, 빈곤 등의 제문제들이 직접 간접으로 인종관계와 깊이 연결되어 있다.

　미국에서 인종 차별이 법으로 금지된 지 거의 30년이 되고 있다. 1960년대 초반 이후 인종차별법이 하나씩 철폐되기 시작했고, 지금은 미국 사회의 많은 분야에서 인종적 배경을 이유로 사람을 차별하는 것이 법으로 금지되고 있다. 인권운동가들, 학자들, 정치인, 종교인들 중 생각이 앞선 사람들은 인종 차별을 법으로 금지하면 미국의 소수민족 특히 흑인들의 많은 어려움이 해소될 것으로 믿고 인종 차별을 금지하는 운동에 앞장섰다.

　인종차별법의 철폐로 소수민족 중 많은 혜택을 받은 사람들이 있다. 특히 아시아계 사람들이 혜택을 많이 받았다. 인종주의에 근거했던 이민법이 1965년에 개정됨으로써 많은 아시아인들이 미국에 이민을 오게 되었고, 지금은 이들의 자녀들이 미국의 우수대학에서 공부할 수 있는 혜택을 누리고 있다.

　인종 차별이 법으로 금지됨으로써 흑인들 중에도 혜택을 받은 이들이 많다. 흑인 대통령도 탄생했다. 그러나 전체적으로 보면 흑인과 백인 간의 소득격차, 생활환경의 격차, 사회적 신분상의 격차는 거의 줄어들지 않고 있다.

　흑인들의 상대적 빈곤도가 날이 갈수록 악화되고 있다. 대학 연령층의 흑인들 중 대학에 다니는 숫자보다 감옥에 있는 숫자가 더 많다. 법만으로는 인종 문제가 해결될 수 없음을 보여주는 것이라 하겠다.

　인종 차별은 불법화되었지만 인종 간의 격리현상(segregation)은 그대로 계속되고 있다. 인종 간의 격리현상은 교회와 거주지 분포양상에서 가장 잘 나타나고 있다. 남아프리카 출신 흑인 작가 마크 베인(Mark M. Bane)은 "미국에서 인종 격리가 가장 심한 시간은 일요일 오전 11시"라고 말하고 있다. 미국 국민의 대다수를 차지하는 기독교인들이 백인은 백인끼리, 흑인은 흑인끼리, 아시아인은 아시아인끼리 예배를 드리고 있다. 교인들이 예배를 드리는 시간에도 마음을 열고 인종 간의 화해와 교제를 행하는 일을 못하고 있다.

인종과 민족 간에 완전히 격리되어 각각 교회를 만들고 예배를 드리는 것이 꼭 나쁜 것이라고 말할 수는 없으나, 그렇게 되는 것이 다른 인종을 받아들이지 못하는, 내가 속한 인종이 타인종보다 우월하다는 인종 편견에서 나타나는 현상이라면, 이는 그리스도교의 기본 정신에 어긋나는 것임에 틀림이 없다.

거주지 분포에서도 인종 간의 격리 현상이 두드러지게 나타나고 있다. 거주지 분포상의 인종 격리 현상은 줄어들지 않고 오히려 더 심화되고 있다. 흑인이나 기타 소수민족 중에 중상류층으로 상향이동을 해서 백인 거주지역에 끼어 사는 사람들도 있다. 그러나 전체적으로 보면 주거지역은 인종적으로 명확하게 구분이 되고 있다. 대도시 중심부에 자리 잡은 빈민가는 대부분 흑인들이 차지하고 있다. 그 주변에는 남미나 아시아지역 등 제3세계에서 이민을 온 사람들이 주거 지역을 형성해 흑인과 백인 거주지역 사이에 완충지대를 형성하고 있다.

로스앤젤레스의 코리아타운도 이와 같은 완충지대 중 하나라고 볼 수 있다. 도시 중심부에서 뚝 떨어진 교외 지역은 대부분 백인 중상류급 주민들로 구성되는 고급 주택지역이 차지하고 있다. 담을 뺑 둘러싸고 드나드는 통로에 대문을 달고 수위를 세워 외부인의 출입을 통제하는 주택단지, 타운 시들이 교외 지역에 많이 생기고 있다. 이렇게 쌓은 담 안에 교회와 학교를 세워 예배를 드리고 자녀들을 교육시키고 있다.

로스앤젤레스의 샌개브리엘 밸리에는 15년 전까지만 해도 백인들이 주로 살고 있었다. 그런데 지난 15년 사이에 이 지역에는 큰 변화가 일어났다. 몬트레이파크를 시작으로 아시아인들이 모여들자 백인들이 하나둘씩 다른 곳으로 이사를 가기 시작했다. 현재 몬트레이파크는 아시아인들이 주민의 주류를 이루고 있다. 몬트레이파크 주변의 알함브라, 템플시티, 샌개브리엘, 아케디아 등 도시에도 이러한 변화가 일어나고 있다. 지금과 같은 인구 이동 추세가 계속되면 서기 2050년대에 가서는 샌개브리엘밸리 전체가 아시아인 커뮤니티로 될 것은 자명한 일이다.

20년 전까지도 백인 교인들로 가득 찼던 몬트레이파크의 여러 교회들이 지금은 백인들은 몇 명 남지 않았고 모두 중국인, 또는 한인 교회 등으로 바뀌고 있다. 사람들 마음속에 존재하는 타인종에 대한 편견이 없어지지 않는 한 인종 격리 현상은 계속될 것이다. 인종 간의 결혼으로 생긴 모습이 비슷해져야 인종 격리 현상이 없어질 것이다. 그러나 이와 같은 과정은 몇십 년이 걸릴지도 모른다. 또 몇십 년이 걸려도 인종 간의 완전한 통합은 이루어지지 않을지도 모른다.

인종 간의 격리 현상이 계속될 수밖에 없는 현실에서 다수민족과 소수민족, 특히 백인과 흑인 사이의 격차를 줄일 수 있는 방법을 모색하는 것이 미국의 인종 문제 해결을 위한 기본과제인 것 같다.

8. 2세가 보는 1세의 모습

이민 1세와 2세 간에는 많은 갈등이 있고 대화가 단절되어 있다. 2세들이 생각하는 1세 이민들의 특징 중 가장 많이 지적된 것이 역시 '일을 열심히 하는' 사람들이라는 것이었다. 두 번째로 많이 지적된 특징은 자기들끼리만 어울리고 다른 사람들과는 잘 어울리지 못한다는 '배타성'이었다. '전통지향적'이고 '보수적'이라는 지적도 '배타성'과 비슷한 빈도를 보였다. 일을 열심히 해서 비교적 잘 사는 사람이라는 지적도 많았다. 이민 1세 여성들이 자기의 의사표시를 제대로 못하고 부끄럼이 많다는 의견도 많이 나왔다. 성질을 부리는 등 감정 표현을 이상하게 한다는 지적도 많이 나왔다.

즉, 2세들은 이민 1세들이 열심히 일을 해서 비교적 풍요롭게 그리고 자부심을 갖고 살고 있으나, 너무 자기들끼리만 어울리고 보수적이고 감정폭발을 이상하게 하는 사람들이라고 보고 있다.

2세들이 지적한 1세 이민들의 특징을 종합적으로 평가해 보면, 일반적으로 2세들은 1세들에 대해 긍정적인 인상보다는 부정적인 인상을 더 많이 갖고 있음을 알 수 있다. 2세들은 2대 1의 비율로 1세들에 대해 긍정적인 특징보다 부정적인 특징을 더 많이 지적하고 있다. 긍정적인 특징으로는 '일을 열심히 한다', '잘 산다', '자부심이 높다', '날카롭다', '용기가 있다', '인정이 많다'는 것이 지적되었는데, 이와 같은 특징이 지적된 빈도는 모두 20이었다. 1세들에 대한 부정적 특징으로 지적된 것은 '배타성', '보수성', '부끄러움을 탄다', '성질을 부린다', '외모에 치중한다', '이상한 행동', '시끄럽다', '영어를 못한다', '솔직하지 못하다', '타민족에 대해 편견이 많다', '남성우월주의', '고집이 세다', '타민족 인종과 어울리지 못한다', '약한 사회참여의식', '합리적 사고의 결여', '편협한 마음', '불안정한 자아의식' 등인데, 이러한 특징을 지적한 빈도는 모두 40이나 되었다.

이와 같은 특징들은 이민 1세들의 실상을 어느 정도 잘 나타낸 것이라고 볼 수 있으나, 우리의 2세들 눈에 부모세대인 이민 1세의 모습이 이처럼 부정적으로 나타나고 있는 의미에 대해 깊이 생각해 볼 필요가 있다. 2세들의 부모세대에 대한 많은 부정적 인상들이 그들 자신의 장래를 위해서나, 그리고 1세와 2세 사이의 원만한 관계 정립을 위해서도 좋을 것이 없기 때문이다.

2세들이 부모로부터 제일 듣기 싫어하는 말은 "너희들 때문에 이민을 왔다" 또는 "너희들을 위해서 모든 것을 희생했다"는 푸념적인 말들이라고 한다. 자녀들은 그런 줄을 알면서도 이런 말을 부모로부터 듣는 것을 싫어한다.

이민생활의 어려움 가운데 2세들에게 좋은 인상만을 줄 수 있는 삶을 살기는 어려우나, 최소한 2세들이 지적한 부정적 특징들을 하나하나 고쳐 나가도록 노력하는 태도를 보이는 것이 중요하지 않을까 생각한다.

또 2세들에게 왜 1세가 이와 같은 행동이나 생활을 할 수밖에 없나 하는 데 대한 이민생활의 고충을 이야기해 주고 이해시키는 노력도 고치는 노력만큼 중요하다고 생각된다. 왜 이민 1세들이 자기들끼리 어울릴 수밖에 없는지, 또 자기들끼리 뭉치는 것이 부정적인 측면만 있는 것이 아니라는 것을 2세들에게 알아듣도록 이야기해 주어야 할 것이다. 대화가 단절된 상태에서 2세들은 1세의 생활을 편견과 오해의 눈으로 볼 수밖에 없다. 이민 1세들은 자녀와의 대화 단절을 피하기 위해서는 자녀와의 대화법을 알아야 한다.

9. 한국인의 정체성

정체성이란 '나는 누구인가'를 나타내는 것으로, '남이 뭐라 하든 자기 눈으로 자신을 일관되게 보는 특성'을 말한다.

이런 자기 인식을 위해서는 자기 성찰이 필요하다. 그런데 많은 사람들은 "어떻게 살아야 하나, 무엇을 해야 할까?" 하고 물을 뿐, 정작 "나는 누구인가?" 하고 묻는 데는 서툴다. 그러다 보니 주변에서 주워들은 구절이나 자기계발서에서 그럴 듯한 '정답'만을 찾으려

한다. 현실에서 정체성이라는 말 자체가 낯설게 느껴지는 이유이다.

서양 심리학에서도 '정체성'(identity)이라는 말이 등장한 것은 채 100년이 되지 않는다. 그러나 우리 선조들은 이미 수백 년 전부터 이러한 자기 성찰과 자기 정체성의 중요성을 깊이 인식하고 삶의 철학으로 실천해왔다. 유교의 '수신제가(修身齊家)라는 개념이 이런 것이다.

그런데 언제부터인가 일상생활에서 자기 정체성을 확인하고 드러내려는 시도가 사라져버렸다. 그 사이로 개인적 속성보다 내가 속한 집단을 통해 나를 드러내려는 경향이 비집고 들어왔다.

일례로 누군가에게 "당신은 누구인가?" 하고 물으면, 대부분 "어느 집안의 아들 혹은 딸"이거나 "어느 학교의 학생", "어느 회사의 직원"이라고 답한다. 누구와 같이 있으며, 어디에 소속되었는지, 사회적 역할이 무엇인가 하는 것이 자신을 가장 잘 나타낸다고 믿는 것이다. 여기에 한 개인으로서 특성이나 행동방식, 삶에 대한 이야기는 끼어들 여지가 거의 없다.

'나는 좀 말이 많아요. 재미있는 사람이고요, 잘 웃고, 친구와 어울리기를 좋아해요. 때로 혼자 사색에 잠기기도 하고, 상상도 많이 하지요.'

이런 식으로 개인적 특성을 언급하며 자신을 알리는 사람은 거의 없다. 나의 정체는 '나'가 아니라 내가 속한 가족이나 직장, 학교 등 집단으로 쉽게 확인되기 때문이다. 우리는 이것을 한국인의 집단주의라고 해석한다. 집단과 개인을 동일시하려는 성향이 강하다는 것이다. 개인의 특성보다는 그의 이력, 특히 소속한 집단을 파악하는 것만으로 그 사람을 알았다고 믿는 경향이 있다. 여기서 "너 자신을 알라"는 경구를 가지고 다시 생각해 보자.

"대한민국은 신비하고 다이내믹하다. 멋있고 선진화된 나라, IT강국이며 글로벌 마인드가 뚜렷한 선진 일류 국가, 한국 사람은 손님에게 친절하고 서로 온순하게 대하는 예의 바른 사람, 위기를 극복하는 유전자가 있어서 위기가 닥칠 때 더욱 강해진다. 짧은 시간에 놀라운 경제 기적을 이뤘다. 한류를 통해 아시아 문화의 중심에 섰다. 피부색이 흑과 백의 중간으로 모두를 포용할 수 있다."

이런 말에 많은 사람이 공감한다. 반면 다소 부정적인 말도 한다. "남이 잘되는 꼴을 못 본다. 그러면서도 '다른 사람이 나를 어떻게 볼까'를 중요하게 생각한다. 남의 시선을 신경 쓸 뿐만 아니라, 가능한 한 남보다 멋있게 보이려 한다. 우리는 이것을 체면이라고 한다. 성질이 급해 '빨리빨리'라는 말을 자주 사용한다. 흥분하거나 놀랄 사건이 생기면 모두 몰려든다. 하지만 곧 언제 그랬느냐는 듯이 금방 잊어버리기도 한다. 스스로는 이런 특성을 '냄비 근성'이라고 부른다. 때로는 목소리 높여 자기주장을 하기도 하지만, 개인의 생각을 분명히 표현하기보다 남이 하는 대로 따르려 한다. 동조성이 강하다."

그리고 한국인으로서 우리가 어떤 사람인지 이야기할 때면 흔히 국민성을 언급한다. '부지런해서', '급해서', '정이 많아서' 등 다양한 형용사를 가져다 붙인다.

국민성이라는 단어는 '타인의 입장에서 자신을 보는 것'이다. 이에 비해 정체성은 '스스로 자신을 바라보고 인식하는 것'이다. 정체성은 한 개인이 스스로 자신에게 자신의 사회적 역할이나 대인관계, 자신의 특성 등에 대한 다양한 질문을 던지는 과정 속에서 뚜렷해지는 '자기 인식'이다. 보통 "나는 누구인가, 나는 어떤 사람인가?"라는 질문들이다. 우리는 이런 질문들을 자신에게 던져봄으로써 자신을 남과 구분되는 어떤 모습으로 파악할 수 있다.

인간 심리 발달에서 정체성이란 한 개인이 아동기와 청소년기를 거쳐 성인이 되는 과정에서 누구나 가지는 자신에 대한 분명한 인식이다. 인간의 삶에서 심리적으로 이루어야 하는 가장 중요한 발달과 제이다. 하지만 생각만큼 많은 사람들이 이 과제를 성공적으로 잘 이루지 못한다. '미성숙한 자아 정체성', '정체성 혼미', 정체성 유실' 등의 다양한 표현은 이런 성공하지 못한 발달 과제가 어떤 모습인지 알려준다.

공무원이 공무원의 역할을 하지 못하고, 교사가 교사의 역할이 무엇인지 잘 알지 못할 때 정체성 혼미는 뚜렷하다.

정치인이 정치인의 모습을 보이지 못할 때 정체성 유실 현상을 나타내는 것이다. 타인의 시선으로 자신을 보려 하는 한국인의 경우, 미성숙한 자아 정체성이나 정체성의 혼미, 유실의 문제가 다양한 방식으로 나타난다. 이것이 높은 자살률과 낮은 출산율, 낮은 행복감, 높은 불안감, 경쟁 스트레스 등의 현상들이다. 한국인 대다수가 정체성의 문제를 스스로 해결하지 못했기에 발생한 것들이다. 한국인의 마음속에 자리잡은 다양한 심리코드는 뚜렷한 정체성을 가지지 못해 혼란스러운 상황을 겪고 있는 우리 마음의 또 다른 표현이다.

10. 사생활 침해와 사생활 보호

외국인이 가끔씩 듣기 좋은 표현으로 "한국인들은 참 솔직한 것을 좋아한다"고 말하는 소리를 들을 때가 있다. 이것은 실제로는 그런 의미가 아니다.

외국인들은, 월급을 얼마나 받느냐고 누가 물으면 크게 당황한다. 어떻게 그런 질문을 할 수 있느냐는 것이다. 전화를 하고 나면 누구한테서 온 전화냐, 어디를 가면 어디 가냐, 어디서 돌아올 때는 어디 갔었느냐고 묻는 것을 그들은 이해할 수 없다. 그것은 그만큼 소중한 사람이고 관심 있는 사람이기 때문에 그런 것이라고 하면, 어째서 그런 '관심'이 '침략 행위'를 할 수 있느냐고 반문한다. 부모도 다 자란 자식에게는 그런 것을 묻지 않는다는 것이다.

어디 갔다 오는 사람에게는 미소로 가볍게 "Hi" 하고 인사만 하면 친절하고 예의 있는 사람으로 생각한다. 교회에 결석한 후 다음 번에 참석했을 때 지난번 집회 때는 어디 갔었느냐고 물어보면 대단히 불쾌하게 여긴다. 한국인의 질문에는 사생활을 침해하는 경우가 많다. 마치 검사가 죄인을 다루듯 사생활을 침해하는 경우가 있다.

11. 살인자 한국인과 미국인

몇 년 전(2007년) 조승희라는 버지니아텍 대학생이 죄 없는 동료 학생들과 교수 32명을 살해한 사건이 있었다. 교내 총기난사 사건으로 한동안 지면이 어지러웠다.

반면 이 사건 발생 5년 전(2002년경)에 미군 병사가 과실로 한국 여학생 2명을 치어 죽인 일이 휴전선 부근에서 발생한 바 있다. 이에 대한 한국 국민의 여론을 다시 살펴보자

한국 대학생 조승희는 국적은 한국이지만 8세 때 부모 따라 타의에 의해 미국에 살게 되었다. 그는 영주권 소유자이기 때문에 국적은 한국이지만 15년 이상을 미국에서 살았고 시민권을 신청할 자격도 충분히 가질 수 있었다. 따라서 미국 정부는 미국인으로 보는 것이다.

그러나 한국 정부 당국은 조승희의 죄를 사과하는 뜻으로 사죄단을 보낼 생각을 했다. 반면 미국 정부는 정중히 거절했다. 그 이유는 조승희 개인의 문제를 그의 조국이 나설 이유가 없다는 것이다.

미국은 다민족 국가이다. 따라서 미국의 구성원 중 어느 민족의 구성원이 문제를 일으킨 것을 그 민족의 모국 정부가 나선다면 미국은 없다는 것이다. 조승희는 정신이상자로 미국 정부가 관리를 못한 책임도 있음을 인식했다. 또 문제를 그렇게 해결했다.

미국은 원래 신대륙에 정착하면서 원주민 인디언을 학살했고 흑인을 노예로 삼은 나라다. 또한 같은 국민끼리 살육을 감행한 남북전쟁 등도 모두 미국 역사에서 미국인들이 감행한 수치다.

그러나 미국의 양심은 이것을 감추거나 덮어두지 않고 반성을 하고, 국가적인 차원에서 그에 상응하는 사죄의 조치를 취했다. 심지어 제2차 세계대전 때 일본계 미국인들을 강제 수용소에 일시 수용했던 일에 대해서도 정부가 공식적으로 사과하고 이에 대한 금전적 보상을 해주었다.

만약 한국에서 정신이 돈 미국인 강사가 수십 명의 한국 학생을 사살했다면 어떤 일이 벌어졌을까. 그에 대한 대답은 5년 전 미군 병사가 과실로 한국 여학생 2명을 치어 죽였을 때 어떤 사태가 일어났는지 기억해 보면 자명하다.

반미운동가들 중에 미국은 원래 인디언을 학살하고 흑인을 노예로 삼은 나라며, 미군은 한국과 월남에서 양민을 살상했으며 지금도 총기규제 하나 못하는 야만국이라는 글이 온라인을 덮었을 것이다. 전국 방방곡곡이 촛불 시위로 변하고 대통령 선거 결과가 또 뒤집혀졌을지 모른다. 국회의원 선거도 모두 반미운동가 쪽으로 기울어졌을 것이다.

여학생의 사고사를 반미 정치 선동에 이용하고도 부끄러워할 줄 모르는 나라와 자국민 수십 명의 생명을 앗아간 한인 살인자의 죽음에 오히려 동정을 보내는 나라, 둘 중 어느 쪽이 선진국인지 생각해 보자.

제5장
음식 문화

1. 식사 문화

　서양사람과 식사를 할 때는 주의할 사항들이 많다. 한국 사람들은 식사를 다한 후에 '나는 다 먹었다' 혹은 '배가 부르다'라는 말을 하며 뒤로 물러나 앉지 말아야 한다. 실제로 우리나라 사람들은 식사를 빨리 끝내는 경향이 있다. 그래서 프랑스 파리의 여행사 버스 기사들은 한국인 관광객 버스를 운행하지 않으려 한다. 이유인즉 점심시간이 되어서 관광객이 먼저 식당에 들어간 후 창문을 닫고 정리 좀 하고 기사가 식당에 들어가면 벌써 한국 관광객들은 식사를 다하고 나오기 때문에 식사를 할 시간이 없다는 것이다.
　또한 음식이 아직 입에 있을 때는 물이나 다른 음료수를 마시지 말아야 하며, 식사에 초대받았을 때 여성은 립스틱을 사용하지 말아야 한다. 잔이나 기타 그릇에 흔적이 남아 있는 모습은 보는 사람들로 하여금 단정하지 못한 느낌을 주기 때문이다.

어쩌다가 실수로 컵에다 스푼을 놓아두는 경우도 있지만 그런 일이 없도록 유의해야 한다. 먹다 남은 음식을 포크에 남겨 놓는 것도 예의에 어긋난다.

실제로 나이프와 포크를 잡는 법에는 미국식과 유럽식 두 가지가 있다는 것을 염두에 두기 바란다.

미국식은 오른손에 나이프를, 왼손에 포크를 들고 음식을 자른다. 그런 후 나이프는 내려놓고 포크를 오른손으로 옮겨서 오른손에 쥐고 먹는다. 그런데 유럽식은 오른손에 나이프를, 왼손에 포크를 쥐는 것은 같지만 포크를 오른손으로 옮기지 않고 그대로 왼손으로 먹는다(물론 스푼은 두 가지 방식 모두 오른손을 쓴다).

그런데 근래에는 미국식이 점차로 유럽식처럼 효율적이고 편리한 방법으로 변해 간다고 한다. 하긴 우리나라는 고려시대에도 수저를 썼지만, 유럽은 셰익스피어 당시에도 스푼과 포크를 쓰지 않고 손으로 먹었다 하니, 역시 위생적인 면에 있어서는 최소한 한국인이 서양 사람들보다 더 위생적이라고 볼 수 있다.

2. 음식물로 보는 동서 문화

프랑스 요리라고 하면 누구나 세계에서 첫손을 꼽는다. 그러나 그 음식이 값비싸고 고급일지라도 자기의 식성에 맞지 않으면 고급 요리가 못 된다. 문화와 식성만큼 밀접한 것이 없다. 달팽이 요리나 세계적으로 이름난 굴 요리가 김치 한 조각만 못할 때가 많다. 언어가 그렇듯이 음식 역시 세 살 때부터 먹어보지 않은 것은 제맛을 못 느끼는 법이다. 여기에 신토불이라는 말이 있다.

하지만 이런 주관적인 식성으로 한국 요리가 프랑스 요리보다 낫다고 주장한다면, 그것은 꼭 유치원 아이들이 이 세상에서 자기 엄마가 제일 훌륭하다고 말하는 것처럼 어리석은 일이다. 주관을 떠나서 객관적으로 서양 음식과 한국 음식을 비교해 보아야 할 것이다.

나라마다 음식의 특성이 있다. 그래서 일본 요리는 눈으로 먹고, 인도 요리는 손으로 먹으며[촉감], 프랑스 요리는 혓바닥으로, 이탈리아 요리는 배로 먹는다는 유머도 있는 것이다. 사실 일본 음식이 시각형이라는 것은 무지개 색깔 같은 물감을 들인 가마보코나 초밥 같은 것을 보면 알 것이다. 지글지글 끓는 비프스테이크 덩어리를 아무렇게나 접시 위에 놓고 칼질을 하고 있는 서양요리와는 비교도 할 수 없이 아름답다. 그래서 일본 음식을 보면 먹는 음식이라기보다 색종이를 오려놓은 장식품 같다.

인도 사람들은 아무리 귀족이라도 음식을 손가락으로 집어먹는다. 그것을 보고 야만인이라고 설불리 단정한다면 오히려 그렇게 말하는 쪽이 무식한 야만인이 된다. 그들은 음식물을 집을 때의 그 기묘한 촉감에서 식욕을 돋우고 있기 때문이다. 이 촉감적인 것이 일본 음식에 있어서의 색감 이상으로 중요한 구실을 한다.

음식은 결코 미각 하나만을 충족시킬 수 있는 것이 아니다. 따끈따끈하고 말랑말랑하고 보드라운 온갖 촉감의 세계를 인도인들은 손가락으로 맛보는 것이다.

대체로 감각과 음식물의 상관관계를 놓고 볼 때 유럽 음식들은 미개하기 짝이 없다. 왜냐하면 음식을 단순히 미각 일변도로 즐기려 하기 때문이다. 프랑스 요리가 그렇게 이름난 것이지만 오직 그것은 혓바닥의 맛일 뿐 시각이나 촉각, 그리고 후각 같은 다른 감각은 전연 고려되어 있지 않다. 특히 청각에 있어서는 철저하게 배제되어 있는 것이다.

인도인들이 손가락으로 음식을 집어 먹는 것을 보고 야만인이라고 비웃듯이, 유서 깊은 우리 단군 자손들이 어쩌다 루이 14세의 베르사이유 궁의 만찬회에 초대라도 받은 것 같은 그런 점잖은 파티석상에서 요란스러운 소리를 내며 훌쩍거리고 수프를 마시다가, 서양 사람들로부터 야만인 대우를 받기 일쑤다. 실상 수프를 토장국 먹듯이 소리내어 먹는다는 것은 실례 중의 실례이다.

숙녀의 스커트 자락을 들추는 것 못지않게 창피하고 상스러운 일에 속한다. 이를테면 미각의 즐거움을 위해서 청각의 세계를 철저하게 제거해 버리는 것이 서양 친구들의 식사 예법이요, 음식의 특성인 셈이다. 서양 친구들이 젓가락질을 못했다 해서 또는 장판방에서 다리를 뻗고 앉아 밥을 먹었다 해서 교양 없는 친구라고 몰아세울 수 있겠는가? 식사법이 다른 것뿐이다. 아니다, 정말 한국식으로 먹으려면 소리를 내야만 밥맛이 난다. 서양 친구들과는 달리 미각만을 위해서 청각을 거세해 버리는 것이 아니라, 오히려 그 미각에 청각을 합세 조화시킴으로써 식사의 쾌감을 배가(倍加)시킨다는 점에서 우리 쪽이 단연 자연스러운 것이다. 콩나물국이나 된장국은 훌쩍거리고 마셔야 먹은 것 같다. 그 소리를 떼놓는다면 먹은 것 같지 않을 것이다.

그렇다. 일본인들이 시각으로 먹고, 인도인들이 촉각으로 먹고, 프랑스인들이 미각으로 먹는다면 한국인은 시각, 청각 그리고 촉각, 후각까지, 전 오관으로 즉 온몸으로 식사를 한다. 심지어 땀까지 뻘뻘 흘리면서 먹는 것이 한국 음식의 특성이다(맵기 때문에). 거짓말이 아니다. 입 전체 뿌듯하게 쌈을 싸 먹는 한국인의 식사 광경을 보라. 맨손으로 쌈을 쌀 때에는 인도식 촉감이 있고, 야채와 양념은 일본식 색감이 있다. 미각은 물론 통째로 목구멍으로 넘어가는 그 뿌듯한 양감, 목구멍 전체로 먹는다는 표현이 알맞다. 이런 한국인이 어떻게 라면이나 수프를 먹을 때 그 요란스러운 폭풍우 소리를 내지 않겠는가.

단순한 우스개 얘기가 아니라 한국의 문화는 감각성의 총화에 그 특성이 있다. 시각, 청각, 후각, 촉각, 미각이 따로따로 해체되어 있는 것이 아니라, 이 모든 것이 교향곡처럼 앙상블을 이루고 있는 곳에 총체적인 색의 조합이 있었던 것이다. 그러기에 밥을 먹는 데 있어서도 온몸으로, 즉 오관의 조화를 살린다.

모르면 몰라도 한국 음식만큼 시각을 고려한 음식도 드물다. 일본 음식은 색채감뿐이지만 한국의 음식은 신선로가 지니는 그 다양한 색채와 볼륨처럼 형태미까지 고려되어 있다. 큰 상을 차릴 때 음식을 괴어 놓는 것은 물론 국화 무늬나 용 모양으로 가지각색으로 오려놓은 가오리, 그리고 다식이나 떡의 다양한 기하학적 무늬들, 실고추의 섬세하고도 정성스러운 양념… 또 한국 요리만큼 후각을 배려하는 음식도 드물다. 양념의 종류가 한국만큼 풍부한 요리가 없다는 것을 생각해 보면 알 것이다.

음식에 쓰는 향료가 그렇게 많다는 것은 그만큼 후각을 존중시했다는 증거이다. 구수한 냄새는 곧 구수한 맛과 한 짝이 된다.

이런 것은 다 접어두기로 하자. 그보다도 한국 음식의 특성은 음식 자체보다 먹는 그 방법에 있어서 유니크한 개성이 있다. 대체 누가 한국인을 놓고 비민주적이거나 자발성이 없는 타율적 국민이라고 했는가!

인간의 생은 어렸을 때를 회상해 보면 알듯이 먹는 데서부터 출발한다.

3. 한·미 식사법

　미국인 교사에게 미국인의 식사법에 대해서 구체적으로 설명을 해달라고 질문하였다. 그의 대답이 이러했다. 우선 식탁에 똑바로 앉으라고 하며 자세를 바로 하라고 하였다. 미국식은 영국식과 달라서 특별한 순서 같은 것은 없고, 다만 스푼과 포크와 나이프를 필요에 따라서 적당히 써서 식사를 하고, 포크와 나이프를 사용하는 동안 소리를 내지 말고 조용히 식사를 하라고 하였다. 그리고 입은 음식물을 입에 떠 넣을 때만 벌리고, 씹을 때는 입술을 다문 채로 소리를 내지 말고 우물우물 씹어서 삼키라고 하였다.
　그리고 빵과 같은 것은 손으로 들고 먹고, 스테이크(고기)와 같은 것은 왼손에 포크로 누르고 오른손에 '나이프'를 들고 적당한 크기로 다 잘라놓고, 나이프를 놓고 포크를 오른손으로 바꾸어 쥐고 하나씩 찍어서 먹어도 된다는 것이다.
　그리고 혹시 입에 뼈나 가시 같은 것이 들어가서 뱉어낼 때에는 다른 사람이 보지 못하도록 손으로 입을 가리고 접시에다가 뱉어놓으라고 하였다. 그리고 음료수를 마실때도 쭈루륵하는 소리가 나지 않도록 조용히 마시고, 더욱이 물을 입에 넣고 와글와글 부셔서 꿀꺽하고 삼키지 말라고 하였다. 식사가 다 끝난 후에 '요지'로 이를 쑤실 때에는, 다른 사람에게 입안과 이가 보이지 않도록 왼손으로 입을 가리고 쑤시라고 하였다.
　그런데 무엇보다도 중요한 것은 식사 시에 입을 벌리면서 짭짭하는 소리를 내지 말 것이며, 입술은 다문 채로 우물우물 씹어서 삼키는 것이 중요하다고 하였다. 만일에 소리를 내게 되면 미국 사람들은 야만인이라고 한다는 것이다.

4. 식사 중 대화 문화

다른 나라 사람들과 식사하면서 지켜야 할 식사 문화가 있다. 음식 먹는 습관에 대한 얘기를 나눌 때가 있다. 가끔 한인 특히 남자들이 한쪽 뺨이 음식으로 불룩한 채 입을 벌리고 소리를 내면서 먹는 것을 볼 때가 있는데, 한국에선 그런 모습을 미국에서처럼 흉하게 여기지 않는다. 그러나 외국 학생은 이런 모습을 이해하지 못한다.

한 외국인 학생이 한국인 교환학생과 친한 친구가 되었는데, 그 친구와 함께 식사하는 일이 결코 즐겁지 않다고 고백했다. 많은 양의 음식을 한쪽 볼이 터지도록 넣고 입을 벌리면서 음식을 씹는 모습을 보면 밥맛이 뚝 떨어진다는 것이다. 입술 한쪽으로 빠져나오는 음식을 막느라 애쓰면서 다른 쪽 입술로 열심히 말하는 모습은 더욱 가관이라 했다. 이는 자기에게는 불쾌감을 준다는 것이다.

많은 미국인들은 소량의 음식을 입속 깊이 특히 가운데 쪽에 넣고 양쪽 어금니로 씹는다. 입을 벌리지 않는 것은 물론 턱을 약간만 움직여 씹기 때문에 그 모양이 '오물오물'이라고 표현될 수 있다. 그것은 에티켓으로 미국식 디너 테이블 에티켓 중 큰 비중을 차지한다. 그걸 전혀 모른 채 혼자 우적우적 맛있게 먹을 그 한국 학생을 생각하니 안타까웠다. 그 친구에게 이곳 에티켓을 넌지시 알려주려고 해도 우정에 금이 갈까 봐 못했다는 것이다.

1년만 머물다 가는 교환학생들에게 그런 에티켓들을 함께 나누는 것은, 개인적 공격이 아니라 미국인의 습관을 알려주어 그들의 미국 생활의 질을 높이는 것으로 미국 학생의 의무이고, 한국인의 습관을 미국 친구에게 알리는 것은 한국 학생의 의무라고 일렀더니 그제서야 말하도록 노력해 보겠다고 한다.

5. 고유 음식과 예의

나라마다 자기 나라 음식을 좋아하는 고유 음식이 있다. 자기 나라 사람들은 자기 나라 고유 음식을 선호한다. 처음 한국에 와서 식탁을 대하는 외국인들은 입맛 때문에 당황하는 것이 아니라 음식의 냄새 때문에 당황하는 경우가 많다. 그들에게는 발효된 김치의 냄새가 썩은 냄새로 느껴지고, 특히 많은 서구인들이 한국에 오기 전에 '한국에서는 채소를 땅에 묻어 썩혀서 먹는다'고 알고 오는 경우가 많이 있어, 그것을 설명하고 이해시키느라 애먹은 경우가 있다.

대부분 서로 자존심이 상할까 봐 말들은 안 하지만 친해진 후 물어 보면 그렇게 알고 있다. 한국인의 발효문화를 이해 못한다.

어쨌든 웹스터 사전에 나와 있는 두 단어의 한국말(taekwondo와 kimchi) 중의 하나인 김치도 처음에 외국인들은 냄새가 너무 진하다고 꺼리지만 맛들이면 잘 먹는다. 햄버거를 먹으면서 김치를 찾는 친구도 있었다.

그러므로 처음으로 외국인을 초대한 때는 풍미가 좋은 음식이나 혹은 냄새가 좋은 음식을 곁들이면 좋다. 우리 한국 사람들도 동남아에 가서 음식을 먹을 때 그곳 음식의 고유 냄새가 역하다고 하는 사람이 있다.

필자는 월남국수(Pho)를 처음 먹을 때 이름을 알지 못하는 미나리 같은 식물의 냄새 때문에 국수 맛을 잃고 나온 적이 있다.

미국 37대 대통령 닉슨이 북경을 방문했을 때, 모택동이 통돼지에다 진흙을 발라서 구워 낸 통돼지 요리를 내놓자, 이상했지만 여러 문화에 익숙한 닉슨이 잘 처리한 얘기는 오늘날까지도 전해진다.

이처럼 문화, 신분, 연령, 직위가 다를 때는 식사 테이블이 부담스럽겠지만, 어쨌든 식사를 맛있게 즐기는 것은 좋은 일이다. 그러나 음식을 먹을 때는 결코 훌쩍거리는 소리를 내지 않는다. 우리는 뜨거운 것은 훌훌 불면서 먹지만 서양인들은 식혀 먹을지언정 그렇게 하지 않는다.

또한 팔꿈치로 테이블을 짚지 않는다. 정히 짚는 것이 필요하다면 손목과 팔꿈치의 중간까지를 테이블에 의지한다. 또한 테이블 위에 있는 것 중 상대방에게 훨씬 가까운 소금 그릇이나 접시 등이 필요할 때에는 팔을 뻗어서 닿을 수 있는 거리라 해도 그냥 가져오지 않고 'Would you pass me the salt?'(소금 좀 주시겠습니까?)라고 말한다. 이것이 음식문화의 예의이고 실례가 되지 않는 자세이다.

6. 위생적인 면과 비위생적인 면

한국인들이 아연실색하는 것 중 하나가 서양인들의 털털함이다. 예를 들어, 구두를 신은 채 실내에 들어오는 것, 손으로 음식을 먹고 심지어는 손가락을 입으로 쪽쪽 빠는 것 등이다. 그런데 서양인들이 한국인들을 보고 비위생적이라고 하는 것 중의 하나가 목욕습관이다.

10여 년 전 가까운 미국인 한 사람과 대화를 하던 중 "한국인은 얼마나 목욕을 자주 하느냐"고 물어서 여름에는 물론 매일 하지만 겨울에는 아파트에서 사는 사람말고는 대부분 며칠 만에 한 번씩 한다고 했더니 미국인들은 매일 아침마다 한다고 했다. 그러면서 작은 식당들이 불결하며 그릇을 찬물에 씻는 것을 보고 이해하기 힘들었다고 한다. 그것은 그들에게 있어서 충격이다.

뿐만 아니라 그들은 절에서 바가지를 돌려 가며 물 마시는 것을 신기하게 생각하며, 특히 공동화장실의 불결함을 보고는 'horrible'

(끔찍한)이라고 표현하기까지 한다.

  북한 방문 시 김일성 주석의 생가(고향집)를 관광한 적이 있다. 이곳에 우물이 있고 우물에서 물을 퍼서 마시는 두레박이 있었다. 물을 퍼서 마시는 모습이 서양 사람의 눈에는 비위생적으로 보였을 것이다.

7. 다양한 먹자 문화와 단조로운 먹자 문화

  미국이 스포츠의 왕국이라면 한국은 드라마의 왕국이다. 한국에서 드라마 못지않게 TV 화면을 장식하는 것은 맛 자랑 프로와 먹자 광고이다.
  왜 그렇게 먹을 곳과 먹거리 종류가 많은지 상상을 뛰어넘는다. 공중파 방송과 케이블 방송이 전국을 이 잡듯이 샅샅이 뒤져 생소한 이름의 식당과 음식을 매일 유사한 내용의 질문과 구성으로 소개한다. 옛날엔 해장국이라면 선지가 있느냐 없느냐에 따라 구분되었는데, 요즘은 듣도 보도 못한 각종 해장국이 서울의 강남 먹거리가에 특식 메뉴로 등장해 식도락가의 사랑을 받고 있다.
  40여 년 해외에 거주했던 내 눈에는 한국의 방송들이 홍보성 식당 탐방과 각종 먹자 광고 홍수로 한국 전체를 먹자판 사회로 몰아가는 데 앞장서고 있는 듯 보였다. 한 방송에서 서해 바닷가 식당을 찾으면 또 다른 방송에서는 동해 바다를 찾아가 비슷한 프로를 방영한다. 방송사도 경쟁인 만큼 새 프로가 방영되면 다른 방향에 초점을 맞추어 개발하는 새 프로를 개발하기보다는 유사한 프로로 부담 없이 시청자들을 끌려고 한다.
  사실 한국 사람처럼 먹는 데 입맛이 까다로운 민족은 드물다. 맛

있다는 집으로 소문나면 팔도강산에서 모여든 고객으로 문전성시를 이뤄 대박이 나고, 또 다른 새로운 식당이 뜨면 썰물처럼 그 옛 손님은 미련 없이 떠나간다. 그러니 음식 장사하는 사람들은 하루하루를 살얼음판 걷는 것처럼 피가 마르고 조마조마하다고 한다.

왜 이렇게 먹거리에 한국민들의 관심이 지대한지는 우리의 배고팠던 역사를 돌이켜보면 이해할 수 있다. 과거 위정자는 국민들을 배불리 먹게 하고 등을 따뜻하게 해주면 정치를 잘했다는 평가를 받았다. 이것은 지금도 변할 수 없는 지도자의 의무이자 피할 수 없는 책임이기도 하다.

박정희 대통령 시절까지만 해도 보릿고개라는 시절이 있었다. 가을에 추수한 쌀로 비료 값에, 종자 값에 농기구 값, 이자 등 이것저것 다 갚고 나면 먹을 것이 얼마 남지 않았다. 그 남은 것을 아껴 먹어도 봄이 오면 다 떨어져 바로 춘궁기가 시작된다. 그 당시 배고픔이 뼛속 깊이 사무쳤던 기억 때문에 충분한 먹거리 화면을 보면 아직까지도 푸근한 마음을 느끼는 것이 아닐까 하는 짐작을 해본다.

TV만 켰다 하면 나오는 맛자랑 방송들을 보면서, 이제는 이런 프로들도 변화를 모색해야 할 시기가 되었다고 생각한다. 세계 경제대국이며 무역량도 10대 순위 안에 드는 나라의 방송도 위상에 걸맞은 세계 맛 자랑 프로가 함께 방영되면 좋겠다.

시골 구석구석을 찾아다니며 우리 것을 찾아다니는 것도 좋으나, 글로벌 스탠다드에 맞게 외국의 식당들을 발굴하고 소개할 때도 오지 않았을까. 한국 맛 자랑 프로에 LA와 샌프란시스코의 명물 요리들이 소개될 날도 그렇게 멀지 않았다고 생각한다.

한국으로 여행 가는 한인들에게 하는 덕담 중 하나는 "맛있는 것 많이 먹고 오라"는 말이다. 한민족의 핏속에는 먹거리와 떼어낼 수 없는 유전인자가 있는지 몰라도, 방송은 최소한 그런 DNA를 부추기는 '먹자판 화면'은 조금 줄였으면 한다. 미국에서는 먹거리 자랑이 다양하지 않고 단순한 듯 보인다.

8. 밥과 빵의 문화

성경을 보면 "사람은 빵만으로 살 수 없다"는 유명한 말이 잠언에 나온다. 여기서 무슨 종교적 진리를 따지자는 게 아니다. 너무나 유명한 교훈인 데 비하여 우리나라 말로 번역하기에는 참으로 까다롭다는 데 문제의 핵심이 있다. 신통하게도 선교사들이 주동이 되어 번역한 옛날 성경을 펼쳐 보면 '빵'이 '떡'으로 되어 있는 것이다.

과연 서양의 빵은 한국의 떡과 비슷하게 생겼다. 형태만으로 볼 때 빵을 떡이라고 의역한 것은 지당하고 지당한 일이다. 그러나 그 뜻을 살펴보면 엉뚱하기 짝이 없는 오역이다.

한국인은 떡만 먹고는 절대로 살아갈 수가 없다. 떡은 간식이 될지언정 주식이 못 된다. 그래서 허구한 날 떡만 먹고는 살 수 없는 것이 한국인이다. 그러기 때문에 "사람은 떡만으로 살아갈 수 없는 일이다"라는 성경의 명구를 우리 할아버지 할머니가 들으면 별 싱거운 말도 다 있다고 코웃음을 칠 일이다.

"그렇지. 사람이 어떻게 떡만 먹고 사나, 밥을 먹어야지."

그러니까 빵을 떡으로 번역해 놓으면 그 뜻은 마치 아침에 해가 뜨고 저녁에 해가 진다는 말처럼 싱겁게 되어 버린다. 왜 이러한 의역이 생기게 되었을까? 그것은 빵의 문화권과 밥의 문화권이 서로 대립되어 있다는 데서 비롯되는 현상이다. 즉 서양인의 주식은 빵이다. 빵과 밥의 차이 때문에 문화의 차이도 그만큼 달라진다. 예수님이 말씀하신 빵만으로 살아갈 수 없다는 말은 어디까지나 피부 빛이 하얀 서양사람들을 상대로 한 말이다. 그렇다고 빵을 밥이라고 의역해 놓고 만족한 표정을 지을 수 있을 것인가? 같은 주식이기는 하나 빵과 밥의 개념은 엄청나게 다르다. 프랑스 유학생의 말이다.

"프랑스 빵은 참 맛이 있다. 무엇보다 그 바게트 말이다(바게트는 불어로 긴 막대기라는 뜻). 정말 빵도 팔뚝만한 긴 몽둥이처럼 생겼다. 늦잠 자기로 이름난 파리 사람들이지만, 이 빵을 파는 빵가게에 가 보면 아침에도 사람이 북적거린다. 길거리를 지나다 보면 바게트를 사든 신사숙녀들이 마치 깃대를 들듯 어깨에 메고 지나는 광경을 볼 수도 있다. 아니 그냥 들고만 다니는 것이 아니라 숫제 길거리에서 빵을 떼먹고 다니는 사람들도 있다."

한번 생각해 보라. 우리나라의 길거리에 밥을 들고 다니는 사람이 있다면 어떨까. 거지가 아닌 다음에야 길거리에서 밥을 먹거나 깡통에 밥을 담아 들고 다니는 사람이란 상상할 수가 없다. 더구나 밥을 가게에서 미리 지어서 사람들에게 판다고 생각해 보라. 있을 수 없는 일이다. 아무리 근대화된다 하더라도 서양의 빵가게처럼 밥가게가 생겨나지는 않을 것이다.

이것이 같은 주식이지만 빵과 밥의 가장 큰 차이점이다. 밥만은 자기 집에서 짓는다. 이것이 동양의, 특히 한국의 가족주의를 쉽게 무너뜨리지 않는 요인이 된 것이다. 한솥의 밥을 먹는다는 정겨운 말이 있듯이, 식생활의 가장 기본이 되는 그 밥맛은 남에게 매매할 수 있는 상품이 될 수 없다. 밥은 옛날이나 오늘이나 식구 수만큼 손수 지어 먹는 것이며, 또 한 번에 만들었다가 두고두고 먹는 것이 아니라 끼니 때마다 새롭게 만들어야 한다.

그러기에 밥은 곧 한 가족의 단위와 그 정을 측정하는 구실을 한다. 빵은 식은 것도 먹을 수 있지만 밥만은 온기를 지니도록 해야 된다. 식은 밥은 곧 식은 정을 의미한다. 생각나지 않는가. 그 춥고 추운 겨울, 그리고 그 깊은 밤 집안 식구 하나가 늦게 돌아오면 그대까지 아랫목 요 밑에 밥사발이 묻혀 있었다.

사람이 집안에 없어도 밥은 그 방안에 있다. 한솥의 밥을 먹는다는 것, 뜨거운 밥을 먹는다는 것, 그것도 매일같이 되풀이해서 먹는다는 것, 이것이 바로 아버지와 아들을, 아내와 남편을, 그리고 형과 아우를 묶어두는 핏줄의 확인이다.

만약에 서양 사람들처럼 밥 대신 빵을 주식으로 했다면, 그래서 빵가게에서 구워낼 수 있었다면 어떻게 되었을까?

빵은 고체이기 때문에, 또 그때그때 지어먹는 것이 아니기 때문에 운반하기가 편하고 집 바깥에서 먹기에도 편하다. 한마디로 말해 집을 떠나 사는 사람들이 편하도록 되어 있는 주식이다. 동양사람들이 (밥을 주식으로 하는) 서양 사람들과의 전쟁에서 패했다면, 그 원인 중 하나는 밥이 빵만큼 기동력이 없었다는 데 있을지도 모른다.

밥을 지어 먹어가며 전쟁을 할 생각을 해보라. 행군은 멎어야 하고 밥을 짓는 연기는 적의 표적이 된다. 특히 한국의 음식은 밥만이 아니라 반찬까지도 젖은 음식이 많기 때문에 그 자체가 비전투적인 성격을 지니고 있다. 이에 비해서 서양의 음식물엔 빵처럼 국물이 없는 마른 음식들이 많다. 전투하기에 편하며 뛰어다니면서도 먹을 수가 있다. 음식 하나만 봐도 서양 친구들의 호전성을 넉넉히 엿볼 수 있다.

산을 넘고 바다를 건너 식민지를 개척했던 그들, 우리 같았으면 밥을 지어 먹고 김치·깍두기를 담아 먹느라고 그야말로 십 리도 못 가서 발병이 났었으리라.

빵의 문화는 개인주의 문화이며 정복의 문화이며 활동의 문화이며 상업의 문화이다. 빵이 있는 곳에 전쟁이 있었고 개척이 있었다. 그리고 자유로운 분리와 집을 떠나서, 고향을 떠나서 행동할 수 있는 사회성이 있었다.

밥의 문화는 한솥의 문화이다. 지붕 안에 고정되어 있고 정적이며 집을 떠나서는 살기 어려운 귀향자의 문화이다. 떠돌아다닐 수 없는 문화이다. 그것은 평화의 문화이다. 정말 인간은 빵만으로는 살아갈 수 없다. 하지만 한국인은 밥만으로도 살아갈 수 있는 것이다. 왜냐하면 밥은 단순히 배만을 채우는 물질이 아니라 밥에 서린 김처럼 정이 있고 사랑이 배어 있는 음식이다. 정신도 또한 깃들어 있다는 이야기이다. 과장이 아니다. 같은 밥이라도 계모가 퍼준 밥과 친어머니가 퍼준 밥은 숟가락으로 떠보기만 해도 안다.

빵에는 그런 융통성이 없다. 어디까지나 한 덩어리의 빵은 한 덩어리의 빵일 뿐이다. 그러나 밥 한 사발은 결코 같은 밥 한 사발이 아닌 것이다. 온기가 다르고 양이 다르고 퍼담은 솜씨가 다르다.

9. 엽기 식문화

세상이 말세라고들 하지만 이건 정말 너무 심한 것 같다. 아름다운 젊은 여성의 몸을 접시 삼아 그 위에 초밥을 얹어 놓고 하나씩 먹는 일본의 음식문화 '나체초밥'(naked sushi)이 미국에까지 상륙했다는 것이다. 한국의 한 케이블 채널은 한 연예인이 이 초밥을 실제 시식한 장면을 방송, 전파를 타기 전부터 여성단체 및 방송 심의단체로부터 비난을 받으며 논란을 일으켰다. 여성단체인 한국여성의전화연합은 성명서를 내고 "여성을 사물로 취급하고 도구로 만드는 '상품화'의 전형이며 여성을 사물이자 도구로 전락시켰다"고 항의했다.

건강한 미녀의 몸 위에 요리를 놓고 먹으면 건강해진다는 속설로부터 유래된 이 엽기적인 음식문화는 여성인 기자의 입장에서는 그야말로 경악을 금치 못할 일이다. 젊고 아름다운 처녀를 산 제물로 바쳤던 원시시대 종교의식을 떠올리게 하는 이 반인륜적이고 전근대적인 음식문화는 일본에서 비롯됐다.

일본에서는 여성의 나체를 식탁으로 삼아 술과 식사를 하는 관행이 수십 년 전부터 일종의 고급스러운 접대 관행이었다고 알려져 있다. 물론 이 식당에서 음식을 먹을 때는 반드시 젓가락을 이용해야 하며 또한 여성의 몸에 손을 댈 수 없는 등 모델(?)을 보호하기 위한 제약이 있기는 하다. 그러나 음식을 하나씩 집어 먹어 가면 베일이 벗겨지듯 점점 드러나는 여성의 몸이 산해진미와 함께 기가 막힌 '눈요기'가 되어주는 것은 남성우월주의가 팽배했던 일본 사회 분위기를 적나라하게 보여준다. 따지고 보면 성과 관련해서는 참으로 기발할 정도로 엽기적인 전통을 가진 국가가 바로 일본이다. 일제강점기 위안부 사건에서만 봐도 알 수 있듯, 일본은 여성의 성을 남성의 욕구와 목표 달성을 위한 도구로 활용(?)한 바 있다.

문제는 미국에서 이 같은 엽기 음식문화를 받아들이고 있다는 사실이다. 시애틀의 B나이트클럽은 '나체초밥' 행사를 공개적으로 열면서 논쟁을 불러일으켰다. 미네소타 주 미니애폴리스에도 남녀 누드 모델 위에 음식을 서브하는 T레스토랑이 이번 달 초 오픈했다. 물론 여기는 젊은 여성뿐만 아닌 젊은 남성도 '인간 접시'가 됐다는 점, 성의 상품화라기보다는 '행위예술'에 초점을 맞췄다는 점 등 차이는 있다. 그러나 사람을 사물로 취급하고 유희의 도구로 전락시켰다는 비난은 피하기 어렵다.

음식을 먹는 것은 소중하고 경건한 행위다. 궁중요리 전문가 한복선 씨는 '상차림에는 차린 이의 예절이 고스란히 담겨 있다"고 설명한 바 있다. 소박하게 담긴 밥과 국 한 접시, 김치 한 점이라도 정성을 다해 차리고, 상을 맞이한 때는 이에 감사하며 겸허한 마음으로 음식을 대하게 되는 것이 우리네 식문화가 아닌가. 슈퍼모델이 아닌 슈퍼모델 할아버지가 울고 갈 만큼 아름다운 몸이 누워 있는 상차림이 감히 대신할 수 없는 소중한 우리네 식문화인 것이다. 혹시라도 논에 눈이 먼 일부 상업적인 사람들이 한인타운에서 암암리에 나체 초밥을 선보이게 될까 봐 걱정이라면 너무 성급한 걸까. 백의민족답게 아름답고 정갈한 상차림과 식문화를 지켜 나가는 한인들이 되기를 바라는 마음이다.

10. 발효 문화와 아미노산

한국 음식은 발효(醱酵)라는 과정을 거침으로써 부패 박테리아를 저지하는 방위(防衛) 박테리아를 양성시켜 보존한다. 이 발효에서 형성된 맛이 곧 아미노산이다. 한국 음식의 기조(基調)요, 한국적 맛의 통일된 요소가 바로 이 발효에서 형성되는 아미노산의 맛인 것이다.

된장 맛이 곧 발효된 아미노산 맛이요, 고추장도 발효 음식으로 아미노산이 그 맛의 원천이다. 한국 음식에 들어가지 않는 음식이 없다 할 만큼 기초 조미료가 되어 있는 간장도 발효 음식이요, 아미노산 맛이다.

모든 장류(醬類)가 바로 발효 아미노산 음식이다. 장류와 더불어 한국 음식의 2대 지주(二大支柱)가 되어 있는 각종 김치류도 발효 음식이요, 김치를 부패시키지 않는 억제요소가 바로 김치 속에 있는 풍부한 아미노산이다

한국인이 잘 먹는 젓갈도 곧 발효 아미노산 음식이다. 또 된장 독이나 고추장 독에 각종 채류(菜類), 과류(瓜類)를 꽂아 두어 장아찌를 만들어 먹는 것도 발효화해서 먹기 위해서다. 된장 독과 고추장

독은 재래식 냉장고였던 것이다.

　한국 음식의 기조가 되어 있는 간장, 된장, 고추장, 김치 그 모두가 발효 음식이며, 아미노산 맛으로 통일되어 있다. 한국인이 외국에 가면 바로 그 이튿날부터 김치가 먹고 싶고 한식이 먹고 싶어지는 이유는, 외국 음식들이 발효를 겪지 않아 아미노산 맛이 없기 때문이다.

　한국의 자연은 바로 한국을 발효문화권(醱酵文化圈)이 되게 했다. 즉 음식들이 발효하고 있는 장독대에 대한 고유신앙이 발달했던 것이다. 발효는 변질이요, 변질은 사람의 힘이 아닌 초자연적인 신의(神意)에 의한 것으로 생각하기 때문이다. 장독에 금줄을 치는 이유도 그 발효라는 신의 작업을 보장하기 위해서다. 간장 담을 때 독 안에 금(禁)줄에 꽂는 숯이나 붉은 고추를 넣는 습관 역시, 전제된 것처럼 벌레가 생기지 않게 하기 위한 체험방법이 아니라, 이 발효를 신성시하는 신앙의 습속인 것이다.

　유럽인이 음식의 부패를 후추라는 향신료로 방지하고, 중국인이 음식의 부패를 기름에 튀기는 것으로 방지하고, 한국인이 음식의 부패를 발효로써 방지하는 그 지혜는 그 나라들이 처해 있는 각기 다른 자연이 가르쳐 준 것이다.

　한국의 자연은 한국에 발효문화를 형성시켜 주었고, 이 발효문화는 비단 음식뿐 아니라 의식주 등 모든 생활의식, 사물을 보는 의식구조, 심지어 사생관(死生觀)까지도 특색 지우고 있는 것이다.

11. 국물과 덤이 있는 사회

입만은 민족주의(民族主義)다. 귀와 눈은 잘 적응을 하는데 입은 가장 완고해서 외국생활과 쉽사리 악수를 하려 들지 않는다. 입에서 나오는 것은 말이요, 입으로 들어가는 것은 음식이다. 이 '말'과 '음식'은 국수주의적(國粹主義的)인 색채를 버리지 않는다. 이를테면 입은 인간의 오관에서 가장 주체성이 강하다고나 할까?

우선 그 입으로 들어가는 음식부터 보자. 이름난 프랑스 요리지만, 입은 김치·깍두기 그리고 된장찌개를 찾는다. 주책없는 입은 별이 다섯 개나 그려진 호화로운 프랑스의 레스토랑에서도 김치를 찾고 있는 것이다. 특히 기름진 고기를 먹고 나면 김칫국물이 먹고 싶어서 가슴이 뛸 정도이다.

그러나 오랜 생활을 하면서 내 입이 찾고 있는 것은 단순히 김치나 깍두기, 된장찌개의 토착적인 한국 메뉴가 아니라는 것을 알게 된다. 서양 음식은 무엇이든 국물이라는 것이 없다. 국물은 따로 수프 종목에 독립적으로 있는 것이지, 다른 음식에 섞여 있는 것이 아니다.

한국 음식은 그것이 찌개가 아니라도 반드시 국물이 있게 마련이다. 김치와 야채 샐러드의 차이가 그것이다. 음식에는 건더기가 주(主)된 것이라면, 반드시 그에 따라붙는 부수물인 국물이 있게 마련이다. 생선이든 야채든 고기 종류든 모든 음식에 국물 없는 음식이란 없다. 그래서 독특한 미각의 윤택이 생겨난다.

결국 한국 음식을 먹고 싶어하는 미각의 향수는 한마디로 국물맛을 찾는 그리움이었다. 비프스테이크를 아무리 포크로 뒤집어 봐도 국물이 없이 그냥 뽀송뽀송하다. 야채 샐러드를 다 먹고 나도 남는 것은 올리브 기름뿐 김칫국물 같은 것은 없다.

한국의 입은 허전하다. 무슨 음식이고 우리의 입은 건더기를 먹고 난 뒤의 국물 맛을 봐야 음식을 먹은 것 같다. 그렇지 않으면 너무 빡빡해서 목이 멘다. 깍두기가 먹고 싶어서 서양오이지(피클)를 곧잘 시켜 먹지만 도저히 그 국물 맛을 충족할 수는 없다.

건더기가 실체라면 국물은 그 실체의 그림자이다. 이 음영이 있기 때문에 비로소 그 실체는 생생하게 살아 있는 생명력을 갖고 있는 것이다. 그것이 여유이기도 하다.

우리나라 말에 좀 점잖지 못한 속어(俗語)이기는 하나 "국물도 없다"는 표현이 있다. 각박한 것, 철저한 것, 야박스러운 것을 나타낼 때 쓰는 말이다. 음식에 국물이 있듯이 한국인의 성격이나 행동에는 으레 건더기를 건지고 나서도 국물이 있다.

이런 표현으로 서구 문화를 한마디로 정의하라고 하면 '국물 없는 사회'이다. 공짜가 없다. 따라붙는 덤이 없다는 이야기다. 요리만이 그런 것이 아니다. 서양 사람들에게서는 도시 국물이라는 것, 즉 '덤'이라는 것을 기대할 수 없다. 몇 푼 안 되는 것, 별로 도움 될 것이 없는 과외의 그 물질보다 우리는 덤을 통해 인정을 찾는 것이다.

무슨 용건이 있을 때 우리 같으면 결코 용건만을 이야기하지 않는다. 이런 이야기 저런 이야기를 하다가 알듯 모를 듯 용건을 꺼내고 상대방도 은연중에 그에 대해서 응답을 하고, 이렇게 해서 볼일 보는 시간에 으레 국물의 시간, 덤으로 붙는 다른 시간이 있는 법이다. 그런데 서양인들에겐 그런 여유가 없다. 용건은 용건으로 끝난다. 다른 것이 개재될 여지가 없어서 매사가 분명하다.

아무리 각박해도 시장에서 무나 고추를 사거나 할 때 우리는 저울로 달아서 금을 긋듯이 거래하지는 않는다. 으레 덤이란 것이 따라붙고 에누리라는 것이 있다. 그렇다. 코를 흘리면서 엿장수에게 엿을 사먹을 때부터 '덤'이 따라붙는 습관 속에서 자라왔고, 그 덤을 통해서 인생의 여분이라는 것, 그 여유와 윤택이라는 정을 배웠다. 그래서 덤이 없는 것을 보면 인정(人情)의 삭막을 느낀다.

'국물 없는 사회, 덤 없는 사회' 여기에 또 하나의 서양과 동양의 다른 얼굴이 있다.

- 이어령 글에서

12. 한국 음식의 국물

세계에서 한국인만큼 국물을 좋아하는 민족도 드물다. 한인 식당이 없는 곳에 출장을 가거나 여행을 할 때, 김치 말고도 간절히 그리운 것이 바로 '국물'이다. 한낮의 번잡함은 시원한 국물 한 사발로 들이키고, 피로가 몰려오는 저녁엔 뜨끈한 국물 한 그릇으로 훌훌 털어버리니, 국물이 없으면 아쉬움이 이만저만이 아니다. 외국 음식에 국물 레시피가 있다 해도 한국 음식의 국물에 비하면 감히 명함을 내밀 수 없다. 온갖 재료를 건더기 삼아 흥건하게 끓여내는 음식은 한국밖에 없다.

한국인의 국물 사랑은 오랜 전통이거니와 먹을거리가 풍부한 지금까지도 국물에 대한 애착은 더 심화되고 있다. 마트에 가면 '국물 전쟁'을 방불케 할 정도로 국물 내는 양념들이 날마다 새옷을 갈아입고 진열대로 착착 등장하고 있다. 그렇게 사랑받던 미원 같은 화학조미료는 웰빙의 펀치를 맞고 구석으로 내몰리며, 천연 양념이라 이름 붙인 식재료들이 성큼성큼 진군한다. 매운맛의 진한 국물 맛을 자랑하던 라면 시장에 몇 년 전부터 칼칼한 흰색 국물이 등장해 파란을 일으켰다. 국물의 진화가 어디까지 나아갈지는 특유한 한국인들의 입맛만이 알 것이다.

서양 사람이 좋아하는 빵은 국물이 없어도 먹을 수 있다. 빵 문화에서는 국물이 필요없다. 한국인들은 상대가 도움을 요청할 때 안 된다는 뉘앙스로 "너에게는 국물도 없다"고 표현한다. 도와줄 만한 여유가 있어도 미운 사람에게는 국물도 없다고 한다.

13. 생식과 화식

　김장은 혼자서는 하지 못한다. 김장을 담그기 위해서는 많은 사람들이 모여야 한다. 장군들처럼, 그것도 그냥 모여드는 것이 아니라 가장 가까운 이웃, 서로 떨어져 살던 그리운 사람들이 한 뜰 안에서 만나야 한다. 그렇다. 그들은 단순히 일만 도와주려고 온 것이 아니다. 만나서 이야기하고 푸념과 회포를 풀어놓는다. 그러면서도 그것은 음식을 먹으며 떠들어대는 칵테일 파티 같은 것은 아니다.

　모든 잔치는 사람들이 모여 음식을 먹는 것이지만, '김장'만은 정반대로 사람들이 모여 음식을 만들어주는 잔치이다. 여자들만이 아니다. 남자들의 힘도 필요하다. 물을 길어주고 김장구덩이를 파주어야 한다. 김장은 이렇게 인간의 협화를 필요로 한다. 분업이 무엇인지를 잘 몰랐던 한국인이었지만 김장을 담글 때만은 '퍼드'가 창안해 낸 그 일관작업처럼, 씻는 사람, 절이는 사람, 양념을 하는 사람, 간을 맞추는 사람…, 이렇게 각기 다른 자기 몫을 가지고 전체의 작업에 참여하는 것이다. 그것은 작은 교향악단이다.

　어느 나라 사람이나 '먹는 것'은 다 같다. 그러나 먹는 방법과 양식이 다르다. 그것이 채소이든 육류이든 대개 사람들은 '날 것'으로 그냥 먹거나 불에 익혀서 먹는다. 생식(生食)이 아니면 화식(火食)이다. 짐승을 잡아서 꼬챙이에 끼워 통째로 불에 구워 먹는 옛날 서양 사람들의 풍습을 우리는 안다. 그들이 오늘날에도 즐겨 사용하는 바베큐란 것이 그것이다. 서양 사람들은 육류를 좋아했고, 그래서 또 그만큼 화색의 방법을 주로 했다.

동양에서는 생식이 낳다. 하늘이 주신 그대로의 것을 '날것'째로 먹는 요리들이 많다. 옛날 원시인들이나 동양의 성자들은 대개가 다 생식을 했다.

생식과 화식을 주로 했다면 김장 같은 것은 필요하지 않았을 것이다. 한국인들은 김치든 깍두기든 식혜나 장이나 술처럼 발효시켜서 먹는다. 김치 맛과 깍두기의 맛, 그리고 된장이나 동치미의 그 맛들은 모두가 생식이나 화식과는 달리 발효에서 생긴 독특한 미각을 우리에게 준다.

한국인의 정신을 이해하려면 바로 이 발효해서 먹는 그 음식의 미각이 어떤 것인가를 먼저 알아야 할 것이다.

서양 사람들이 무엇인가 발효해서 먹는 것은 '포도주' 정도에 지나지 않는다. 우리는 일상의 음식을 '포도주'를 담그듯이 담가 먹었던 것이다. 음식이 발효를 하자면 시간이 필요하다. 즉석에서는 만들지 못한다. 생식도 화식도 그것은 그 자리에서 만들어 먹는 성급한 요리이지만, 김치나 깍두기는 날것으로 먹을 수 없다. 도저히 그 맛이 나지 않는다. 천천히 시간이 흐를 때까지 그것이 발효될 때까지 기다려야 한다. 역사적으로 보면 우리는 배고픈 민족이었지만, 이렇게 음식을 단숨에 날것으로 삼켜버리거나 불로 익혀서 먹으려 들지 않았다. 참았다. 침묵의 시간에서 저 날것들이 발효할 것을 기다렸다. 메주가 뜨는 것처럼 술이 익는 것처럼, 아니다, 하나의 감이 익는 것처럼, 밤이 아람을 벌리는 것처럼 먹고 싶어도 침을 삼키며 절로 그것들이 스스로 익기를 기다렸다.

우리에게는 중간적인 것, 자연 그대로이면서도 이미 생명의 자연이 아닌 것, 불로 지지고 태운 것이 아니라 스스로 화학적 변화 속에서 미각화된 발효의 '김치'가 있다. 한국인의 문화는 인공적인 것이 아니다. 문명을 상징하는 불로 태워서 만든 인위적인 문화가 아니다. 그렇다고 '꿀'처럼 자연 그대로의 야만성을 수용하는 문화도 아니다. 우리는 자연을 발효시킨다. 스스로 변화하도록 하는 발효의 문화다. 한국인이 만든 예술품이나 생활용품도 가만히 분석해보면 그것이 저 김칫독 속에서 나온 김치나 깍두기처럼 발효해서 얻어진 것임을 알 수 있을 것이다.

사랑도 인생도 죽음도 김장을 담그듯이 담가놓고 기다리다 절로 뜰 때까지 참고 기다린다. 침묵의 시간 속에서 밀폐된 어두운 김칫독에서 익어가는 사상, 김장은 한국인의 마음과 그 생활방식을 상징하는 생(生)의 의식이요 잔치이다.

성급하게 날것으로 삼키지 마라. 불로 태우지 마라. 발효하지 않으면 안 된다. 절로 익어가는 그 생의 미각을 김장하듯이 그렇게 예비해두지 않으면 안 된다.

14. 테이블 매너

자기는 테이블 매너가 좋아도 다른 손님이나 웨이터 또는 웨이트리스의 실수로 음료나 음식이 테이블에 엎질러져서(spilling) 더럽혀지는 수가 있다. 그리고 이럴 때 기분이 나쁘더라도 상대방이 "I'm sorry" 하면 이 말을 받아서 "That's all right" 하고 말하는 것이 신사 숙녀로서의 매너이고 보면 신사 숙녀 되기도 쉽지 않은 노릇이다.

음료를 테이블에 엎질렀을 경우에는 냅킨(napkin)으로 훔쳐내는데, 매우 골치 아픈 일이 벌어지지 않는 한 메이드(maid), 웨이터

(waiter), 웨이트리스(waitress), 호스티스(hostess) 등에게 맡겨 두는 것이 에티켓이다. 고깃국물(gravy)을 옷에 흘렸을 경우에는 티슈 페이퍼(tissue paper)로 닦아내고 그것을 접시 옆에 놓든가 냅킨을 사용하든가 한다.

빵부스러기나 크래커 등을 바닥에 떨어뜨렸을 경우는 무시해도 상관없다. 그러나 딸기나 포도 등 다른 사람이 밟아서 그 사람에게 폐를 끼칠 만한 것일 때는 웨이터나 메이드에게 알려서 줍도록 한다. 바닥에 떨어뜨린 스푼이나 포크를 집어서 사용해서는 안 된다. 새것을 가져다 달라는 것이 좋다.

디너 파티에 초대된 손님은 나온 음식물 이외의 것을 부탁해서는 안 된다. 손님의 입장에서 한 차례 먹은 뒤에 또 먹고 싶다는 말을 하는 것(second helping)은 삼가는 것이 좋고 주인이 권하는 것은 별 문제다.

음식점(restaurant)에서는 손님으로서의 요청이 어느 정도 자유롭다. 케찹(catsup)이나 겨자(mustard)가 보이지 않을 때는 미안한 마음을 느끼지 않고 요구할 수 있다. 누군가의 초대로 음식점에서 식사를 하는 경우에는 웨이터에게 말하기 전에 초대한 사람에게 부탁하는 게 더 좋다.

얼마 안 되는 인원이 한 자리에서 식사를 할 때는 한 가지 코스가 모두에게 나눠지기까지 기다리는 것이 좋은데, 음식점에서 하는 식사에서 오래 기다리게 될 경우는 미리 양해를 얻고 순서대로 식사를 시작하기도 한다. 규모가 큰 디너 파티에서는 두 사람에게 음식이 분배된 다음부터 시작해도 좋은 걸로 되어 있다. 수프(soup)를 들 때 입으로 소리를 내는 것은 절대 금물이다. 그리고 트림(belching)은 다른 사람들이 깜짝 놀랄 만한 에티켓 위반이다. 트림이 나왔을 경우 "Excuse me" 하고 나오지 않도록 노력해야 한다.

입안에 음식물이 들어 있는데 음료를 마시는 것은 좋지 않다. 그러나 더워서 먹을 수 없는 것을 입에 넣어서 곤란할 때 찬 음료를 살짝 입에 넣어서 해결하는 것은 무방하다.

글라스를 입에 댈 때는 반드시 냅킨으로 입 주위를 닦아내는 것이 좋다. 뼈에 붙어 있는 고기를 손으로 쥐고 먹는 것은 비공식 식사의 경우이고, 정식 디너 파티에서는 닭고기나 칠면조 고기에 'paper frills'가 붙어 있어도 그곳을 집어 들고 먹어서는 안 된다. 생선뼈(small fishbones)나 씨(seeds)는 손가락으로 집어내도 무방하다.

빵은 한입에 먹을 수 있는 크기(one-bite size)로 떼서 한 조각마다 버터를 발라서 먹는다. biscuit, hot roll, hot toast 등은 전체에 버터를 발라도 좋은데 이것도 역시 한입에 먹을 수 있는 크기로 해서 먹는다.

공식 디너 파티에서 첫 코스 음식(the first course) 전에 약간 굳은 빵(hard roll)이 나와 있으면 먹어도 에티켓에 어긋나지 않는다. 개인 집에서는 무엇이든 안주인이 손을 대기 전에 먹기 시작해서는 안 된다.

목이 메는 것을 choking, 기침이 나는 것을 coughing이라고 하는데 이럴 때는 호스티스, 또는 초대자에게 알리고 별실이나 적당한 장소에서 잠시 쉬도록 한다. 심하지 않을 때는 "Excuse me" 하고 식사를 계속한다.

식탁에서 요리의 값, 병환, 타인의 험담, 종교, 정치, 섹스, 불평 불만 등을 화제로 삼지 않는 것이 에티켓이다. 비즈니스 런치(business lunch)나 비즈니스 디너(business dinner)에서는 초대한 측에서 비즈니스의 이야기를 꺼내는 것이 보통이다.

포크로 자를 수 있는 음식은 포크로 잘라서 먹어도 되는데, 한입에 먹을 수 있는 크기로 전체를 미리 잘라 놓는 것은 어린이를 위한 식사 같아서 보기에 좋지 않다.

　코스와 코스 사이에 테이블 위에 손을 얹어 놓는 것은 무방하지만 손에 컵, 글라스, 스푼, 포크 등을 들고 있을 때는 팔꿈치를 테이블 위에 올려 놓아서는 안 된다. 팔꿈치를 되도록 몸에 붙이는 자세가 옳은 매너다.

15. 건배할 때

　건배(Toast!) 하는 선창은 고대로부터 내려오는 것으로, 토스트를 술 위에 띄워 그것이 밑에 가라앉은 것을 마신다는 뜻이므로 남김없이 마시는(The glass has to be drained) 것이 예의인데, 오늘날에 있어서는 글라스를 비는 것(drain a glass)은 반드시 필요하지 않다. 가볍게 입을 대고 마시는 것(sip)만으로 예의는 십분 갖췄다고 보는 것이 현대적인 해석이다.

　술을 마시지 못하는 사람이나 금주주의자(teetotaler)는 다만 시늉(gesture)만 해도 무방하다. 그러나 건배에 참가하지 않는 것은 예의에 벗어나고 비난의 대상이 되므로 각별히 주의해야 한다.

　건배는 wine이 보통이지만 beer나 whisky 또는 칵테일로도 무방하다. 극단적으로 말하면 밀크나 차라도 상관없는 셈인데, 정식 건배에 물과 칵테일을 사용하는 습관은 오랜 역사를 가지고 있으며, 오늘날도 이것을 고수하는 사람이 있다. 일본에서는 '물술잔'이라 해서 물로 건배하는 풍습이 있는데, 영원한 이별(eternal farewell)을 뜻한다.

　정식 파티에서 건배를 받는 사람은 그대로 테이블에 앉아 있어도 좋다. 앉은 대로 건배하는 경우도 있다. 건배를 받은 사람 이외의 전원이 일어나서 건배하는 경우는 건배를 받는 사람은 일어나서 "Thank you" 하고 건배하든가, 주최자 측이나 존경하는 사람을 위해 건배할 것을 제안하고(pro-pose a toast) 글라스를 비운다. 여성은 특히 speech를 하지 않는 한 앉은 채로 건배를 받는다.

Bachelor dinner로 불리는 결혼 피로연에서는 건배를 먼저 신부(bride)에게 한다. 그때 사용한 글라스는 건배가 끝난 뒤 깨어버리는 일도 있었는데 오늘날은 이 관습이 없어졌다.

일반 연회에서는 식후의 다과(desert)가 나왔을 때나 폐회 직전에 건배하는 경우가 많다. 이 경우는 건배를 보내는 측, 받는 측은 speech를 주고받고 하는 것이 보통이다. 정식으로는 사회자(the presiding officer)가 최초의 건배(the first toast)의 선창을 한다. 사회자를 toastmaster라 한다. 선창자는 반드시 스피커즈 테이블(the speaker's table)에 앉아 있어야 한다.

아무 말 없이 부딪치기 전에 글라스를 가볍게 울리는(raise the glass) 시늉을 한다. "당신의 건강을 위해서!"(to your health!)라는 전통적인 축사를 사용하는 경우가 많다. 애인에 대해서는 "당신의 아름다운 눈을 위해서!"(To your beautiful eyes!) 또는 "당신을 위해!"(To you!) 등이 흔히 사용된다. 섣달 그믐날(New Year's Eve)의 송년회 등에서는 "To us and to a happy New Year!"라고도 한다.

정식 파티에서는 최초에 wine이 글라스에 부어진 시점에서 첫 건배가 있다. 이때 특별 초대 손님(the special guest of honor)에 대해서 그 앞날을 축복하는 건배를 올린다.

한국인들은 주빈이나 단체발전 또는 건강을 위해 건배한다.

16. 대작 문화와 독작 문화

서양 사람은 혼자서 술을 마신다. 퇴근하고 집에 돌아오면 혼자서 글라스에 술병을 기울인다. 술집에서도 마찬가지다. 혼자 술집에 들어와 바에 걸터앉아 마신다. 곧 술에 대한 서양 문화는 혼자서 술을 따르는 독작문화(獨酌文化)다. 소설이나 영화관, 텔레비전의 화면에서 우리는 너무 자주 이 독작의 장면을 보아 왔다. 화면뿐만 아니라 우리나라의 기지촌(基地村)에 있는 술집에 가봐도 제각기 혼자 와서 멍하니 술잔을 기울이고 있는 'GI'투성이다.

곧 서양 문화가 혼자서 술을 마시는 것을 기조로 한 문화라면, 한국 문화는 둘 이상이 주고받는 대작(對酌)을 기조로 한 문화다. 물론 한국인도 반주를 할 때라든지 화가 났을 때는 혼자서 술을 마시는 경우가 없지 않지만, 그것은 극히 이례적(異例的)이거나 비정상적인 경우에 국한된다. 그러기에 혼자 술 마시고 있는 사람을 보면 무척 괴로운 일이 있거나 무슨 의도한 바가 있거나 술 마실 사람을 기다리고 있거나 하는 비정상적인 상황을 상정하게 마련이다.

서양 사람들이 서로 모여서 술을 마실 때도 대작한다는 법 없이 단작(單酌)을 한다. 그러고서 건배(乾杯)만을 할 뿐이지 잔이 오가는 경우는 없다. 건배의 기원에는 다음과 같은 설이 있다.

중고시대(中古時代)에 서양 사람들이 회음(會飮)을 할 때면 서로 상대방이 따라준 술잔에 가볍게 입술을 대고 한 모금씩 마시는 습속이 있었다고 한다. 이 상대방의 술을 한 모금씩 마시는 이유는, 혹시 그 술에 독이 있을지도 모른다는 불신(不信)에서 형성된 습속이었다고 한다. 왜냐하면 서양 사회는 유목과 교역이 빈번하여 항상 낯선 사람과 공존(共存)해야 하는 이질사회(異質社會)이기에, 이 이질성(異質性)에의 경계와 불신이 선행되어 문화가 형성되었기 때문이다.

이같이 내가 마시는 술이 상대방이 마시는 술과 똑같은 무독성(無毒性)에의 경계와 불신이 선행되어 문화가 형성된 것이다. 그래서 내가 마시는 술이 상대방이 마시는 술과 똑같은 무독성(無毒性)이라는 증거를 대기 위해 상대방의 술잔에 입을 대는 습속이 생겼고, 이 번거로운 습속이 건배의 습속으로 단순화된 것이라 한다. 곧 불신(不信)이 기조(基調)가 된 건배인 것이다.

중국 사람도 회음할 때는 서로 건배를 권하고, 마시고 나면 다 마셨다는 증거로서 빈 술잔 바닥을 상대방에게 슬쩍 기울여 보이긴 하지만 대작을 하는 법은 없다. 그러나 한국인은 분주할 정도로 잔을 주고받는다. 대작(對酌)은 회음자(會飮者) 각자의 술에 대한 기호 여부, 주량 여부가 무시되기에 비합리적이고 비기능적이긴 하다. 독작(獨酌)과 대작(對酌) 문화의 차이에는 그러할 만한 문화인자(文化因子)가 게재되었기 때문이며, 그 인자(因子)가 한국인의 계약관이 서양처럼 불신을 기조로 하여 형성된 것이 아니라 신뢰를 기조로 하여 형성되었음을 입증해주고 있는 것이다.

옛 우리 조상들에게 있어 술은 요즘처럼 일상적인 음료가 아니라 신령(神靈)과 접하는 제사 때나, 불신(不信)의 이질 요소를 신뢰(信賴)의 동질 요소로 바꾸는 의식 때에만 마셨던 것이다.

17. Wet 문화와 Dry 문화

술[酒]은 인류 역사에서 가장 오래된 음식 중 하나로 동서고금(東西古今)을 통해 인류의 가장 친근한 동반자였으니 그 역사도 다양하다. 술을 마시지 않는 입장에서 술에 관한 얘기를 하자니 다소 불편하긴 하지만, 한국과 미국의 문화 속에서 술이 차지하는 자리를 짚어보자는 것이다. 생활 속에서 사람들이 술을 어떻게 대하고 있는가를 헤아려 봄으로써 두 문화를 다시 비교, 이해해 보자는 것이다.

미국인들도 술을 많이 마시는 것 같다. 그리고 미국에는 세계 각국 사람들이 다 들어와 살고 있으니 마시는 술의 종류도 엄청나게 많을 것 같다. 하지만 언뜻 보기에 미국에서는 한국처럼 어느 때 어느 곳에서나 술을 쉽게 대할 수 있는 것 같지는 않다.

미국에서 술은 슈퍼마켓은 물론이고 주유소의 편의점에서도 쉽게 살 수 있고, 또 여기저기 술만 전문적으로 파는 리커스토어도 있고, 물론 술을 마실 수 있는 음식점과 주점도 허다하다. 그럼에도 미국에서 한국보다 술을 쉽게 접할 수 없다고 얘기하고 있으니 이상하게 들릴지 모른다. 그러나 그런 주장을 하는 근거는 미국의 문화적 뿌리와 술과의 역사적 관계를 인식하는 데서 찾을 수 있다. 기독교 문화를 바탕으로 하는 미국의 문화는 의도적으로 술을 멀리하려는 역사를 가졌기 때문이다.

20세기 초반-중반에 걸쳐 미국을 비롯하여 캐나다, 러시아, 핀란드, 노르웨이, 헝가리, 아이슬랜드 등 구미의 여러 기독교 국가들은 일정한 주류의 제조, 운반, 판매, 소비를 금지하거나 제한하는 이른바 금주법(prohibition)을 제정, 시행했었다. 특히 미국은 건국 초기부터 음주에 대한 절제와 통제를 강화해 오다가, 19세기에 들어 감리교도들이 중심이 되어 시작된 금주운동이 침례교, 장로교, 퀘이커, 루터란 등 개신교와 몰몬교 등의 모든 종파로 확산되고, 심지어 '금주당'이라는 정당까지 등장하게 되었다. 결국 금주운동은 1920년 수정헌법 제18조에 의해서 전국적인 금주령으로 입법되었다.

하지만 이 금주령은 암거래, 범죄 등 커다란 사회적 부작용을 일으키다가 결국 수정헌법 21조에 의해 1933년에 철폐되었다. 그 이후 미국에서는 주류에 대한 규제를 각 주가 결정하게 되었고, 또 각 주는 이를 다시 county(군) 등 자치단체에 위임하게 되었다. 그 결과 미국에는 지금도 지역에 따라 전반적 또는 부분적으로 금주법이 시행되고 있는 곳이 많이 있다. 금주를 시행하고 있는 county를 dry county라고 하고 주류가 허용되는 county를 wet county라고 하는데, 미국에는 아직도 수백 개의 dry county가 있다. Dry county는 동부와 서부에는 극히 드물고 주로 남부와 중서부 일대에 있는데, 예컨대 텍사스 주는 254개 county 가운데 46개가 전면 금주, 즉 dry이고 39개가 wet, 나머지 169개는 부분적으로 금주를 시행하는 'moist' county이다.

아직도 술과 도박을 큰 죄악으로 여기는 이슬람 문화를 금주(禁酒) 문화 또는 dry culture라고 한다면 미국 문화는 술에 대한 의식적, 제도적 통제가 남아 있는 절주(節酒) 문화 또는 moist culture라고 할 수 있고, 반면 술에 대한 관대함이 지나쳐 술을 권하는 문화처럼 비쳐지는 한국 문화는 권주(勸酒) 문화 또는 wet culture라고 부름직 하다.

한국에서 음주는 단순히 묵인, 용납되는 것이 아니라 어찌 보면 미화되고 있다고 할 수 있다. 주류 광고를 엄격히 통제하고 있는 미국에 반해 한국에서는 TV, 신문, 잡지, 지하철, 전광판 등 도처에서 주류를 선전하는 대형광고를 볼 수 있다.

약주(藥酒)니 반주(飯酒)니 하는 말로 술 마시는 것을 생활화해 온 탓인가. 한국에서는 결혼잔치나 초상집에서는 물론이고 동창회, 환송회, 환영회, 기념회, 축하회 등등 모든 모임에 으레 술이 나온다. 아예 처음부터 식탁에 각종 주류를 갖다 놓고 시작하는 모임도 많다. 어떤 모임에 술이 빠지면 실례라도 되는 모양이다.

미국에서는 주거지역과 상업지역의 선이 확실하게 그어져 있어 주택지나 학교 등 공공시설 근처에는 주점은커녕 음식점도 찾을 수 없으나 한국에서는 속된 말로 한 집 건너 술집이나 음식점이 있다고 할 지경이다.

미국에서는 공원이나 유원지 등 공공시설 역내에서는 원칙적으로 음주가 금지되어 있는데, 한국에서는 유원지, 위락시설을 찾는 목적이 오로지 술 마시기 위한 것처럼 보여질 정도로 음주가 보편화되어 있다.

한국인들은 술을 적당히 마시면 스트레스 해소, 생활의 운치, 건강 증진 등에 도움이 된다고 하면서 술의 순기능을 곧잘 강조하지만, 음주가 생활에 미치는 여러 가지 병폐와 부작용 등 술로 인해 빚어지는 역기능은 일부러 외면하는 눈치다. 1차, 2차, 3차로 이어지는 술자리에서 잔 돌리기, 폭음, 술주정, 구토로 이어지는 술버릇은 새벽을 넘기고 밤을 새우기 일쑤고, 다음날 숙취가 덜 깬 상태로 출근해서 눈치껏 사우나로 향하는 직장인들이 있다.

한국에서는 그래서 술로 인한 부정과 비리가 끊이지 않는다. 이러한 권주(勸酒) 문화의 환경에 적응하지 못하는 사람들은 종종 "세상 물정 모르는 사람"이라고 치부되기 쉽고, 또 음주문화의 횡포로부터 시달리지 않으려고 의식적으로 그런 무리로부터 벗어나는 사람들은 왕따가 되기 쉬운 것도 한국의 현실이다. 미국에서는 이런 일들이 전혀 벌어지지 않는다는 말이 아니라, 그런 상황이 될 때까지 술을 마시는 사람들이 많지 않다는 말이다. 미국에서는 '나는 술을 안 마신다'고 하면 그만이지 한국에서처럼 왜 안 마시느냐고 따지고 들거나 강제로 권하지 않는다.

- 장석정 교수 글에서

18. 파티장에서

파티가 제대로 되기 위해서는 모이는 사람, 술, 그리고 안주라고 하는 말이 있듯이, 초대손님의 인선과 그 사람들이 좋아하는 것을 미리 아는 것이 파티를 성공시키는 열쇠가 된다. 아무리 돈을 많이 들인 호화 파티라도 손님이 좋지 않은 인상을 가지고 돌아간다면 그 것은 낙제다. 정성이 담긴 음식과 술이 손님의 기호와 합치될 때 더욱 훌륭한 파티가 될 수 있다.

공식 파티에서는 스테이크(steak)나 스튜(stew)는 내놓지 않지만, 홈파티(home party)에서는 내놓거나 안 하거나 상관없다. 디저트의 경우, 손으로 잡는 부분(handle)의 방향은 스푼은 오른쪽을, 포크는 왼쪽을 향하게 한다. 글라스는 오른쪽 앞이다. 개인 가정이나 레스토랑에서는 대개 이런 방법으로 set하는 게 보통이다.

수프를 마실 때 스푼 가득히 떠서는 안 된다. 3분의 2 정도로 떠서 소리를 내지 않고 스푼의 가장자리로부터 입에 넣는다. 스푼의 끝(tip)에서부터 입에 넣는 사람이 있는데 이것은 좋지 않다. 컵에 든 수프는 처음은 스푼으로 뜨고 나머지는 손으로 컵을 들고 마신다. 디저트의 아이스크림이나 과일 샐러드는 스푼만으로 먹는다.

아스파라가스(asparagus), 아티초크(artichoke, 엉겅퀴과의 식용식물), 신선한 과일(fresh fruit)을 먹게 될 때 손끝을 핑거 보울(finger bowl)의 물로 씻게 되는데, 이 물을 잘못 알고 마시는 사람이 있다. 손을 씻은 뒤의 finger bowl은 곧 식탁에서 가져간다.

테이블 냅킨(table napkin)은 대충 접어서 side plate 위에 놓는데 side plate가 없을 때는 테이블 위에 놓으면 된다.

식탁에서의 손님 배치는 여성끼리, 또는 남성끼리 앉지 않게 한다. 주인(host) 오른편에는 여성 가운데 주빈(the guest of honer)이, 안

주인(hostess) 오른쪽에는 남성의 주빈이 앉도록 배치하는 공식 파티가 아니라면 그다음부터는 좌석 배열은 문제가 될 것이 없는데, 다만 문제가 되는 것은 화제가 서로 통할 만한 사람을 옆자리에 배치하는 일이다.

공식 파티 등에서는 Loyal Toast(모임의 주목적과 관련된 건배)가 끝나고, "여러분 마음대로 담배를 피워주십시오"(Ladies and gentlemen, you may now smoke) 하고 말하기까지는 담배를 못 피우게 되어 있다.

빵을 knife로 잘라서는 안 된다. 반드시 손가락으로 뜯어서 먹어야 한다. 생선은 반을 먹은 다음에 뼈를 들어내고 밑에 깔린 부분을 먹는 것이 매너이므로 뒤집어놓고 먹는 일이 있어서는 안 된다.

여성은 사람들 앞에서 머리를 빗거나 화장(make-up)을 고쳐서는 안 된다.

왼쪽에서 요리접시가 왔을 때, 오른쪽 옆에 있는 사람에게 등을 보이는 것은 실례가 된다. 자기가 매우 싫어하는 요리가 나왔을 때도 공식 파티 등에서는 조금 먹은 뒤에 남기는 것이 좋다. 개인 가정에 초대됐을 때는, "I'm sorry, but I'm not in the habit of eating this and I dare not eat, so please forgive me"라고 하며 먹지 못하니 양해해 달라고 말하는 것이 좋다.

유럽은 미국이나 영국에서와는 다른 table manner가 있다. 그 한 예로 떼어낸 빵으로 접시에 남은 국물(gravy)이나 소스(sauce)를 닦아서 먹는 일인데, 이것을 영국의 디너 파티에서는 있을 수 없는 매너로 취급한다.

프랑스 지방의 레스토랑에서는 식탁에 나와 있는 것은 나이프와 포크뿐일 때가 많고, 이것으로 모든 코스의 음식을 처리하도록 되어 있다. 그런 때에 one course가 끝나고 나이프나 포크를 접시에 놓아서는 안 된다. 테이블이나 아니면 그런 것을 올려놓기 위해 마련된 다른 물건 위에 놓아야 한다.

 미국 사람이 영국 사람과 다른 점도 가끔 지적된다. 미국 사람은 식탁에 나온 고기를 나이프와 포크로 어린애처럼 전부 한입에 들어갈 만한 크기로 썰어서 놓는다. 그리고 나이프를 접시 가에 놓고 포크를 오른손에 옮겨 쥐고 먹는다. 디저트도 포크만으로 먹기를 좋아한다. 식사 도중에 커피를 마시기도 한다.

제6장

옷과 주택

1. 한·미 의식주 문화

우리나라 사람들이 당대에 돈을 벌었을 경우 가장 먼저 변하는 것은 무엇일까? 십중팔구가 집부터 사고 본다는 것이다. 집은 살기 위해서도 필요하지만 부를 오래 안전하게 보전하고 보전할 수 있는 수단이다. 자신의 성공과 성취를 과시하기 위해서도 크고 화려한 집만큼 좋은 것은 없다.

반면 미국인은 자기 집 마련보다는 평생 공무원 생활을 하면서도 집 마련을 뒤로 미루고 아파트 생활을 하는 사람이 많다.

한국은 1970년대 소득이 증대되면서 주택의 수요가 폭증했다. 다른 것은 몰라도 한국인들의 집에 대한 집착과 욕구는 끝이 없어 보인다. 물론 자동차도 생각할 수 있지만, 집에 대한 대체재는 아니다. 집을 사고 나면 다른 문화적 행위의 욕구로 발전되는 것 같지만 역시 당대 졸부의 문화는 집을 벗어나지 못한다.

한 가문의 부가 2대째 안정적으로 지속될 때, 그때 달라지는 것은 의복이란다. 집 문화에서 의복 문화로 변천하는 것이다. 실제로 부자 부모의 옷은 남루하지만 자식들의 의복은 대단히 우아하고 화려한 경우가 많다. 어딘지 모르게 세련된 옷맵시를 지니고 있는 사람은 적어도 당대만의 부자가 아닐 확률이 높다는 것이다.

특히 한복의 경우가 그렇다. 같은 값이어도 어딘지 모르게 옷을 잘 입고, 또한 액세서리 하나를 걸치더라도 어떤 향기를 느끼게 하는 사람이 있다. 옷을 잘 입는 감각은 오랫동안 주변 사람들이 하는 모습을 보고 배우며 익힌 결과이다. 그런데 미국의 부호 가문의 자녀들은 옷에 무감각적인 것 같다. 일 년에 넥타이를 매는 정장을 하는 경우가 많지 않다.

그렇다면 3대째 부를 유지하는 가문은 무엇이 다를까? 여러 가지가 있겠지만 음식문화가 다르다고 한다. 우리가 이제 먹고 살 만한 단계에 접어들기는 했으나, 여전히 끼니를 때우는 수준이지 그 이상은 아니다. 음식의 맛을 잘 내기도 쉬운 것이 아니지만 음식과 관련하여 분위기 있는 식탁과 식기들, 시각적으로 아름다운 디자인, 기품 있는 장식들이 함께할 때 비로소 음식이 문화로 승화된다.

한 끼의 식사란 허기진 배를 채우는 것만이 아니라 문화 자체를 누리는 행위이다. 음식문화도 한국이 미국보다 화려하고 앞서간 듯 보인다. 한국보다 미국은 파티가 많은 나라인데 가서 보면 음식이 기대 이하임에 놀라지 않을 수 없다.

2. 한복과 양복

한국 말 중에 "비단옷 입고 밤길 걷기", "같은 값이면 다홍치마" 등 옷과 관련된 말들이 우리 선조들의 생활에 깊이 젖어 있는 것을 보면 아마도 옷은 무척 중요했던가 보다. 어쨌든 새하얀 동정에 연결된 저고리와 치마의 아름다움이 돋보이는 한복은 과연 세계 어디다 내놓아도 손색이 없는 의상일 것이다.

한복은 이런 아름다움도 일품이려니와 한국의 치마를 보자. 여유가 많아서 홀쭉이, 뚱땡이 가리지 않고 입을 수 있으니 참으로 편리하다. 그러나 양복은 한 치의 여유를 가지고 가봉 때 보면 정확성을 맞춘다. 남자들이 입는 한복의 바지도 양복 바지와 달리 여유가 있다.

그런데 굴러들어온 돌이 박힌 돌을 뺀다고, 이제는 양복이 한복을 누르고 대접을 받는 듯싶다. 안타깝다. 그러나 서양 옷을 입을 때는 기본적으로 그들의 의상 매너를 알아야 할 것이다. 특히 서양인들은 배색에 대해 너나 할 것 없이 수준급이다. 예를 들어 체크무늬 바탕에 여러 가지 색이 조화된 넥타이를 맨다든지 검은 양복에 흰 양말을 신는다든지 하는 일을 서양인은 하지 않는다. 그렇게 입은 것을 그들이 보면 가까운 사이에서는 "오늘이 crazy day"(대학 등에서 일부러 아무렇게나 옷을 입는 날)냐고 농담을 한다.

3. 옷이 날개다

한국의 전통적인 속담에 "의복이 날개다"라는 말이 있다. 구질구질한 옷을 입고 상점에 들어가면 상점 주인은 물건을 구입할 손님으로 보지 않고 신경을 쓰지 않는다. 중요한 모임에 정장을 하지 않아도 예의를 갖추지 못한 인사로 본다. 따라서 우리 속담에 잘 입은 거지는 밥을 얻어먹어도, 벗은 거지는 얻어먹지 못한다는 말이 있다. 그만큼 의생활이 중요함을 강조한 것이리라. 그래서인지 한국 남성은 양복과 넥타이를 어느 나라 사람보다 애호하는 것이 사실이다. 해외 여행 중 양복 입은 사람들의 그룹 여행객을 보면, 대부분 한국인이다. 서양 사람들은 여행 갈 때는 평상복 또는 편한 옷차림을 한다.

외국인들이 필자에게 언급하는 말을 들은 기억이 난다. 산에 올라가 보면 양복 입은 남자들, 심지어는 하이힐 신은 여자들도 많이 있다는 것이다. 어느 여교수의 경험에 의하면, 적당히 입고 백화점에 가면 '아줌마'라고 하고, 정장을 하고 가면 '사모님'이라고 부르더라는 것이다. 그런데 서양인들은 소위 지체 높은 분들도 반바지에 티셔츠를 즐겨 입는다.

한국 사람들은 이렇게 옷 입은 모습을 보고 그 사람을 평가하는 경향이 있다. 평상복을 입고 나타나면 상점 주인도 무시하거나 별 볼 일 없는 사람으로 취급한다. 그래서 '옷이 날개'라는 말도 있다.

4. 낮은 굴뚝과 높은 굴뚝

농촌의 골목길을 걸어보면 연돌 높이가 지붕 높이보다 더 높은 법이 없다는 사실을 알게 된다. 유럽 농촌을 걸어 보면 벽돌로 쌓은 우람한 연돌들이 지붕 위로 우뚝우뚝 솟아 있는 것과 대조적이다. 서양의 연돌은 마치 부의 상징인 양 하늘 높이 치솟아 연기를 내어 뿜고 있음을 본다. 그런데 한국의 연돌은 마치 그것의 노출이 부끄러운듯 처마 밑에 초라하게 숨겨져 있으면서 연기를 위로 뿜는 것이 아니라 벽이나 처마에 반사시켜 아래로 내려깔고 있다.

연돌이 높을수록 불을 잘 들인다는 물리의 ABC를 한국인이 몰랐다는 이치는 성립되지 않는다. 왜냐하면 수천 년 동안 수천만 명이 시행착오를 겪는 동안 그까짓 간단한 이치를 발견 못했다고는 믿어지지가 않기 때문이다.

또 짚으로 이는 처마 밑의 연돌이 불을 일으킬 불안한 요건이 된다는 것을 모르는 바도 아니었을 게다. 그런데 한국의 연돌은 언제나 지붕보다 높아지는 법이 없다. 왜 그랬을까.

한국인은 의식주란 인간 생존의 본능적 필수를 노출하거나 공개한다는 것을 수치로 알고 부덕으로 알았기 때문에, 밥을 짓고 방을 따습게 하는 이 본능적 존재 방식의 한 표현인 연기를 은폐했을 뿐이다. 밥을 짓고 밥을 먹는 일은 생존의 가장 근본 조건이기에 숨어서 하는 것이 도리였다.

홍콩의 거리나 사이공의 길바닥에서 온 가족이 함께 외식을 하고 있는 모습을 볼 수 있다. 프랑스 사람들이 길가의 카페에 앉아서 햄버거를 먹고 페르시아 사람들이 방석만한 넌(빵)을 목에 걸고 길을 걸으면서 뜯어먹는, 그런 공개적인 본능 행위를 한국인은 할 수가 없다. 마치 성행위 같은 본능 행위의 일환으로 숨어서 먹는다.

밥 먹는 도중에 손님이 오면 밥을 먹다 말고 반사적으로 밥상을 치우는 한국인의 습성은, 반찬이 없어 낯부끄러운 것을 모면하기 위한 행위만은 아닌 것이다.

비단 먹는 것뿐만이 아니다. 잠잔다는 본능 행동도 수치로 안다. 한국인은 잠잘 때만 이부자리를 펴고 자고 나면 이불을 개서 벽장에 숨겨둔다. 만약 숨겨둘 곳이 없어 옷장 위에 쌓아놓게 되면 반드시 이불보로 덮어 은폐를 한다. 곧 사람이 잠잤다는 흔적을 소멸시켜 버린다.

서양의 침대가 잠잤다는 흔적을 고스란히 노출시켜 놓은 것과는 적이 대조적이 아닐 수 없다. 한국의 집에서는 빨래 가운데 이불잇, 요잇, 베갯잇, 홑이불 등 침구에 관련된 빨래는 여자의 내의와 더불어 앞마당에서 말리는 법이 없고 반드시 뒷마당에다 말려야 했다.

북관(北關) 지방에서 부부싸움을 하다가 부부 가운데 누군가가 베개를 마당에 던지면 그것은 파경을 뜻하였다. 침실 용구의 외부 노출은 곧 성생활의 노출인 양 이같이 큰뜻을 가졌었다.

서양의 교자와 한국의 방석과의 콘트라스트(contrast)도 그렇다. 손님이 오면 방석을 내어놓고 손님이 가면 방석을 치워버린다. 곧 편하게 앉는다는 동물적이고 본능적인 안락에 한국인은 죄악감을 지니고 있는 것이다. 그런데 서양의 교자는 항상 그곳에 있음으로써 안락을 유혹하고 있다.

- 이규태 선생 글에서

5. 고향 감각과 객지병

이 세상에서 한국인처럼 고향 감각(故鄕感覺)이 발달한 민족이 없다는 것도 타향이라는 공간에 적응력이 없기 때문이 아닌가 싶다. 물론 사람을 포함한 모든 동물에게는 귀소본능이 있다지만, 이동성 문화를 지닌 나라 사람들에게 한국인처럼 친화공간이 고정된 한 지점이 아니라, 위화 공간이라도 가서 친화하면 친화 공간이 되기에 고향이 별반 중요하지가 않다. 떠나 사는 곳이 고향이기에 귀소의식이 박약하거나 없다.

한국인은 자기가 태어난 최초의 친화 공간은 결정적인 의미를 가지며, 그 후 형성시킨 2차, 3차의 친화 공간은 첫 번째의 것에 비해 안정이나 안심 면에서 뒤진다. 그러기에 고향이 그리워도 못 가는 것을 그리워하고, 고향 산천 가는 길이 먼 것이 그렇게 정서 면에서 큰 비중을 차지하며, 명절 귀성(名節歸省)에 살인까지 빚는 러시(rush)를 이룬다. 죽으면 으레 제1차의 친화 공간에 묻히려는 집요한 귀소성(歸巢性)도 이 위화 공간의 적응력이 부족한 한국인의 공통된 공간관(空間觀) 때문이다.

구미 사람이나 중앙아시아 사람들은 가서 죽은 곳에 묻힌다. 위화 공간은 죽어서도 친화(親和)할 수 있기 때문인지 모르겠다. 외국이나 객지라는 위화 공간에서 죽은 한국인은 죽어서도 반드시 친화 공간으로 귀소(歸巢)한다. 왜냐하면 영원한 정신적 안식처로 위화 공간은 부적당하기 때문이다. '객사(客死)할 놈'이 욕이 된 이유는 곧 위화 공간에서 안심 못하는 불행의 크기를 적시해 주는 것이 되기도 한다.

우리 전통적 토속병(土俗病) 가운데 '객지병'이라는 게 있다. 객지에 나가면 그 위화성(違和性)의 쇼크 때문에 입맛이 없어 밥을 못 먹고 야윈다든가, 먹으면 토한다든가, 천식기가 생긴다든가, 변비가 생긴다든가 하여 객지에 못 사는 체질이 있다. 물론 고향에 되돌아오면 그 같은 증세가 사라지는 신경성 질환이다. 모든 사람이 기후·식수·음식·공기 등의 차이로 풍토 쇼크를 받긴 하지만, 이 같은 '객지병'과는 그 발생 원인이 다르다.

풍토 쇼크는 물리적 원인이지만 객지병은 위화 공간에 적응 못하는 정신적 원인이기 때문이다. 옛날 조정에서 중국이나 일본으로 가는 사신을 고를 때 이 '객지병'의 전력(前歷) 유무는 중요한 선택 기준이었으며, 또 정치적 이유로 그 선택(選擇)에서 빠지고 싶으면 객지병이 심하다는 구실을 곧잘 대고 있음은, 바로 한국인의 친화 공간에의 집착과 위화 공간에의 반발의 크기를 입증해 주는 것이기도 하다.

제7장

집단주의와 개인주의

1. 혈연 집단과 개인주의

　가족과 가문을 우리 나라 사람들이 얼마나 중시하는가를 말해 주는 예는 아직도 많다. 가장 비근한 실례는 족보이다. 워낙 내 핏줄을 강조하다 보니 우리나라는 족보가 세계에서 제일 발달된 나라가 되었다. 우리나라에서 조금 조상에 관심 있는 사람이라면 족보를 통해 20~30대 할아버지까지 알아내는 것은 어려운 일이 아니다. 그러나 미국에서는 일반적으로 증조부나 고조부 정도만 올라가도 조상의 이름을 찾아내는 것이 쉽지 않다. 족보도 없고 관심도 없기 때문이다.
　개인주의 사회에서는 가능한 한 부모에게서 빨리 독립하는 것이 바람직한 덕목이기 때문에, 자기가 어떻게 살 것인가에만 관심이 있지 조상들에게는 별 관심이 없다. 그러나 우리나라와 같은 집단주의 사회에서는 부모를 비롯한 가족 집단 속에 영원히 소속되어 있는 것이 미덕으로 간주되기 때문에, 혼자 독립해 나가는 것은 바람직하지 않게 생각될 뿐더러 이것도 피치 못할 경우에만 가능하다.

이런 면에서 우리나라의 오늘날 젊은 세대들은 이전보다는 상당히 개인주의 쪽으로 가고 있는 것을 알 수 있다. 왜냐하면 요즈음 젊은이들은 조상들에게 관심을 갖는 것 같지 않기 때문이다. 우리나라 젊은이들은 물론 이전보다는 개인주의화되었겠지만, 그렇다고 서구식의 개인주의 의식을 갖고 있는 것은 아니라는 것이다. 이것이 확연히 드러나는 것은 인생의 대사(大事)가 관계될 때이다.

젊은이들에게 있어 인생의 대사 중에 가장 큰 것은 결혼일 게다. 한국인들은 결혼하는 과정에서 가족이 중심이 된 집단주의적 요소를 유감없이 발휘한다. 현대의 젊은 한국인들은 서구의 개인주의의 영향을 받아, 이전에 철저한 집단주의가 지배했던 사회에서는 상상도 못했던 일로, 자신의 배우자를 직접 고르는 경우가 많아졌다. 그러나 배우자를 고를 때에는 아무리 많은 자유를 구가했다 하더라도 반드시 후에 부모의 허락을 받아야 배우자로서 인정을 받는다.

한국에서는 결혼이라는 것이 절대로 두 사람만의 결합이 아니라 두 집안 사이의 결합이 된다. 그러기에 결혼식 날도 결혼하는 당사자는 생전 보지 못했던 먼 친척뿐만 아니라 양가와 관련된 사람들이 대거 몰려와 항상 북새통을 이룬다. 결혼식장에서도 부모님 좌석은 항상 앞에 따로 배정되어 있고, 신랑 신부가 부모님한테 절하는 순서도 반드시 있는 것 등 그 영향을 한두 군데에서만 발견할 수 있는 것이 아니다.

족보 이야기를 다시 하자. 족보가 각 종친회에서 간행된다는 것은 잘 알려진 사실인데, 기실 종친회가 한국 사회만큼 발달된 곳이 없다는 의미에서 우리의 주목을 끈다. 젊은 사람들은 종친회 하면 별

것 아닌 것으로 생각하기 쉬운데, 뭐 꼭 대단한 영향력이 있는 것은 아니지만 그렇다고 그냥 무시해 버릴 수도 없는 게 종친회이다.

지금 현재 한국에는 성씨가 300개가 좀 안 되는 것으로 보고되어 있다. 우리나라 인구에 비해 성씨가 턱없이 부족하기 때문에 본관 제도가 진작부터 생겨났다. 가장 흔한 성인 김씨는 본관이 제일 많은데, 그 수는 약 200여 개에 달한다. 물론 다른 성씨들은 본관의 숫자가 훨씬 적지만, 어떻든 이렇게 계산하면 종친회의 숫자는 수천 개에 달한다. 큰 사무실을 갖고 장학 사업을 하는 등 활발한 활동을 하는 규모가 있는 종친회부터 사무실마저 더부살이를 하는 개점 휴업의 종친회까지 그 종류는 무척 다양하다.

시대가 아무리 바뀌어도 한국인들의 핏줄에 대한 애정 내지 집착은 변함없다. 우선 종친회는 폐쇄적이고 잘못되면 다른 집단에 대해 배타적인 태도를 갖게 될 수 있다. 종친회에서 종친끼리 만나면 우리, 우리 하면서 자기 성씨에 대해서만 말하지 다른 종친회에 대한 언급이나 연계 등과 같은 개방적인 태도를 전혀 보이려고 하지 않는다.

다른 종친회와 연계해서 전체 사회나 나라의 공동선(共同善)을 위해 무엇을 하겠다는 생각은 추호도 하지 않는다. 이렇게 되면 같은 성씨로서의 강한 연대감은 가질는지 몰라도 같은 민족으로서의 동질감은 별로 생기지 않는다. 그렇게 되면 파편화된 삶이 된다.

- 최준식 교수 글에서

2. 집단주의와 개인주의

현대인 특히 서양인의 마음은 '나'에 대한 생각으로 가득 차 있다. '나'의 사생활은 침범당할 수 없는 성역이며 '나'의 권익은 양보할 수 없는 절대라고 사람들은 생각한다.

오늘의 개인주의는 옛날의 집단주의에 대한 반작용으로서 생겼을 것이다. 사회의 형태가 바뀌고 개인의 자아의식이 발달하게 되었을 때, '나'의 자유를 유린하는 종래의 생활 방식에 대한 반발이 강하게 일어났을 것은 당연한 이치가 아닐 수 없다. 자아를 자각한 개인이 자유와 평등을 외치고 일어선 것은 백번 옳은 일이었다.

'나는 나고 너는 너'라는 논리를 끝까지 몰고 가면, 부모와 자식도 남남이고 형제와 자매도 남남이며 지아비와 지어미도 남남이다. 다음은 인류학자로부터 들은 실화의 한 토막이다.

서울에서 올림픽이 열리던 무렵에 한국을 찾은 많은 외국인 가운데 젊은 스웨덴 부부가 있었다. 그들은 어느 한국 식당에 들어와 불고기 2인분을 주문하면서 각각 따로 나누어주기를 요구하였다. 요구하는 대로 두 접시에 나누어 담은 불고기가 나왔을 때, 스웨덴의 젊은 아내는 식당 종업원을 불러 세우고 불평을 했다. 자기의 몫보다 남편의 것이 더 많지 않느냐고 따진 것이다. 눈어림으로도 약간 차이가 나는 것으로 보였으므로 종업원은 다시 나누어주지 않을 수 없었고, 세밀한 재분배로 불평을 일단 가라앉혔다. 그러나 이 철저한 개인주의 이야기는 두 사람이 불고기 값을 따로따로 냈을 때 절정에 이르렀다.

스웨덴 부부의 철저한 개인주의 이야기에 다소의 과장이나 왜곡이 없는지 목격자가 아니므로 단정하기 어렵다. 그리고 스웨덴 사람 모두가 철저한 개인주의자라고 확대해서 말하기는 더욱 어렵다.

그러나 이 이야기가 현대 서구 사회가 가고 있는 방향을 암시하는 상징성(象徵性)을 가지고 있음에는 틀림이 없다. 우리 한국의 개인주의는 아직 그 정도로 심하다고는 생각되지 않으나, 우리도 같은 방향으로 따라가고 있음을 부인하기 어려울 것이다. 미국에 사는 내 친구는 전화비는 자기가 내고 전기세는 아내가 내는 등 경비 지출 항목이 결정되어 있다고 한다.

아무리 세상이 달라져도 인간은 여전히 사회적 존재로서 남는다. 사회적 존재인 인간이 가장 행복한 것은 서로 사랑을 나눌 때이다. 개인주의에 철저한 사람도 행복을 갈망함에는 예외일 수 없으며, 외톨이로 떨어진 삶에서 행복을 얻기는 역시 어려울 것이다. 현대인의 지나친 개인주의가 결국 모든 사람의 고립을 초래한 것은, 참된 행복을 찾아서 기를 쓰고 '나'를 주장한 인간이 도달한 결과치고는 엄청난 자기모순이 아닐 수 없다.

가정은 인간이 삶을 함께하고 사랑을 나누기에 가장 적합한 공동체이다. 가정에서의 사랑을 경험하지 못한 사람이 가정 밖에 나가서 남을 사랑하기는 매우 어려운 일이며, 가정생활에서 싹튼 사랑을 키워서 국가와 세계에까지 미치도록 하는 것을 이상으로 삼은 것은, 경험을 존중한 공자(孔子)의 가르침이었다. 그런데 오늘의 세계는 '선진국'이라는 나라들부터 가정이 무너지기 시작하여, 가족주의의 전통이 강한 우리 한국도 같은 추세로 따라가고 있는 형국이다.

옛날 우리 조상들에게는 개인보다도 가족이 생활의 단위였다. 가족은 고락과 희비를 함께하는 글자 그대로의 공동체였다. 지아비와 지어미 사이에서는 '고맙다' 또는 '미안하다'는 인사말을 사용할 필요가 없었으며, 가정 안에 네 방과 내 방이 따로 없어도 불편한 줄을 몰랐다. 집에 온 서찰은 먼저 본 사람이 열어 보는 것이 상식이어서, '내 편지', '네 편지' 하며 신서(信書)의 비밀이 시빗거리가 되는 일도 없었다.

물론 옛날로 되돌아갈 수는 없으며, 농경 사회를 기반으로 삼고 형성된 전통 윤리의 척도로 오늘의 가정생활을 평가하는 것은 현실에도 맞지 않는 일이다. 그러나 모든 것을 시대와 사회의 변천에만 맡길 수도 없는 노릇이다. 시대와 사회의 변천을 따라서 생긴 것이라는 이유로 모든 현상을 있는 그대로 받아들인다면, 우리의 역사는 방향을 상실하게 될 것이며, 우리의 문화는 퇴폐의 나락으로 떨어질 것이다.

옛날의 전통적 가족생활로 되돌아갈 수는 없으며, 옛날의 가족윤리 가운데는 현대인으로서 용납하기 어려운 불합리도 적지 않다. 그러나 개인주의가 지나쳐서 가족 가운데서도 너와 나의 칸막이를 높이 쌓고 각각 성주(城主) 되기에 여념이 없다면, 우리 지구는 따스한 곳이라곤 하나도 없는 삭막한 고장이 될 것이다. 그리고 우리 인간이 삶의 의미와 보람을 찾는 일은 지극히 어려운 과제가 되고 말 것이다.

3. 집단 만들기를 좋아하는 사람들

가족주의로 완성된 한국의 집단주의는 그 범위를 점차 지연과 학연으로 넓혀 간다. 한국 사람들은 혼자 있기를 두려워한다. 어떤 근거를 대서라도 이런저런 모임을 자꾸 만들고 거기에 속하려고 열심히 활동한다. 그저 같은 점만 있으면 모여서 모임을 만들어 낸다.

동창회를 비롯하여 향우회, 도민회나 군민회를 하는 것까지는 그런 대로 이해가 되지만 면민회(面民會)까지 하는 데에는 두 손 다 들어 버렸다. 동창회도 전체 동창회부터 기수별 동창회, 그다음에는 지역으로 나누어 무슨 고등학교 70회 대전·청주 지역 동창회니, 같은 기수의 여의도·신촌 지역 동창 모임 등을 만드는가 하면, 또 골프처럼 취미를 중심으로 하는 소모임도 생긴다.

재미동포 사회에도 조국과 같이 모임이 많다. 따라서 너도나도 모두가 회장이다. 필자가 대학 입학시험을 보기 위해 교정에 갔더니 서울대 사범대 재학생 중 경기·서울·경복·대전·부산 등등의 명문고교 출신들이 얼마나 많이 있는지 후배들을 위한 격문이 벽에 가득 차 있었다. 벽이 부족해서 나무에다 걸어놓은 고등학교도 있었다. 격문 중 "왔노라, 보았노라, 붙었노라"라는 글귀는 아직도 생생하다. 필자야 모교의 선배가 없었기에 물론 격문을 볼 수 없었다.

필자는 이런 벽보를 볼 때마다 남학생들은 같은 고등학교 나온 게 앞으로 사회에 나가서는 인맥으로 작용할 테니 지금부터라도 만들어 놓자고 동문들끼리 만난다 치지만, 여학생들은 상대적으로 이런 요인이 약할 텐데 왜 그럴까 하고 작은 의문을 갖곤 했다. 물론 남녀평등이니 이럴 수도 있을 것 같다. 이런 현상에 대해 아마도 한국인들은 생득적으로 워낙 모임 만들기를 좋아해서 그런가 보다. 단체를 만들어야 단체장도 될 수 있기 때문이기도 할 것이다. 격문 중 "ㅇㅇ동문회는 국가 비상대책위원회보다 우선한다"는 내용이 있다고 한다.

여기에는 이미 한국인의 집단의식이 짙게 깔려 있다. 한국인들에게는 국가라는 전체 공동체보다도 동문회와 같은 자기 소(小)집단이 더 중요한 것이다.

참으로 우리는 혼자 있기가 두려운 모양이다. 자꾸 모임을 만들어 내니 말이다. 그런데 우리나라 사람들 모이는 데에는 분규가 그칠 날이 없다. 이것은 일본의 식민지 학자들이 주장하는 것처럼, 우리나라 사람에게만 두드러지게 강한 당파성이 있어서 그런 것은 아니다. 다만 우리 사회의 조직이 분열이 잘 되게 짜여 있어서 그럴 뿐이다.

그러면 우리 사회의 조직은 왜 그렇게 분열이 잘 될까? 우리의 조직은 보통 보스 혹은 '오야붕'을 정점으로 수직적으로 짜여 있다. 따라서 대단히 권위적이고 서열을 명확하게 나누는데, 분열이 되고 안 되고는 오야붕의 카리스마에 달려 있다.

4. 집단주의와 개인주의적인 삶

한국에서 살아본 사람은 안다. 마음 가는 대로, 자기 뜻대로 사는 것이 참으로 힘든 일이다. "남들과 다르면 좀 두렵다, 모두가 이상하게 본다, 비슷하게 살아야 한다, 튀지 않고 무난하게 사는 게 좋다." 남과 다름에 대한 주변의 따가운 시선과 두려움이 있기 때문이다.

우리가 흔히 쓰는 말 중에 '무난하다'는 말이 있다. 사전적 의미는 '별로 어려움이 없다'이다. 하지만 현실에서는 다르게 사용된다. 바로 '남과 크게 다르지 않게 한다'라는 뜻이다. 우리나라 사람은 막연히 남과 다른 자기만의 모습으로 살면 어려움이 있을 거라고 생각한다.

그리고 가능한 한 남과 다르지 않게 살아야 한다고 믿는다. 그래서 끊임없이 남이 어떻게 사는지 관심을 가진다. 남이 살듯이 산다. 남이 하듯이 행동한다. 남들이 입는 옷과 비슷한 옷을 입는다. 남과 자신을 비교한다. 이렇다 보니, 결국 모두 한 방향, 하나의 방식으로 살아야 한다고 느낀다. "다르면 악이요, 튀면 죽음"이라는 말은 막연한 집단적 압력이 아니다. '그렇게 살아야 한다'는 의무이자 규범이 되고 있다.

한국 땅에서 산다는 것은 무엇보다 대세에 동조하는 '괜찮은 사람'으로 사는 것이다. 동시에 '잘난 사람'으로서 다른 사람에 비해 상대적인 우월성을 인정받아야 한다. 괜찮으면서도 잘난 사람으로 살아야 한다고 믿는 것은 보통 집단주의이면서도 개인주의적 삶의 방식으로 살아간다는 뜻이다.

잘나고 튀어 보이려 하는 것은 집단주의보다는 개인주의적 행동이다. 하지만 이것은 한국인에게는 남다른 의미가 있는 말이다. 한국인에게 '잘난'이라는 개념은 '집단에서 다른 사람들보다 인정받고, 다른 사람과 뚜렷이 구분된다'는 뜻이다. 즉, 잘난 사람은 주변 사람이나 집단의 존재를 전제로 한다. 이런 측면에서 보면 한국 사회에서 개인주의처럼 보이는 속성은 무엇보다 우리 마음속에 기본적으로 집단주의적 사고의 틀을 가지고 있다는 사실을 가정해야 한다.

이런 개인주의와 집단주의적 속성의 이중적 배치가 한국인의 삶 속에 자리 잡고 있다는 것을 의식한 C. 프레드 앨퍼드 미국 코넬대 교수는 "한국인은 개인주의적이면서도 집단주의적이다"라고 했다.

한국의 문화와 한국인의 심리 중심에는 '개인주의적 자아와 집단주의적 자아의 대립이 있다.' 한국인이 개인주의적이면서도 집단주의적이라고 한 것은 때로는 한 개인이 때로는 개인주의적으로, 때로는 집단주의적으로 행동한다는 뜻이 아니다. 자기 정체성을 규정하거나 행동하는 방식에 개인주의와 집단주의의 이중적인 틀이 동시에 작동한다는 뜻이다.

많은 한국인에게 어떻게 살아야 하는지에 대해 물을 때 "자기가 좋아하는 일을 찾아서 하라"는 말은 흔히 정답처럼 주어지는 말이다. 개인주의적 시각에서 독립적인 인간이 되라는 말일 것이다. 그리고 그러기 위해서는 "그 일에 대해 열정을 가지고 능력을 길러야 한다"는 말이 이어진다. 지금까지 이렇게 하면 성공하고 출세할 것이라고 막연히 믿어왔다.

그런데 이 말은 듣기 좋은 소리이지만 우리의 실제 삶과는 다르다. 왜냐하면 우리는 '서로를 의식하고, 가능한 한 튀지 않아야 하고, 나보다는 남을 먼저 생각해야 한다'는 믿음도 가지고 있기 때문이다. 이렇게 하는 것이 당연하고 인간의 예의라고 믿는다. 자기가 좋아하는 일을 찾아서 하라는 믿음과 서로 다른 믿음이다. 한국 사회에서는 이처럼 서구적 사고방식에서 나온 이성적이고 합리적인 조언들이 듣기에는 좋지만 정작 생활 속에서 자연스럽게 마주치는 상황과 갈등을 일으킨다.

우리나라 사람은 단일한 것, 보편적인 것, 절대적인 것을 지향하는 경향이 있다. 다른 것을 불편하게 느끼는 것이다. '다른 것', '차이'를 바로 '차별'이나 '잘못'으로 생각하는 통념 때문에 서로 말이 안 통하는 일이 발생한다.

한국 사람들은 이 사회에서 누구나 용이 되고 싶어 하는 마음은 간절하지만 대부분 뱀에 머물고 만다. 자기가 하고 싶은 일이 무엇인지 알 수 없기 때문이다. 잘 살고 싶고 성공하고 싶다면, 자기가 하고 싶어 하는 일을 해야 한다. 하지만 그러기 위해서는 무엇보다 바로 자신이 누구인지 알 필요가 있다. 그래야만 자신이 좋아하는 것을 확실히 알 수 있기 때문이다.

따라서 이 사회에서 자신이 진정으로 중요하게 생각하는 성공을 찾으라는 이야기는 '너 자신이 다른 사람과 다르다는 것을 두려워하지 말라'는 이야기로 바뀌어야 한다. 지속적으로 다른 사람과 다를 때, 다른 사람이 '너는 진짜 다르구나' 하고 인정해 줄 때, 그게 바로 성공이라고 믿어라.

5. 우리의 집단주의와 나의 개인주의

아마 한국인은 지구상의 어떤 민족보다도 '우리'라는 말을 많이 사용하는 사람들일 게다. '우리'라는 말을 워낙 많이 사용하다 보니 자신들은 체감을 잘 못할 뿐이다. 가령 누구를 소개할 때 '우리 김 길동 씨는…"이라고 하면서 맨 앞에 '우리'라는 필요없는 말을 집어넣는다. 무언가 친근감을 더 주기 위한 배려일 텐데, 이것을 영어로 옮기면 아주 이상해진다.

이외에도 '우리'란 말은 우리 말에서 아주 흔하게 발견된다. 가령 우리 집, 우리 아버지, 우리 남편, 우리 마누라 등등 참 '우리'를 엄청 좋아하는 게 우리인 것 같다. 여기서 우리 집이야 괜찮지만 우리 남편, 우리 마누라는 사실상 말이 안 되는 단어 조합이다. 내 남편, 내 마누라 해야지 우리가 공동으로 남편이나 아내를 소유하는 것처럼 했으니 말이다. 그러나 우리 사회에서 '내 남편' 하면 금방 눈총을 받는다. '뭐 남편은 저만 있나' 하고 말이다.

그럼 우리는 왜 노상 '우리'를 찾을까? 이것은 우리 사회가 집단주의 사회라는 것을 보여주는 강력한 증거이다. 집단주의 사회란 개인보다는 가족이나 친척, 혹은 직장 공동체와 같은 집단들이 우선적인 중요성을 갖는 사회를 말한다. 그러니까 개인의 이익보다는 집단의 이익이 더 우선시되고, 개인적으로 존재하기보다는 항상 자신을 '우리'라는 집단의 일부로 생각한다. 이때 '우리' 집단은 내(內)집단이 되는데, 이 내집단은 각 개인의 정체감(identity)을 형성하는 데 주된 근원이 될 뿐만 아니라, 그 사람이 일생을 살면서 겪게 되는 여러 가지 어려움을 막아주고 이겨내게 하는 튼튼한 보호막이다. 따라서 각 개인은 내집단에 충성을 바쳐야 할 뿐만 아니라 충성심을 버려서는 절대로 안 되는 것으로 교육받는다.

한국은 수없이 많은 이런 집단들로 구성된 집단주의 사회라는 것이 여러 군데에서 발견된다. 찾기 쉬운 것만 보더라도, 이름을 말하거나 적을 때 성(姓)을 먼저 내세우는 것은 개인마다 고유하게 있는 이름보다는 자기가 속한 가문을 나타내는 성을 먼저 말함으로써 자신은 그 성씨 집안에 속해 있음을 알리는 것이다.

그런데 우리나라가 집단주의 속성을 가지고 있는 유일한 나라는 아니다. 오히려 지구상에는 집단주의 사회가 개인주의 사회보다 훨씬 많다. 가령 전통적인 농경사회에 속하거나 산업화가 진행중에 있는 아시아, 아프리카, 남미권의 국가 등은 물론이고 유럽에서도 가톨릭 국가인 남부 유럽 사회가 여기에 속한다.

그러니까 대충 말해서, 부자 나라이면서 도시화되고 산업화가 많이 될수록 개인주의 사회에 가깝고, 가난할수록 집단주의 성향을 더 많이 보인다고 할 수 있다. 그러나 예외란 항상 있는 법이다. 일본을 비롯해 아시아의 작은 용이라고 불리는 한국, 대만, 홍콩, 싱가포르 등은 공업화가 상당히 진행된 사회임에도 불구하고 집단주의 성향이 꽤 강하게 남아 있는 나라로 분류된다. 이 중에서 일본은 그래도 개인주의 성향이 제일 강한 나라로 간주되지만, 그럼에도 불구하고 아직도 집단주의적인 성향이 강하게 남아 있다.

그러면 한국은 어떨까? 한국인의 집단주의 성향을 가장 병적으로 나타내는 것은 술 마실 때 하는 건배의 표현으로 "우리가 남이가" 하는 말일 것이다. 이 말은 우리는 한통속, 즉 한집안이니 뭉쳐서 우리끼리는 다 봐주고 다른 집단은 타도 혹은 극복의 대상으로만 보자는 지극히 집단적 이기성을 띤 발언이다. 이는 곧 내집단과 외집단을 명확하게 나누는 집단주의 성향을 있는 그대로 반영하는 말이다.

조선 말부터 지금까지 식민지 시대를 겪고 서양 문물이 봇물 터

지듯 들어오는 등 우리 사회가 격변을 겪어, 우리의 의식구조가 많이 변한 것 같지만 사실은 별로 달라진 게 없다.

- 최준식 교수 글에서

6. 일체의식과 개별의식

어릴 때 호박에다 말뚝 박는 일이 왜 그다지도 재미있었나 모르겠다. 부러져 헛간에 버려진 낫토막을 들고 숲속에 가 세모꼴의 말뚝을 스무남은 개 만들어 호주머니에 넣는다. 인적이 드문 길가에 담 넘어 늘어뜨려진 호박이나 박에다가 말뚝을 박는… 그러다가 인기척이 나면 시치미를 떼고 하늘을 쳐다보며 휘파람을 부는 스릴은 신나는 것이었다.

이 같은 짓궂은 장난을 정신의학자들은 성증(性症)의 한 발로라고 말하고 있으나 그까짓 건 알 바도 아니다. 이 성증의 스릴을 거듭하다가 어느 날 할아버지에게 들켰다. 잊을 수 없는 내 일생의 충격적인 사건은 여기서부터 시작된다. 할아버지는 볼기를 치거나 또 한마디 나무라지도 않고 나를 감자를 저장해두는 토방에 가두고 자물쇠를 잠갔다.

저녁밥 짓는 연기가 문 틈으로 스며드는 것으로 미루어 밖이 꽤 어두웠으리라고 생각하고 있는데 할아버지가 토방 문을 열었다. 여전히 아무 말이 없었다. 할아버지는 나를 앞세우고 가자는 대로 가라고 했다. 어디로 가는가 하고 물어보지도 못하고 앞서 갔다. 몸뚱이 없이 머리만 있다는 무목귀신이 사는 공동변소를 지나 징검다리를 건너 산 쪽으로 간다. 약간의 밭과 뽕밭이 계속되다가 상여(喪輿)집을 지나간다.

할아버지는 아무 말 없고, 이상한 짐승 소리가 메아리쳐 들리고 상여 집에서 무슨 불빛이 어른거린 것만 같은 착각에 마냥 발이 굳어 주저앉고 말았다. 할아버지는 발길로 내 엉덩이를 들먹이며 일으킨다. "할아버지…" 하고 두 손을 비비며 용서를 빌었으나 막무가내고 소나무 무성한 산길로 다가세운다. 늑대가 붉은 흙을 묻히고 숨어 있대서 대낮에도 가기를 꺼려하는 사태밭 굽은 목에서 다시 한번 발이 굳는다. 흑흑 울면서 다시 밀려간다. 늑대가 뒤따라올 것만 같아 몇 번이고 되돌아보면서….

어느 만큼 갔을까, 어느 무덤 앞에 이르러 나를 세워둔다. 곰곰이 생각해 보니 증조할아버지의 무덤이었다. 세워두고는 꼼짝 말라고 일러놓고서 할아버지는 수풀 속으로 사라져버린 것이었다. 할아버지 없는 깊은 산속의 공포는 무목귀신이나 상엿집이나 늑대보다 더 무서웠다. 할아버지가 나를 버려두고 내려간 것이라는 생각이 들었을 때, 나를 뒤따라온 무목귀신이며 늑대가 나를 가운데 놓고 마냥 돌고 있는 것 같은 착각에 사로잡혔다.

할아버지가 수풀을 헤치고 나타났다. 여전히 말은 없다. 눈을 익혀보니 할아버지의 손에는 굵직한 회초리가 너댓 개 들려 있었다. 그 회초리를 내 곁에 놓더니 할아버지는 무덤 앞에 엎드린 채 말했다.

"아버님, 불초(不肖)자식의 손자가 남의 재물에 손을 댔사오니 그 벌을 아버님 앞에서 받을까 하오니 하량(下諒)하옵소서."

허리를 편 할아버지는 무덤의 상석(床石) 앞에서 자신의 두 바짓가랑이를 걷었다. 그리고서 처음 와들와들 떨고 있는 나에게 분부했다. 회초리를 들어 할아버지의 종아리를 치라고.

"안 할게…, 할아버지."

"조상(祖上) 앞에서 안 할게 하는 법은 없어. 힘껏 치지 않으면 돌아갈 수 없어."

겁에 질려 회초리를 들고 할아버지 종아리에 갖다 댔다. 할아버지는 회초리를 빼앗아 나의 종아리를 사정없이 후려치면서 '이렇게 치는 것이 치는 것'이라고 일러준다. 약간 세게 치면 더 세게 치라고 나의 종아리에 시범을 하곤 해서 차츰 그 강도가 에스컬레이트 되었다. 회초리가 부러졌다. 두 번째, 세 번째도 부러졌다. 치면서 얼굴에 튕기는 물기를 느끼고 주저앉고 말았다. 핏발이 터져 튕기는 것이기 때문이다.

할아버지가 다시 무덤에 엎드려 뭐라고 울면서 고하는 소리를 알아들을 만큼 제정신이 들어 있진 않았던 것 같다. 그리곤 다시 나를 앞세우고 산을 내려왔다. 그동안 할아버지는 여전히 아무 말도 하지 않았고, 그 후 돌아가실 때까지도 그에 관해 일언반구도 입에 담질 않았다. 물론 나도 이 충격적인 사건이 있은 후 못된 짓이라곤 두번 다시 할 수도 없었다.

할아버지가 피가 나도록 자신의 종아리를 치게 하는 행위는 가혹한 자학행위다. 손자의 징벌을 자신이 받음으로써 교육적 효과를 높이려는 이 자학행위는 한국인의 선망(羨望)된 가치관임에는 틀림없다.

그런데 한국인의 어떤 무엇이 이 같은 자학적인 교육 방법을 관습으로 굳혀 놓았을까. 종아리를 맞아야 하는 것은 호박에 말뚝을 박은 손자다. 한데 종아리를 쳐야 할 할아버지가 오히려 종아리를 맞았다는 것을 이해하려면 할아버지와 손자의 일체의식이 선행돼야 한다. 손자가 맞는 것이 곧 할아버지가 맞는 것이라는 어떤 일체감의 의식구조 없이 이 같은 자학적 징벌은 불가능하다.

할아버지라는 개체와 손자라는 개체를 구미처럼 상대적으로 생각한다는 법은 한국에서 불가능했다. 굳이 어두운 밤에 손자를 끌고 선조의 무덤 앞에서 자학을 하는 뜻도 이미 죽고 없는 아버지·

할아버지에게까지도 이 일체감을 확대시켰기 때문이다. 핏줄로 맺어진 개인들은 복수의 개체가 아니라 단수의 '일체'(一體)이며, 그 핏줄은 이미 죽고 없는 자들과 미래에 태어날 자들까지도 일체 속에 포괄한다.

그러기에 이 포괄된 '일체'의 어떤 구성 요소의 아픔은 그 일체의 아픔이며, 그 죄악은 그 일체의 죄악이다. 할아버지의 자학은 곧 내가 맞는 아픔보다 나에게 몇 곱절 더 아픔을 가했고, 또 무덤 속의 증조할아버지에게도 더 큰 아픔을 가했다. 한국인의 이 일체의식은 한국인을 가학적(加虐的)으로 길러낸 가장 중요한 요인 가운데 하나였다.

- 이규태 글에서

7. 공시간과 사시간

한국 사람은 일을 하면서 다른 일도 더불어 다한다. 흔히들 직장에 있어 한국인의 공사구분(公私區分)이 분명치 않다고들 하지만, 그것은 구분이 분명치 않은 것이 아니라 공(公)의 일을 하면서 사(私)의 일도 하고, 사(私)의 일을 하면서 공(公)의 일도 하는 포리크로니즘의 시간관 때문이랄 것이다.

직장에서 업무와 관계 없는 사적인 사람의 방문을 받으면 한동안 잡담을 하고, 잡담 중에 결재 서류에 사인을 한다. 사인하는 도중에 마누라한테서 전화 오면 오늘 저녁 반찬이 뭐냐고까지 묻는다. 친구 아들 결혼식에 다녀오기도 하고, 단추가 떨어지면 사무원 미스 김에게 바느질 신세를 지기도 한다. 월부 장수와 흥정을 하지 않나, 술집 마담과 외상값을 두고 시비를 않나…. 한국인은 일하면서 더불어 무슨 일인가를 한다. 그런가 하면 퇴근 후 집에 돌아와서까지 회사 일을 계속하기도 한다.

중요한 결정 사항은 오히려 집이나 술집에서 하고, 또 탈직장(脫職場)의 분위기 때문에 달라지는 심리적 변화를 이용한다. 잔업(殘業)을 집에까지 들고 오는 것쯤은 다반사다.

미국의 문화인류학자 에드워드 홀은 북구나 영국·미국 계통의 문화는 아겔리크(활동) 요소와 비아겔리크 요소가 분명히 구분되는 문화요, 인도·중국·한국·일본·아랍 등의 문화는 이 아겔리크 요소와 비아겔리크 요소가 분명치 않고 복합 공존하는 문화라 했다.

A-B-C-D란 일이 있으면 A란 일을 다 끝내고 B란 일에 착수하는 식으로 구분을 분명히 하는 문화와, A-B-C-D란 일을 구분 없이 동시에 더불어 하는 문화의 차이다. 곧 뽕은 뽕대로 모두 딴 다음 고운 옷을 갈아입고 님을 만나는 그런 문화와, 뽕 따면서 님도 보는 그런 그런 문화의 차이다.

그러기에 옛날부터 한국인의 공(公)시간과 사(私)시간은 그 구분이 선명치 않았다. 옛 수령(守令)들이 사는 집은 곧 관가(官家)의 일부로서 공적 공간 안에 더불어 있었기에 그 공사가 혼합될 수밖에 없었다. 또한 옛 관청의 우두머리의 상근(常勤)하는 장소는 직장이 아니라 오히려 자기 집 사랑채였다. 모든 관리의 출·퇴근 시간이 정해져 있긴 했지만, 그 출근 시간 폭이 2시간이나 되었기에 제시간에 출·퇴근한다는 개념이 희박했다.

제8장
동질성과 다양성

1. 동질성과 다양성

　미국 문화의 다양성, 융통성 등은 결국 미국 문화가 '선택의 문화'라는 것을 암시한다. 한국처럼 남과 다르지 않으려는 동조성 문화에서는 남과 다르면 틀린 것, 옳지 않은 것, 좋지 않은 것으로 인식되기 쉬우므로 선택을 피하게 된다. 그런 사람들은 미국의 음식점에서 음식을 주문할 때 어떤 음식을 어떻게 먹겠느냐는 질문에 짜증이 날 정도가 되기도 한다. 남이 선택하듯이 동조하고 만다. 다양성을 혼란으로 여겨 피하느냐, 선택으로 여겨 즐기느냐의 차이다.
　월드컵 경기가 열리면 온 나라가 '하나가 되어' 이를 지켜보는 것이 한국 문화의 절대성, 획일성이라면, 월드컵 아니라 그 무슨 일이 있어도 다양한 사람이 다양한 행태(行態)를 보이는 것이 미국 문화의 다양성, 상대성이다. 여러 사람들이 미국에 와서 잠시 돌아보고 가기도 하고 또 남아서 오래 살기도 한다. 하지만 미국의 이렇게 다양한 모습을 여러 면에서 여러 가지 모양으로 경험해 보고 관찰해 보지 않으면 미국이라는 복합체를 바로 이해할 수 없다.

미국의 어느 한 부분도 전체를 그대로 반영하지 못하기 때문이다. 그래서 "아 다르고 어 다르다"는 말은 한국 문화에서 적용되는 말이지만, 영어 문화에서는 그것이 '아 다르고 어 다르다'가 될 수도 있다. 같은 것도 다르게 보고 다르게 생각하는 것이 미국 문화다.

미국에서는 현재 여러 단체를 중심으로 매년 4월을 'Celebrate Diversity Month', 즉 다양성을 기리는 달로 지정하자는 움직임이 있는데, 이들은 그 취지문의 첫 부분에서 이렇게 주장하고 있다.

"…No other nation in the world has such a diverse population and it is this diversity that will sustain the nation's character and strength into the future."(세계 어떤 나라에서도 볼 수 없는 이 나라의 다양성이 바로 이 나라의 앞날을 지속시키는 특성과 힘이 되고 있다….)

물론 여러 인종이 모여 있다 보니 인종차별이니 'hate crime'(혐오범죄)이니 하는 사회적 병폐가 두드러지기도 하지만, 사회 전체가 다양성을 기리고 즐길 수 있을 때 건설적, 긍정적, 상승적 효과를 얻을 수 있고, 어쩌면 바로 그것이 미국의 힘이 될 수도 있다는 생각을 해 본다.

어쨌거나 연말연시 Holiday Season을 맞아 미국은 다시 기독교의 크리스마스를 비롯해서 유태인의 명절인 Hanukkah(성전축제), 그리고 아프리카의 민속축제인 Kwanzaa 등 다양한 명절이 계속된다. 미국의 다양한 모습, 다양한 문화 속에 살고 있는 우리도 이젠 그 다양성을 즐길 줄 알아야겠다.

2. 미국인의 다양성

1) 이름의 다양성

미국인들이 사람의 이름을 애칭이나 약칭으로 부르기를 좋아한다는 것은 잘 알려져 있다. 가령, Robert를 Bob이라고 부르고 William을 Bill이라고 하는 것처럼, 이름을 줄여 쓴다거나 다른 모양으로 바꾼다는 것 자체가 이미 미국 문화의 특징이다. 하지만 미국인들은 어떤 이름을 약칭 혹은 애칭으로 만들 때 그 철자와 발음을 여러 가지로 변형시키고 있어 여기서도 미국 특유의 다양성을 나타내고 있다

예컨대, Elizabeth(엘리자벳)이란 흔한 여자 이름은 Lisa, Lise, Liz 등, 최소한 13개 이상으로 그 철자와 발음이 변형되어 불리고 있다.

반면에 한국에서는 가령, 어떤 사람이 "저는 홍길동입니다"라고 했다면 누구나 다 그 이름이 '길동'임을 안다. 이것이 한국 문화와 미국 문화의 다른 점 중의 하나이다. 이름을 줄여서도 쓰고, 또 같은 이름을 이렇게도 쓰고 저렇게도 쓰고, 이렇게도 발음하고 저렇게도 발음하는 것이 미국 문화의 융통성, 다양성, 비형식성이라면, 어떻게 이름을 가지고 그런 '장난'을 할 수 있느냐고 생각하는 것이 한국 문화이다.

2) 성씨의 다양성

미국은 불법체류자가 원주민(Native Americans)보다 더 많은 나라이다. 그래서 미국은 세계의 성씨와 종교가 거의 다 들어와 있는 나라이기도 하다. 한국의 성씨가 300개 미만인 데 비해 미국에는 5만 개 이상의 성씨가 있다. 미국에는 또 2천 가지 이상의 종교집단이 존재한다.

3) 피부의 다양성

우리는 모두 같거나 비슷한 피부색을 가지고 있지만, 미국인들의 피부색은 백지장 피부에서부터 숯검정 같은 피부에 이르기까지 엄청나게 다양하다. 우리는 모두 까만 머리에 까만(또는 짙은 갈색) 눈을 가지고 있지만, 미국인들의 머리 색깔은 40개 이상이고 눈 색깔도 10가지나 된다. 이러한 자연적, 생물학적 다양성은 여러 사람들이 모여 살다 보면 당연히 드러나는 현상이지만, 미국 문화가 갖는 다양성의 특징은 이러한 자연적 다양성보다는 사람들이 의도적으로 또 인위적으로 다양성을 '만들고, 좇고, 즐기고' 있다는 사실이다. 미국 문화는 한마디로 다양성을 즐기고 있는 셈이다.

4) 제도의 다양성

미국의 제도가 갖는 다양성을 보자. 미국은 법률, 세금, 교육 등 여러 부분의 각종 제도가 우선 각 주마다, 지역마다 다르다. 어떤 주에서는 재산세나 판매세가 아주 높은가 하면 어떤 주에서는 소득세가 아예 없기도 하다. 동성결혼을 인정하는 주가 있는가 하면 불치병자의 안락사를 금지하는 주도 있다. 고속도로의 제한속도도 주마다 다르고 운전연령, 음주연령, 결혼연령 등도 들쭉날쭉이다. 도대체 어떻게 한 나라 안에서 제도가 이렇게 다 다를 수 있단 말인가? 한 가지 모양과 생각에 길들여져 온 한국인으로서는 이해하기 어렵기도 하다.

5) 방송의 다양성

미국에는 20개 이상의 전국 TV Network이 있고 3,500개의 TV 방송국과 1만 5천 개 이상의 라디오 방송국이 있다(인터넷 방송국 제외). 미국에는 약 1,500종의 일간지와 8,500종의 주간지, 그리고 셀 수 없이 많은 인터넷 신문이 있다. 그러나 여기서 지적하려는 것은 숫자가 크고 많다는 것이 아니라 그 내용물이 다양하다는 사실이다. 한국의 한 가정이 평균적으로 볼 수 있는 채널은 100가지가 넘는데, 그 내용은 온종일 집 수리하는 것만 보여주는 채널에서부터 한국 드라마만 방송하는 채널에 이르기까지 실로 다양하다.

6) 신문 이름의 다양성

단순히 신문의 숫자가 많은 것이 중요한 게 아니라 그들이 다루는 내용이 다양하다. 한국의 신문들이 모두 'xx일보' 또는 'oo신문'이라는 이름을 갖고 거의 비슷한 내용의 기사를 싣고 있는 데 비해 미국의 신문들은 우선 그 이름부터 무척 다양하다. Times, Post, Herald, Tribune, News, Press 등 흔한 이름에서부터 Gazette, Bee, Chronicle, Constitution, Courier, Dispatch, Globe, Inquirer, Ledger, Observer, Pantagraph, Record, Register, Republic, Review, Sentinel, Star, Sun, World 등 신문의 이름이 엄청나게 다양하다.

7) 교육의 다양성

한국의 대학들이 무조건 'xx대학(교)'이라는 이름을 갖고 소위 '국화빵' 교육을 하고 있다는 자성의 소리도 있지만, 미국의 대학들은 역시 University라는 이름 이외에도 College, School, Academy, Institute, Center 등 여러 가지 명칭을 가지고 다양한 교육을 펼치고 있다.

어떤 주에서는 초등학교가 6학년으로 되어 있지만 어떤 지역에서는 중학교가 4학년으로 되어 있다.

8) 길 이름의 다양성

주소에 쓰는 길(도로)을 가리키는 말도 우리는 'xx길, xx가' 등으로 한정되어 있지만 미국에서는 street, road, avenue, boulevard, way, highway, parkway, route, pike, turnpike, circle, lane, place, court, crescent… 등등 아주 다양하다.

우리는 모든 면에서 남들과 같거나 비슷해야 편한데 미국인들은 남들과 다르기를 원하는 것 같다. 미국 문화 속에는 또 전통적인 것과 비전통적인 것이 공존하면서 다양성을 증진시키고 있다. 전통적인 영미문화권 안팎에 일찍부터 흑인문화, 히스패닉 문화, 아시안 문화 등 여러 가지 비전통적 하부문화(subculture)가 계속 유입, 접목되어 왔다.

9) 능력과 생김의 다양성

재미있는 것은 "All men are created equal", 즉 "사람은 다 평등하다"고 하는 평등성의 이념이 미국 문화의 또 다른 특징이기도 하지만, 이 평등성을 결코 같은 모양이나 한 가지 색깔의 획일성으로 연결시키지 않고 오히려 "사람은 그 피부색, 머리색, 눈빛이 다른 것처럼 생김새나 신체조건이 다 다르고 성격도 다르고 능력이 다르고 의견과 행동이 다 다르다"는 것을 인정하고 이해하고 수용하는 것이 또한 미국 문화의 특성이다. 그래서 다른 어떤 나라보다도 신체적, 정신적, 지능적 장애인들에 대하여 더 큰 배려와 신경을 쓰고 있는 것이 미국이다.

3. 민족적 코드와 다민족적 코드

몇 년 전에 한국계 버지니아 공대 조승희가 학생과 교수의 생명을 32명이나 빼앗아 간 사건이 발생했다. 이를 치유하기 위한 한국 정부는 깊은 애도와 조의를 표하기 위해 조문사절단을 검토한 바 있다. 그러나 미 국무부 당국은 "그럴 필요 없다. 한국계 이민자가 사고 낸 거지 한국이 사고 낸 게 아니다. 모국이 이 상황에 끼어드는 것은 좋지 않다"고 언급했다.

이는 미국 문화와 국민 정서상 적절치 않다는 이유로 조문사절단 파견 제안을 고사했다. 정부 당국자와 미 백악관, 국무부 한국 담당자들 간의 대화 내용을 재구성해 보면

−한국 정부의 우려가 심각하다.

"미국은 다민족·다인종으로 이뤄진 국가다. 그런데 모국이 나서서 책임을 통감한다, 자성한다는 반응을 보이면 미국 정부로선 난감하다."

−왜 그런가.

"각지에서 미국으로 이민을 왔더라도 미국 영토에 뿌리를 내리고 삶의 터전을 닦으면 그들은 모두 미국민이다. 수많은 민족이 미국이라는 용광로에 흘러들어온다. 그들은 이 용광로에서 녹아 미국인이 된다."

−그래도 한국 정부 차원의 조문이 여론 악화를 막는 길 아닌가.

"아니다. 각 민족끼리 배타적인 집단을 이루면 사회·국민 통합에 걸림돌이 되는 경우가 있지 않은가. 모국이 나서면 그런 경향이 생긴다. 한국계 이민자가 사고를 친 것이지 한국이 저지른 범죄가 아니다. 이게 핵심이다. 미국 사회의 문제다. 한국 정부가 개입하는 인상이 퍼지면 곤란하다는 게 미국 정부의 입장이다."

정부는 미국 당국자들과의 이런 협의 결과를 토대로 조문사절단을 파견치 않기로 결정했다. 민족적 코드가 강한 한국 정부와 다민족 국가인 미국 정부의 시각차를 확인하고 내린 결론이다.

정부는 한국계 범인이 저지른 행동에 책임감을 느껴 조문사절단 파견을 제의했다. 그러나 미국은 영주권자가 저지른 국내 문제로 보고 있는 것이다. 이는 미국을 이해할 수 있는 '코드'라는 게 정부 당국자들의 공통된 견해다.

학교 당국은 이번 사건에도 불구하고 이 학교가 한국 학생들과 맺어온 오랜 인연을 지속하기를 희망했다. 그런데 대부분의 TV에서는 한국 출신임을 언급했다. 이로 인해 한국계 학생들은 불안했다.

그러나 조씨는 한국인이 아니라 사실상 미국인이며, '이번 사건은 불안한 정신상태와 치정 등 개인적 동기에서 빚어진 끔찍한 개인 범죄일 뿐 한국과는 무관'하다.

범행동기가 아닌 국적에만 초점을 맞추면 자칫 사건의 본질이 호도돼 일부에서 한국과 재미 한인들에게 무조건적인 분노를 일으킬 수도 있다.

실제로 조씨는 8세 때 미국으로 건너간 이민자로 15년간 미국에서 살아왔다. 오래전에 영주권을 받아 시민권 취득도 가능한 상태였다. 국적만 한국인일 뿐 문화나 환경요인으로 보면 미국인이다.

미 정부 당국자들도 "이번 사건은 사실상 미국인에 의해 저질러진 개인적 범죄로, 외국인이 미국에 증오를 품고 저지른 테러나 인종 혐오 범죄와는 완전히 다른 것"이라고 강조한다.

조씨의 범죄를 미워하는 것과 그걸 한국·한국인과 연결지어 비이성적인 분노를 투시하는 건 전혀 별개다. 한국에서나 미국에서나 이 점을 분명히 인식할 필요가 있다.

미국 정부는 그 두 가지를 구별하는 현명함을 보여줬다. 다행히

미 언론과 시민들도 그런 현명함을 보여주고 있다. CNN을 비롯한 언론들은 "조씨의 범행에도 불구하고 한국인을 미워하지 않으며, 그의 국적은 이 범죄와 아무 관련이 없다"는 시민들의 인터뷰를 잇따라 내보냈다. 이런 이성적 판단은 건강하고 발전적인 한·미 관계를 위해서도 꼭 필요하다.

조승희의 총기 난사 문제는 개인 문제다. 1992년 4월 29일 LA폭동은 사법부의 잘못된 판정에 대한 것이다. 이미 그 1년 전에 발생한 두순자 사건이다. 박태산 사건은 한국계와 흑인 개인 간에 일어난 개인 문제이지 민족과 민족의 문제가 아니다. 언론의 잘못된 방영으로 한·흑 갈등으로 잘못된 묘사가 사건을 확대했다.

4. 단일 문화에서 다문화로

이제 지구촌은 인터넷이라는 빠른 정보기능의 발달로 피부색, 인종 구분 없이 하나가 되어 돌아가고 있다. 10년, 20년 전만 해도 타인종에 대한 인식이 어느 나라보다 보수적이고 폐쇄적이던 한국에서조차 지금은 필리핀, 파키스탄, 베트남, 타이완 등지에서 신부를 데려다 결혼하고 사는 사람들이 적지 않은 현실이다. 한국에 유입된 타인종 100만 명 중 10만 명이 타인종과의 결혼커플이라고 한다.

물론, 우리가 사는 미국에서도 타인종과 결혼해서 사는 한인들을 많이 본다. 한국 식품점이나 한국 식당 등에서 타인종과 같이 다니면서 식품을 사거나 음식을 먹는 커플 혹은 가족들을 흔하게 볼 수 있다.

퀸즈칼리지 재외한인사회연구소가 조사한 보고서에 따르면, 미국 내 한인 인구의 약 15%가 혼혈일 정도로 미국 태생 한인 10명 중

6명이 타인종과 결혼하고 있는 것으로 나타났다. 지난 2006년도부터 2008년도까지 센서스 자료를 토대로 조사한 이 보고서에는, 타인종과 결혼한 한인 1세대 중 백인 배우자 비율이 10.7%로 다수였고, 1.5세도 38.3%, 미국 출생자도 38.9%로 집계됐다.

전문 여론조사 기관인 퓨 리서치센터가 올해 초 발표한 보고서에서 미국인들의 족외혼(族外婚) 비율은 1980년대 불과 3.2%이던 것이 지난 2010년에는 8.4%로 급증세를 보였다. 타인종과 결혼을 가장 많이 한 인종은 아시안으로 그 비율은 28%로 집계됐다. 이 연구를 담당한 코넬대학 사회학과 대니얼 릭터 교수는, 지난 25년 동안 타인종 간 결혼이 크게 증가했으며, 이러한 인종적 개념 변화로 인종 간의 장벽이 서서히 무너지고 있다고 설명했다. 이러한 추세는 미국뿐 아니라 지구촌 각국에서 빠르게 전개되고 있다.

이러한 변화는 국가 간의 이해관계를 도모하고 문화와 교류를 통해 양국이 서로 협력을 꾀할 수 있다는 점에서 긍정적인 효과를 동반한다. 또한 혼혈 자녀들이 늘어나면서 이들이 인종 간에 좋은 교량 역할을 하게 되어 양측 간의 관계에서 친화 무드를 조성하는 상황도 얼마든지 기대할 수 있다.

만일 정말로 인종이나 피부색 때문에 자녀의 혼사를 반대하고 있는 한인 부모들이 있다면 폐쇄적인 생각에서 벗어나는 것이 옳을 것이다. 지금이 어느 때인가. 지구촌 곳곳에서 인종, 피부색 상관없이 서로 좋아하는 배우자를 만나 결혼해서 알콩달콩 잘들 살고 있지 않은가.

내 자식과 결혼하고 싶어 하는 타인종 짝이 있다면 서둘러 혼사를 매듭지어 그들의 앞날을 축복해 주는 것이 온당하다. 사랑해서 결혼하겠다는데 무슨 국경이고 피부색이 문제 되는가. 자칫하면 내 사랑하는 아들, 딸을 평생 결혼 못하는 노총각, 노처녀로 만들 수 있다.

군에서도 다문화 시대가 열리고 있다. 군은 창군 이래 처음으로 다문화 가정 출신 부사관 탄생을 앞두고 있다. 어머니가 각각 일본과 베트남 출신인 부사관 후보생은 훈련을 마치는 대로 임관하게 된다. 조만간 다문화 가정 출신 장교도 배출될 것으로 기대된다. 병사로는 이미 육군 179명, 공군 9명, 해병대 5명이 복무 중이다. 군이 병역법 시행령을 개정해 2011년 1월부터 혼혈인의 입대를 허용하면서 나타난 의미 있는 현상이다.

이런 변화는 앞으로 더욱 가속화될 전망이다. 행정안전부 자료에 따르면 결혼 이주 여성은 2011년 현재 18만 8,580명에 이르며, 이들의 아들 중 올해에만 1,165명이 징병 검사 대상자다. 2028년에는 8,000명이 징병 검사를 받고 1만 2,000명이 동시에 군 복무를 하게 될 것으로 예상된다.

이는 대한민국의 정체성을 강조해 오던 군이 이제 다문화로 가는 한국 사회를 병영에서부터 선도하는 임무를 맡게 됐음을 뜻한다. 이에 따라 군은 다문화 가정 출신 청년이 입대한 뒤 조직생활에 잘 적응해 군인으로서 역할을 다할 수 있도록 병영문화를 적극 개선해 나가야 한다. 우선 정훈 활동을 강화해 피부색이나 외모와 상관없이 모두가 대한민국 국민이며 생사고락을 같이할 군 동료임을 적극 교육해야 한다.

지난해 4월엔 장교 임관과 입영 선서문의 "국가와 민족을 위하여"란 부분을 "국가와 국민을 위하여"로 고치기까지 했다. 이제는 지침과 문구를 넘어 병영생활에서 실질적인 상호 이해와 배려의 문화가 자리 잡도록 적극 뛰어야 한다.

군뿐 아니라 앞으로 사회 각계각층에서 다문화 가정 출신이 본격 배출될 것이다. 다문화 사회를 헤쳐갈 정부 차원의 마스터플랜과 지침이 속히 나와야 한다.

이런 가운데 교육과학기술부가 2012년에는 전국적으로 3만 8,000여 명(전체 재학생의 0.55%)에 달하는 다문화 학생들을 우리의 소중한 인재로 키우겠다는 정책을 내놓았다. 그간의 정책기조가 이 학생들을 소외계층으로 보고 시혜를 베푸는 정도에 그쳤다면, 이제는 다문화 학생들을 끌어안고 공동체에 기여토록 길을 열었다는 점에서 의미 있는 정책 변화라고 할 수 있다.

우리 주위에 늘어나는 다문화 학생들을 통해 다양성을 존중하는 경험을 쌓게 하는 교육이어야 한다. 우리 아이들이 다름을 넘어서야 글로벌 시대를 헤쳐나갈 수 있다.

5. 제 것으로 만들고 보려는 버릇

서양 사람들은 나들이를 할 때에 카메라가 있으면 나쁘지는 않지만 필수적인 물건은 아니다. 한국인의 나들이에 있어 카메라가 필수적인 휴대물이 되어 있는 것과는 대조적이다. 미국의 해외 취업자들이 가장 먼저 사는 것이 자동차라는데, 한국의 해외 취업자들이 가장 먼저 사는 것은 카메라라고 한다. 그리하여 해외 취업자들이 고국에 돌아올 때는 어깨에 x자로 가로세로 카메라며 녹음기류를 주렁주렁 매달고 오는 광경은 지극히 한국적이다.

라디오에 버금갈 만큼 카메라의 보급률을 가진 나라도 일본과 한국이라고 들었다.

카메라를 좋아하는 이 공통심리는 명소나 명승지에서의 왕성한 촬영빈도에서도 완연하다. 구경하러 명소에 간다기보다 사진 찍기 위해 간다고 할 만큼 사진은 중요한 의미를 지니고 있다. 곧 관광을 즐기는 또 다른 쾌감에 사진이 차지하는 비중이 크다. 구미 사람들이 5%를 차지한다면 한국 사람은 30~50% 이상 차지할지도 모른다. 명소에 이르면 그 관찰하는 대상이나 감상할 풍경을 보다 상세하게 진지하게 보고 느끼려 하기 이전에, 우선 도달한 그 목적지를 배경으로 하여 사진부터 찍는다. 사진만 찍으면 거의 목적을 이룬 것이 되기에, 바삐 또 다른 대상으로 이동해 간다. 현장에 이르러서의 관찰이나 감상은 그 현장을 담은 사진 속에 수렴돼 버린 것으로 여기기에, 그다지 대단한 요소가 못 된다.

한국인은 어디를 가든 과정을 즐긴다기보다 사진으로 그 결과를 담아 오기 위한 충동이 선행된다. 내가 그 명소에 갔었다는 결과를 그 아름다운, 또는 유명한 결과를 사유화(私有化)하려는 심리작용의 소치이다.

카메라라는 이기(利器)가 없었을 때도 우리 한국인에게는 이 관광 결과의 사유화 심리가 왕성했었다. 이를테면 경치 좋은 계곡의 암석마다 새겨진 우리 선조들의 이름들이다. 예나 지금이나 왕성하게 암석에 자신의 이름을 새긴다. 바위에 이름을 새겨 둠으로써 이름을 영원히 남기고 싶은 '名'에의 집착 성향도 그 복합요인일 수 있으나, 그보다 그 좋은 풍광에 자신의 이름을 명기함으로써 그 관광 결과를 사유화(私有化)하려는 한국인의 심성에서 이름의 암각(岩刻)이 보편화됐다고 본다.

더러는 낙서심리(落書心理)로도 이를 풀이해 볼 수 있으나, 서양 사람들의 왕성한 낙서 심리와는 질적으로 다르다. 그들은 그림을 그리거나 무슨 글귀를 쓸 뿐 이름을 쓴다는 일은 희귀하다.

그 낙서는 간단한 시구(詩句)일 뿐 '바이런'이라는 이름이 없다. 누군가가 지적해 주지 않으면 바이런의 낙서인지 여부를 모르는 몰사(沒私)의 낙서(落書)인 것이다.

예루살렘의 최후의 만찬을 베풀었다던 성지(聖地)의 석벽(石壁)에도 바이런의 낙서가 있는데 그 역시 글귀일 뿐 이름은 없다.

미국 워싱턴 백악관 앞에 서 있는 워싱턴 탑(塔)을 안에서 오르다 보면 그 탑 내벽(塔內壁)에 그곳을 오르내린 숱한 사람들의 낙서를 볼 수 있다. 눈여겨보면 한국 사람들의 낙서도 더러 볼 수 있는데, 이름 석 자를 적고 있는 데 예외가 없다. 곧 이 명소에 왔다는 증명심리뿐만 아니라 이 명소를 사유화하려는 한국인의 통성 발로가 구미의 명소까지 뻗어가고 있음을 보았다. 곧 결과주의의 국제화랄 것이다.

곧 한국인에게는 사유화의 파토스가 유별나게 강하다. 미국 대학 교수들의 서재에 들를 때마다 느끼는 공통된 느낌으로 장서(藏書)가 너무 빈약하다는 사실이었다. 미국의 대학에서 1~2년 있는 한국인 연구교수들의 책장이 그 본고장에서 10여 년씩 있는 현지 교수들의 책장보다는 대체로 풍부한 편이었다. 교수들뿐만 아니라 여느 지식층의 가정을 둘러봐도 한국의 지식층 가정에 비해 상대적으로 장서량이 적다.

그렇다고 미국의 교수들이나 지식층, 학생들이 한국의 교수나 지식층, 학생들보다 책을 덜 읽는 것은 결코 아니다. 그들이 갖고 있는 장서량은 상대적으로 적다 할지라도 그들의 독서량은 상대적으로 크다. 얼핏 보기에 장서량과 독서량은 비례할 것 같지만 그렇지가 않다. 그들은 주로 도서관이나 연구실의 장서를 이용하기 때문이다. 곧 그들은 한국 사람처럼 장서를 사유화하지 않고 공유화한 것을 열심히 사용한다는 동적(動的)인 생각으로 생활하고 있기 때문이다. 오히려 장서의 사유화는 사장(死藏)할 우려가 많지만 장서의 공유화는 지식 흡수가 왕성하다.

비단 도서관 장서의 이용이 아니더라도 미국 교수나 학생들은 필요한 서적을 사서 그것으로부터 지식을 흡수하면 다시 팔아버린다. 그러기에 미국 대학의 게시판이나 대학신문에는 자기에게 필요없는 서적 판매 광고나 필요로 하는 서적을 구한다는 광고가 굉장히 많다. 더러는 다 보고 난 책을 늘어 놓고 파는 학생도 있다.

사유화의 파토스가 강한 한국에서는 찾아보기 힘든 광경이 아닐 수 없다. "한국의 학자들 집은 집이 아니라 도서관이다"라고 한 서울에 사는 한 미국인 외교관의 말은, 따지고 보면 부러워하고 경탄하는 말이라기보다, 사유화의 파토스가 미미한 그들인 것을 감안하면 약간 비꼬는 저의(底意)가 담긴 말일 수도 있는 것이다.

6. '나'보다 '남'에게 맞춰 보려는 한국

얼마 전 UCLA에서 열린 세미나에서 내 또래의 배경이 비슷한 한인 2세 대학원생을 만난 적이 있다. 그 여학생은 내가 한국에서 문화적으로 어떻게 적응하면서 살아가는지 궁금해 했다. 자기는 문화적 차이 때문에 한국 생활을 행복하게 살 자신이 없다고 했다. 그와 대화를 하면서 한국 대학에서 5년째 재직하는 동안 한국 문화 속에 담겨져 있는 어떤 기준들이 나를 불편하게 하지는 않았는지 생각해 보았다.

우선 한국은 사회적 기준이 많다. 미국에서 살 때는 어떤 결정을 내릴 때 나 개인의 생각이 우선이었다. 그런데 한국에서는 주변 사람들로부터 전엔 생각하지도 못했던 것들을 요구받다 보니 내가 원치 않는 결정을 해야 하는 경우가 생겼다. 효녀, 자랑스러운 손녀, 나이가 차면 가정을 꾸려야 하는 것, 사회적 지위가 있는 직장, 정이 많은 직장동료, 이런 사회적 기대감들이 슬그머니 나의 삶을 변화시키게 되고 남이 정해놓은 기준을 위해서 나도 모르게 살아가고 있는 것이었다.

독실한 기독교 신자인 외할아버지께서 교회에 나오라고 여러 번 말씀하신 적이 있다. 그동안 신앙이나 종교 생활은 철저히 개인적인 일이라고 생각했던 나로선, 다른 사람을 위해서 교회에 간다는 것이 다소 어색하고 부담스러웠다. 하지만 한국 사회에서는 자연스러운 일이다. 개인적으로는 부담스럽고 별 의미가 없는 것 같더라도 어른에 대한 의무일 수도 있고 좋은 손녀로서의 역할이기도 하다. 외할아버지께 기쁨을 드리겠다는 마음으로 몇 번 교회에 참석을 하다 보니 나도 모르게 한국 사회의 기준에 맞춰서 살고 있구나 하는 느낌이 들었다.

직장 생활도 마찬가지다. 어느 날 잘 모르는 교직원 결혼식에 동료 교수들이 같이 가자는 것이다. 참석하는 것이야 어려운 일이 아니지만 솔직히 잘 알지도 못하는 사람의 결혼식에 간다는 것이 썩 마음에 내키지는 않았다. 내가 진심으로 축하해 주어야 할 결혼식도 아닌데 가는 것은 나로선 큰 의미가 없다고 생각했기 때문이다.

하지만 시간이 흐르면서 이러한 새로운 경험들을 통해 내가 그동안 너무 이기적인 삶을 살아온 건 아닌지 돌아보게 되었다. 그리고 미국의 개인주의 문화에 대해서도 다시 생각하게 되었다. 미국적인 행동이나 말 때문에 한국 문화에 젖어 사는 사람들에게는 '나'라는 사람이 차갑게 느껴질 수도 있고, 때로는 본의 아니게 마음의 상처를 줄 수도 있다는 생각이 들었다. 솔직히 아직도 한국의 정 문화가 무엇인지 정확하게는 모른다. 그런데 때로는 부담스럽기도 하지만 다른 사람한테 관심을 주다 보니 빨리 친해지기도 하고 좋은 관계를 맺게 된 경우도 있었다. 나로선 참 소중한 경험이었다.

요즘 한국에서 공부를 하거나 일하는 한인 2세가 늘어나고 있다. 그들 또한 나처럼 한국에서 생활하면서 여러 가지 사회적 기준들이 부담스럽게 느껴질 때가 있을 것이다. 하지만 이를 부정적인 시각으로 보기보다는 문화적 다양성과 풍부함을 체험할 기회로 삼겠다는 열린 자세로 임한다면 알찬 한국 생활을 하는 데 큰 도움이 될 것이다.

- 문 레니 교수

 이상의 문 레니 교수의 글과 같이 한국에서 살려면 남이 하듯이 해야 한다. 융통성이 있어야 하고 친구 따라 강남을 가야 한다. 여기에서 협동심이 발생하고 정 문화가 형성된다.

7. 모노크로니즘과 포리크로니즘

 머리 위에 물동이를 이고 오른쪽 겨드랑이에 빨래를 낀다. 띠로 얹힌 젖먹이는 가슴팍에 달라붙어 젖을 빨고 있고, 등에도 매미처럼 아이 하나가 업혔다. 왼쪽에는 요강을 들었고, 그러고서 지나가는 행인과 품앗이 날짜에 대해 이러쿵저러쿵 약속을 한다. 일시다사주의 형태다.
 우리 시골 마을 샘터에서 흔히 볼 수 있는 이같은 한국 여인은 지금 ① 식수를 운반하는 일 ② 아이 젖 먹이는 일 ③ 또 다른 아이 보는 일 ④ 빨래하는 일 ⑤ 변기 씻는 일 ⑥ 노동 흥정하는 일 등 여섯 가지 일을 동시의 시간에 한꺼번에 해내고 있다. 동시에 많은 일을 더불어 하는 그런 시간관에 길들여 있지 않은 유럽 중북부(中北部) 사람이나 미국 사람들이, 이 샘터의 우리 여인들의 행동을 본다면 일종의 곡예로밖에 볼 수 없을 것이다.

이처럼 한국인은 단일 시간에 복수 작업을 더 하는 데 보다 큰 가치를 둔다. 뽕도 따고 님도 보며, 꿩 먹고 알 먹으며, 일거양득이요, 일석이조를 동시간에 노린다. 이 같은 한국인의 시간관은 세계 공통의 것이 아니며, 문화인류학(文化人類學)에서는 시간관의 차이를 가늠하는 기준으로, 이 단시간에 행하는 작업 종류의 단일성과 복합성을 삼기도 한다.

어떤 시간 진행에 단일한 일을 집중적으로 하는 데 가치를 두는 시간관을 에드워드 홀은 '모노크로니즘'이라 했다. 그 반대 개념은 당연히 포리크로니즘이랄 수 있겠다. 모노크로니즘이란 '일시일사주의'로 주로 미국과 북구가 모노크로니즘 문화다.

그들은 무슨 일을 할 때는 꼭 그 한 가지 일만을 한다. 미국 백화점에는 점원들이 앉을 의자가 마련돼 있지 않다. 점원은 근무 시간 동안 물건 파는 일에만 전념해야 한다는 모노크로니즘이 근무 시간에 앉아서 쉰다는 복합성의 요소를 배제하기 때문이다. 손님이 없어도 앉아 있지 못하는 이 모노크로니즘이 한국인에게는 비정적(非情的)으로 보이지만, 그것은 고용주가 고용원을 착취하기 위해서가 아니라 시간관의 차이에서 형성된 것이다.

미국 사람들과 만나자고 할 때, 거의 예외 없이 몇 시까지는 근무 시간이요, 몇 시까지는 쇼핑 시간이요, 몇 시까지는 아내와 저녁 먹기로 약속한 시간이요, 몇 시까지는 집에 가서 아이를 봐줘야 하는 등 확고한 모노크로니즘 시간대(時間帶) 때문에 그 잠깐 만날 시간은 소외당해 버리기 일쑤다.

이런 꼴을 당할 때마다 한국인은 마치 나를 만나기 싫어 구실을 대는 것 같은 불쾌하고 매정한 느낌을 갖게 마련이다. 왜냐하면 한국인은 근무 시간일지라도 또 쇼핑하는 도중에라도, 집에서 아이를 보는 시간에라도 그 일을 하면서 또 사람도 만날 수 있는 포리크로니즘 문화에 체질화되어 있기 때문이다.

8. 동조성과 개척정신

미국의 어린이와 한국의 어린이를 비교해 보면, 소위 '심하다', '극성맞다'라는 표현은 미국 어린이들에게 더 적절한 표현일 것이다. 어쩌면 그런 활동성이 오늘의 미국을 이루어 놓았는지 모른다.

한번은 종종 가던 야트막한 산에 외국인과 같이 간 적이 있다. 그 전에도 여러 번 갔었지만 그 앞에 샛길이 난 것을 보기만 했지 나는 거기로 내려가 볼 생각은 하지 못했다. 그냥 자주 가던 곳에 와서 앉아 있다가 가곤 했을 뿐이다. 나뿐만 아니라 동행했던 사람들도 다 마찬가지였다. 그런데 같이 간 외국인은 거기로 내려가 보자는 것이었다. 그래서 함께 내려갔더니 새로운 모습들을 볼 수 있었다.

계속해서 'Something new'(뭔가 새로운 것)를 추구하는 그 정신이 오늘의 미국의 번영에 영향을 주었던 것이다. 동부에 도착한 유럽의 이민자들이 서부로 서부로 계속 돌진하다가 캘리포니아에 당도했을 때 더 앞으로 나갈 육지가 없어서 울었다고 하지 않던가?

우리 민족은 늘 하듯이 한다. 새로운 것을 추구하지 않고 과거에 하던 것을 한다. 남이 하듯이 한다. 이렇게 우리 민족은 동조성이 강한 민족이다. 남의 흉내를 잘 낸다. 모방력이 강하다. 새로운 것을 개발해 보려는 의욕이 빈약하다. 새로운 것을 개척해 보려는 개척정신이 빈약하다.

9. 다름을 배척하는 사회와 수용하는 사회

조국 정치도 답답하고 동포 사회도 답답하다. 〈중앙일보〉 봉화식 씨의 글을 보자.

어느덧 한인 이민역사가 100년을 훌쩍 넘기며 미국 거주자(서류미비자 포함)만 200만 명이 넘는 규모로 커졌다. 적지 않은 숫자의 동포들이 경제적으로 커다란 부를 축적하고, 1.5세 또는 2세들의 사회 각 부문 주류사회 진입도 예전과는 비교할 수 없을 정도로 성장했다.

그렇지만 우리들의 의식 수준은 과연 이와 같은 외적인 규모에 걸맞게 변한 것일까. 세월호 사건 이후 세태를 보면 정쟁을 거듭하고 있는 정치판은 물론, 다른 분야에서의 갈등도 날로 커지기만 하는 것 같다. 한마디로 한국 사회는 '나와 다른 것'을 인정하고 대화로 풀어나가는 정신이 아직도 상당히 부족한 것 같다. 이념 갈등 역시 왼쪽 아니면 오른쪽으로 '중간' 지점은 존재하지 않는다.

정치가 그렇고 내 고향만 생각하는 지연이 그렇다. 내 동창만 챙기려는 학연이 그렇고 같은 친척만을 찾는 혈연이 그렇다.

21세기가 10년 이상 지난 지금도 대다수 분야가 '의리'와 '편가르기'에 의존하는 현실이다. 중립을 선언하면 '기회주의자'란 오명으로 오갈 데 없는 비겁자로 낙인 찍히게 된다. 이와 같은 상황에서 양심적인 소수 의견은 갈 곳이 어딜까. 십중팔구 기개를 지킨다며 눈치 없이(?) 버티다 제거되거나 왕따 당하는 신세로 전락할 것이다. 물론 그런 상황까지 각오하고 끝까지 용감하게 양심을 지키면 더할 나위 없겠지만 어디 세상살이가 그런 것일까. 지역·정치·종교·학연을 망라한 한국 사회의 이념적 경직성은 다양성을 존중하는 미국 사회에서 결코 바람직하지 않다. 보수·진보 아무래도 좋다. 흑백논리로 편을 가르던 시대가 아니기 때문이다.

그러나 95년 전 3·1운동을 주도했던 이화학당 출신의 유관순이 교과서에서도 배제되며 '친일파 관련 인사'로 매도되는 것을 보면 뭐가 옳고 뭐가 그른지 헷갈릴 지경이다. 이승만 박사가 말했고, 미국 속담에 "뭉치면 살고 흩어지면 죽는다"는 말이 있는데, 끼리끼리 싸우다 보면 결국 남 좋은 일만 시키는 '어부지리'가 되는 법이다.

미국 인구의 2%에 불과한 600만 명의 유대인들은 '미국에 주인 인종은 없다'는 사실을 잘 알고 있다. 유대인들은 '우리도 당당한 주인'이라는 자부심으로 살고 있다. 미국 경제의 절반 이상 되는 자본은 이들이 장악하고 있다.

함께 사는 사회를 위해선 참여의식이 필요하다. 불평만 쏟아내는 것은 선진 시민의 태도가 아니다. 한인 사회도 이젠 시야를 넓혀 타인종과 더불어 나와 다른 것을 포용하는 모습을 보여야 할 때다. 나와 다름을 배척하지 말고 그들의 목소리를 수용하는 자세가 필요하다.

미국의 'Salad Bowl 정책'은 다름을 인정하고 조화를 이루자는 것이다.

10. 획일성과 다양성

우리나라 사람들은 남의 집 아이가 피아노 학습을 하니 우리집 아이도 피아노 연습을 해야 한다고 생각한다. 이웃집 아이가 의과대학에 진학하니 우리집 아이도 의사가 되어야 한다는 교육 철학이다.

이렇게 획일화는 우리나라의 특징 중 하나라고 서양인들은 말한다. 한국 사람들은 같은 의상, 같은 스타일, 심지어는 머리 모양도 같다는 것이다. 그런데 서양인들은 자신들의 사회는 'Individuality is high' 곧 개성이 중시되는 사회라고 한다.

반면 우리는 보편화된 사람이어야 하고 일반적이어야 하며 무난해야 그야말로 모든 일이 순조로울 수 있다고 여긴다. 대부분의 한국에서 일하는 외국인들이 자기들 사회에서의 습성(?), 기호(?)를 버리고 한국과 같이 동화하려고 애를 쓰지만 그것이 어렵다고 한다.

남과 다른 모습을 보이거나 행동하는 사람을 보면 우리는 그들을 '별난 사람', '좀 특수한 사람'이라고 생각하기 쉽지만 그들이 수십 년 동안 살아온 사회에서는 그렇지 않다. 서양인들은 교사들마저도 학생들에게 질문해 놓고서 정답을 기대하는 게 아니라 뭔가 교사와 다른 답을 기대한다는 것이다. 학생들의 개성적인 생각을 원하는 것이리라.

대중 식당에 가서 식사를 주문할 때를 보면 남이 주문하면 나도 같은 것으로 해달라고 "나도 나도" 하기 때문에 여러 가지 식단을 준비해 놓은 식당 측은 곤욕을 치른다고 한다. 이렇게 한국인은 남이 하듯이 하는 획일적이고 동조성이 강한 민족이고, 서양 사람들은 다양성을 추구하고 개성이 강한 사람들이라고 볼 수 있다.

11. 이상한 행동과 보통 모습

우리나라 소녀들의 경우 상대방에게 약을 올리는 경우나 실수를 했을 때라든지 멋쩍다든지 할 때는 간혹 혀를 내보인다. 한번은 우리나라 어느 관광지에서 외국인 서너 명과 함께 관광을 하고 있었다. 그때 젊은 여자들 몇 명이 사진을 찍고 있었는데, 그중 장난기 있는 한 여자가 혀를 내밀고 사진을 찍었다. 그 모습을 필자와 같이 간 외국인이 보고는 소스라치게 놀라는 것이었다. 자기는 그런 걸 처음 보았다고 한다.

서양인은 신체의 내부인 혀 같은 것을 결코 보이지 않는다. 우리에게 별것 아닌 것이 서양인에게는 중요하고, 반대로 우리에게 중요한 것이 그들에겐 아무것도 아닌 일들이 종종 있다.

나라마다 또 민족마다 특이한 관습과 금기사항들이 있다. 미국인은 특히 다른 사람이 예상 외의 소리를 내는 것에 굉장히 민감하게 반응한다. 우리가 생각할 때는 별것 아닌 것에 민감한 것이다. 그런데 우리가 상스럽다고 생각하는 것에 미국인은 너그러운 경우가 있는데, 코를 푸는 것이 그중 한 예다.

필요한 경우라면 거의 어디서든지, 심지어는 식사할 때도 고개만 돌리고서 코를 팽 하고 푼다. 우리는 밥맛 없어진다고 생각할지 모르나 그들은 괘념치 않는다. 그리고 흔히 말하는 "Excuse me"도 하지 않는다.

일설에 의하면 영국을 위시해서 유럽의 음습한 기후가 코감기를 번번이 유발하기 때문에 어쩔 수 없이 예외로 하게 되었다는 말도 있다.

우리는 대수롭게 여기지 않는 딸꾹질이나 재채기를 했을 때, 서양인은 연속 "Excuse me" 하고 상대가 "God bless you" 하면 "Thank you"를 연발한다.

살다 보면 생리적으로 소리를 내게 될 때가 있다. 트림을 한다든지, 하품 등등. 그런데 서양인들은 이런 소리들을 낸 다음엔 항상 "Excuse me"를 한다. 다섯 살 먹은 아이도 트림을 아주 가볍게 하고서는 "Excuse me" 한다.

이유인즉 남에게 좋지 않은 냄새를 주었으므로 또 듣기 싫은 소리를 냈으므로 사과를 안 할 때는 무례한 짓이 되고 사과를 안 받으면 모욕을 느끼는 것이다. 그런데 우리는 식사를 한 후 잘 먹었다는 듯이 트림을 하기도 한다.

한번은 필자가 근무하는 직장에서 어떤 한국인 직원이 예기치 않은 소리를 내고도 아무 말을 하지 않은 채 그냥 있으니까 (물론 농담할 만큼 가까운 사이지만) 옆에 있던 직원이 빨리 "Excuse me"를 하라고 해서 사과를 받아내는 것을 본 일이 있다.

12. 동질사회와 이질사회

한국은 첫째, 동질사회(同質社會)라는 것을 들 수 있다. 인종적으로도 단일 민족이요, 언어 면에서도 또 문화적으로도 동일·동질(同一·同質)이다. 지금은 단일 민족이 많이 다민족화되었지만, 이 같은 동질사회에는 그 나름의 그에 대응하는 관행과 행동방식이 따르게 마련이다.

이에 비해 구미(歐美)는 이질사회(異質社會)라고 할 수 있다. 인종적으로도, 언어적으로도, 또 문화적으로도 다원적이며 동질이 아니다. 비록 동질집단이 있다 해도 빈번한 교류 때문에 이질요소가 많이 끼어든다. 이질성끼리는 확연한 계약 없이 공존(共存)할 수가 없다. 그러기에 법률이 발달하고 계약이 세밀해진다.

그러나 동질사회는 서로가 다 알고 있기에 법적 관계보다 '공통이해'가 있고, 계약 문서에 구애되기보다는 '상호의 배려'와 '화(和)의 정신'을 선행시킨다. 동질사회에 사는 사람이 너무 법률에 구애받고 그에 준해 행동을 하면 차가운 사람, 피가 없는 사람으로 소외당하거나 인격적·도덕적으로 덜된 사람으로 손가락질당하고 만다.

인간관계에서 가족과의 관계처럼 동질화된 인간관계는 없다. 혈연도 혈연이지만 의식주를 같이한다는 공동생활이 그 동질성을 강화시킨 것이다. 가족 간에 계약의 요소가 개입할 수 없음은 바로 그 동질성 때문이다. 한국인에게 별나게 강한 동류의식, 곧 같은 가문, 같은 마을 사람끼리, 같은 지방끼리, 같은 동창끼리의 동질성 때문에 동류의식이 강하다. 곧 가족적 인간관계가 연(緣)을 타고 뻗어나간다. 구미사회에서는 '나'란 개체를 중심으로 하여 집 밖은 '남'이다.

나와 남은 계약이나 법률로 관계가 정해진다. 곧 나와 남의 접촉(contact)에서 형성된 계약(contract)의 사회인 데 비해, 동질성 지향의 한국에서는 연(kin, 緣)과 연이 체온으로 접합하는 연약(kin tract, 緣約) 사회다. 한솥의 밥을 먹는다는 것은 바로 한국인의 의식이 추구하는 동질화의 가장 보편적인 방편이었다.

한국 사람들이 무슨 흥정이 끝났거나 서로 다른 조직체에 속한 사람끼리 무슨 계약이 맺어지면 반드시 식사를 같이하는 것도 우연한 일이 아니라, '같은 솥 밥을 먹는 사이'가 되는 그런 전통적 의식구조의 소산이라고 본다. 아무리 서구적인 계약을 했다손 치더라도 그 같은 동질화의 의식을 거치지 않으면 어딘가 안심이 되지 않는 것이 한국인인 것이다. 한국의 기업체들이 적자를 봐가면서도 교제비를 줄이지 않는 이유도 이 같은 한국인의 계약관 때문일 것이다.

제9장

종적인 사회와 횡적인 사회

1. 종적인 사회와 횡적인 사회

한국의 전통문화는 종적인 사회의 유물이다. 그러나 이민 2세들은 횡적인 사회에서 살고 있다. 그러면서 이민 1세들은 흔히들 미국에 사는 우리 후세들이 한국의 전통문화를 이어받기를 바란다고 말한다. 그런데 구체적으로 어떠한 것이 한국 문화의 특징이냐고 물으면 시원하게 이러이러한 것이 한국 문화라고 대답을 해주는 이가 드물다. 조금 더 나아가서 한국 문화의 특징 중 후세들에게 전승시키고 싶은 것이 무엇이냐고 물으면 대답이 막히는 경우가 대부분이다. 한인 2세들에게 한국 문화를 전승시키기를 원한다면 먼저 이민 1세들의 한국 문화에 대한 이해가 있어야 되겠고, 구체적으로 이러이러한 것이 한국 문화라 하는 데 대한 합의가 이루어져야 될 것 같다.

한인 2세 대학생들이 모이는 모임에서 한국의 문화적 전통 중에 이어받고 싶은 것이 무엇이냐고 물었다. 제일 많은 대답이 김치였다. 이들 2세들은 김치를 비롯한 한국 음식을 한국 문화의 가장 특징적인 것으로 생각하고 있고, 이를 이어받고 싶다고 말하였다. 그런데 집에서 김치를 만들 줄 아는 사람은 어머니밖에 없는데 어머니가 가시면 김치도 가지 않겠느냐고 염려들을 했다. 여학생들도 상당히 많이 끼어 있는 이곳 모임에서 어머니로부터 김치, 된장찌개, 잡채, 불고기 등 한국 음식 만드는 법을 배우고 있다는 학생은 거의 없었다.

한국 음식을 만드는 법을 배워야 된다는 이야기를 하면서, 남학생들은 집에서 여학생들이 어머니로부터 전통음식 배우는 일을 해야 되는데 안 한다고 했고, 여학생들은 아들딸 상관없이 한국 음식 만드는 법을 배워야 된다고 논쟁이 붙었는데, 결국 누구나 상관없이 어머니로부터 김치 만드는 방법을 배워 두어야 된다는 데로 의견이 일치됐다.

한국 음식에 대한 2세들의 토론을 들으면서, 우리 1세들은 우리에게 가장 귀중하고 우리의 일상생활과 불가분의 관계를 맺고 있는 음식에 대한 문화적 전통을 후세에게 이어가게 하는 일에는 전혀 관심을 기울이지 않고 있는 게 아닌가 하는 생각을 해보았다. 이민 1세들 중에서 2세에게 제대로 한국 음식 만드는 법을 가르쳐야 되겠다고 생각하고 이를 실천하는 사람이 몇이나 될까? 한국 사람의 살과 뼈의 원천이 되는 김치 만드는 방법도 후세에게 전승시키지 않으면서 한국무용, 고전음악, 한국말을 전승시키겠다고 하는 것은 공염불이 아닐까 하는 생각이 든다.

한국 문화의 특징 중 2세들이 이어받고 싶은 것으로 또 하나 많이 지적된 것은 부모님 등 어른을 존경하는 것으로 나타났다. 2세들은 미국 사회에서는 일반적으로 나이 많은 사람에 대한 대우와 존경이 너무 약한데, 한국 사람들 사이에서 특히 한국 가정에서 중요시되는 어른들에 대한 존경과 대우가 잘 유지되었으면 좋겠다고 말했다. 1세들과 많은 가치관의 갈등, 사고방식의 차이를 나타내면서도 어른을 대우하고 존경하는 것이 중요하다는 2세들의 반응은 놀라운 것이었다. 이들 2세들의 대부분은 노후에 부모를 모시는 것이 자녀 된 도리라는 데에도 의견을 같이했다.

대학에 다니는 우리 2세들은 많은 수가 백인과 데이트를 하고 있고, 그들과 결혼을 할 것이라고 생각을 하고 있고, 1세들의 생활태도와 생각에 대해서 부정적이고 거부적인 반응도 보이고 있다. 그러나 이들의 대부분은 한국 음식을 이어가고 싶어 하고, 한국 가정의 어른에 대한 대우와 존경의 전통을 이어가고 싶어 한다. 우리 1세들이 아무리 바쁘더라도 최소한 2세가 김치 만드는 방법은 알 수 있도록 신경을 써주는 것이 부모 세대로서의 도리가 아닌가 생각된다. 어른을 존경하고 대우해야 된다는 2세들의 생각은 2세를 위해서 모든 것을 희생하는 이민 1세의 노력에 대한 보상이 아닌가 생각을 해보았다.

이민 1세는 종적 사회에서 살았지만 2세들은 횡적인 사회에서 살고 있다. 그래서 2세들이 어른들, 즉 이민 1세를 존경하기 어려움을 이해해야 한다

예를 들어, 캠핑을 가 예배를 드리게 되면 노목사님이 설교를 해도 그 앞에서 배를 쭉 깔고 누워 설교를 듣는 것을 종종 목격하게 된다. 뿐만 아니라 여름이 되면 어른이고 아이고 할 것 없이 선글라스를 쓴 채 예배를 드리곤 한다. 이런 일들이 한국에서 벌어지면 아마도 '건방지고 버릇없는 짓'이라고 야단칠 일이지만 현실적 사고를 하는 서구인들에겐 자연스러운 일이다.

노목사님이 설교하시는데 미국에서 자란 학생이 그 앞에 드러누워 있으면 되느냐고 어른이 야단치면, 누워 있어도 설교를 듣는 데

는 아무 차이가 없다고 하는 게 아닌가. 발밑으로 돌아가지 않고 누워 있는 어른을 넘어간다. 이것이 이민 2세들의 자세로 현실적이며 횡적인 사회에서 배운 소산이다.

회사의 사장이 출·퇴근할 때 일어서서 인사하는 우리나라의 문화가 서양인에게는 받아들이기 힘든 모양이다. 그렇다고 서양인들이 상사를 존경하지 않는 것은 아니다. 그런데 한국인은 상사의 직위와 그 인물의 인격을 분리해서 생각하기보다는 그 둘을 하나로 동일시하기 때문에 이런 현상이 생기지 않았나 싶다. 서양인들은 그 역할, 곧 그 업무에 있어서만 상사일 따름이다. 그렇기 때문에 퇴근 시간이 됐는데도 상사가 퇴근하지 않아서 아랫사람이 나가지 못하는 것을 서양인은 이해할 수가 없다.

또 서양인에게 사장이 아무 때나 부르면 하던 일을 중단하고 달려가서 사장의 명령을 받들 것을 기대하면 안 될 것이다.

2. 기능주의와 종적인 관계

집단이 이루어지는 그 구조가 구미와 한국과는 근본적인 차이가 있다. 이를테면 각의(閣議)라는 집단 구성을 할 때 한국에서는 반대당의 인물을 그 구성원으로 한다는 법은 없었다.

케네디 정권이 케네디나 그의 소속당과 아무런 관계가 없는 러스크나 오히려 반대당인 맥나마라 등을 발탁, 요직(要職)에 앉힌 사례는 우리나라에서 이해하기가 어렵다. 그것은 반대당을 무마하기 위한 정치적 복선이 있는 것도 아니요, 또 연립내각의 냄새를 풍기게 하기 위한 것도 아니었다. 그것은 구미의 집단은 그 집단이 발휘할 수 있는 능력을 최대한으로 발휘하기 위해 기능적으로 구성을 하기 때문이다.

외국에서 학술조사단이나 탐험대, 등반대 등의 집단을 구성할 때 그 단장이 소속한 대학이나 학회, 선후배나 제자, 혈연이나 지연(地緣) 같은 정실(情實)에 아랑곳없이 능력 발휘를 위한 기능 위주로 인선(人選)이 된다. 그 집단의 목적 수행에 복합되게끔 광범위하게 발탁, 초빙되므로 단장(團長)과 면식(面識)이 없는 사람도 많이 끼게 된다. 일단 단원이 되면 계약 정신에 의해 단장에게 절대 복종을 하되, 일에 관계되지 않는 일에는 구속을 받지 않는다.

한데 한국의 같은 유(類)의 집단 구성은 단장으로 장로격(長老格)의 노교수가 차지하면 그에게 지도받는 소장(少壯) 교수나 그의 애제자(愛弟子), 또는 같은 학회 소속의 멤버 등 학연·지연·혈연 등 정실(情實)로 구성되게 마련이다. 만약 구미의 집단처럼 기능 위주로 계약에 의해 구성한다면 반드시 실패하거나, 실패하지 않더라도 능률적이 못 되고 불화를 빚어 뒷맛이 좋지가 않게 마련이다. 반면에 기능적인 집단 구성이 아니라 정실적인 구성을 하면 아무리 적은 조사비, 괴로운 환경에도 참아내고 헌신적으로 목적 수행을 해낸다.

그리고 비단 목적 이외의 일, 이를테면 단장이나 선배의 세숫물을 떠다 준다든지, 식기를 씻어준다든지 하는 가외의 일도 아무런 부담이나 불평을 느끼지 않고 감수해 낸다. 곧 구미의 집단은 기능과 계약 위주의 횡적 사회요, 한국의 집단은 정실과 화목 위주의 종적인 사회다.

사회학자에 따라서는 이 구조적 차이를 횡적 구조(X구조), 종적 구조(Y구조)라고도 한다. 구미의 집단은 횡적으로 손을 잡는 형식으로 구성된다. 한 멤버가 이 집단에 들어가려면 그 구성요원들이 승인하는 자격, 이를테면 종교, 학력, 경력, 기능 등 규정에 맞으면 들어가고 그 집단의 규칙에 따라 행동하면 된다.

하지만 한국의 집단 같은 종적 구조는 사장 아래 국장이 종속되고, 국장 아래 과장이, 과장 아래 계장이 종속되는, 마치 군대 계급과 같은 서열로 되어 있다. 그러기에 한 멤버가 이 집단 속에 들어가 산다는 것은 사장을 정점으로 한 어떤 종적 라인에 서열적으로 소속되지 않고는 불가능하다.

물론 구미에도 사장, 국장, 과장, 계장의 서열은 있지만 그것은 그 직위에 필요한 기능만 완수하면 그만이지, 한 계장이 밑으로 계원이나 위로 과장과의 인간적 정실 관계를 배려한다는 법은 거의 없다.

작년 10월 중순께 일이다. 새벽녘 동이 트기가 바쁘게 포항시장(浦項市長) 집 문을 두드리는 부부가 있었다. 이 부부는 어떠한 가사 문제를 두고 이러니저러니 밤새워 싸웠던 것이다. 그 시비의 결말을 보지 못하자, 이 부부는 동네에서 가장 높은 어른인 시장에게 시비를 가려달라 하기로 하고 동트기를 기다렸던 것이다. 그 시비를 가리지 못한 안건(案件)이 무엇이며 시장이 어떻게 가려 주었는가가 문제가 아니라, 자신들이 소속된 취락집단의 가장 우두머리에게 시비를 가려달라고 찾아가게 한 그 어떤 요인이 주의를 끌게 한다. 구미의 시장 같으면 시(市) 행정의 책임자로 그 직책만 수행하면 되지만, 한국의 시장은 그것만으로 그의 임무를 다한다는 법이 없다. 그는 그가 다스리는 집단 구성요원인 시민과 행정상의 관계뿐만 아니라, 인간적이고 가족적이며 감성적이고 이모셔널한 정실관계를 유지하고 또 배려해야만 한다.

만약 구미의 시장이나 사장이나 과장 등 집단의 우두머리가 그의 시민이나 사원이나 과원의 사적(私的)인 일, 가정일에 깊이 개입한다면 우격다짐이 벌어질 것이 뻔하다. 하지만 한국의 종적인 의식구조는 윗사람이 아랫사람의 인간관계, 이를테면 성격, 버릇으로부터 사적인 고민, 마누라의 성깔, 심지어 형제의 재산, 소아마비에 걸린

딸까지 배려해서 다스려야 한다.

3. 도시의 집중과 분산의 문화

미국의 수도 워싱턴에는 백악관, 의사당, 연방대법원 등 정부 건물들이 즐비하고 워싱턴 기념비, 링컨 기념관, 제퍼슨 기념관, 한국전 기념비, 그리고 스미소니언 박물관 등 의미 있는 볼거리들이 많이 있다.

워싱턴은 통상 그 이름 뒤에 DC라는 꼬리표가 따라붙는데, 이는 District of Columbia(컬럼비아 특별구역)라는 뜻으로, 이로써 워싱턴이 미국의 수도(首都)임을 나타내고 있다.

수도로서의 워싱턴은 미국 정치와 행정의 중심지로서 미국의 역사도 품고 있다. 하지만 그뿐이다. 미국 정치와 행정의 중심일 뿐 그 이상은 아니다. 영국의 런던, 프랑스의 파리, 러시아의 모스크바, 스페인의 마드리드, 태국의 방콕, 일본의 도쿄, 이집트의 카이로, 스웨덴의 스톡홀름, 멕시코의 멕시코시티, 그리고 한국의 서울처럼 많은 나라의 수도가 정치의 중심일 뿐 아니라 경제, 인구, 산업, 문화, 교육, 언론 등 여러 다른 부면에서도 중심이 되고 있지만 미국의 워싱턴은 그렇지 않다.

많은 나라에서 수도는 가장 인구가 많은 대도시로서 그 나라의 '힘'이 집중되어 있는 것을 볼 수 있는데 미국은 그렇지 않다. 미국의 힘은 어느 한 곳에 집중되어 있지 않고 분산되어 있다.

한국에서 가장 크고 좋은 것들은 다 수도권에 몰려 있다. 수도권은 면적으로는 남한의 12퍼센트밖에 안 되지만 공공기관의 90퍼센트 이상이 집중되어 있다. 100대 기업 중 91개가 서울에 있어 국가

총생산(GDP)의 절반을 차지하고 있다.

　이렇게 비대한 중앙과 상대적으로 열악한 지방 사이에는 우열과 빈부의 골이 깊어진다. 중앙은 중앙대로 인구 밀집으로 인해 교통난, 환경오염, 범죄 증가 등의 문제로 골치를 썩고 있고, 지방은 낙후한 사회간접자본과 하부구조 속에서 발버둥치고 있다. 지금 한국의 중앙집중 현상은 극에 달해 폭발 직전이라고 해도 과언이 아닌 것 같다. 이것이 외국 사람들, 특히 미국인들에게는 아주 이상하게 보일 것이다. 왜냐하면 미국에는 한국처럼 서울과 지방의 구분이 없기 때문이다. 물론 미국에도 대도시와 시골의 구분은 있지만 한국처럼 중앙과 변두리라는 구분이 뚜렷하지 않다.

　중앙이라는 개념이 없다는 이 사실이 미국을 튼튼하게 만드는 요인이 되어 왔다고 생각한다. 중앙이 따로 없었기에 미국은 일찍부터 전국적으로 균형 있는 발전을 이룰 수 있었다. 전통적으로 정치, 경제, 교육, 문화 활동이 어느 한 지역에 집중되지 않고 전국에 분산되어 왔기에 미국은 동서남북이 고르게 발전할 수 있었다.

　미국의 하원의원은 지역마다 인구비례로 선출되지만, 권한과 지위가 더 높다고 여겨지는 상원의원은 주의 크기나 인구에 관계없이 각 주가 두 명씩을 선출하게 되어 있다. 그래서 인구가 3천만이 넘는 캘리포니아 주나 50만 명도 채 안 되는 와이오밍 주나 똑같이 두 명의 상원의원을 선출한다. 이것은 연방에 소속된 각 주가 동등하다는 것을 상징하지만, 이로써 정치 권력의 집중이나 편재가 방지되고 나라 전체가 정치적으로 균형을 이루고 있다.

　미국도 연방정부라는 '중앙' 정부가 있긴 하지만 처음부터 각 주가 독립된 개체로 자치를 시행해왔기 때문에 다른 나라처럼 정치 권력이 중앙정부에 집중되어 있지 않다.

　미국의 산업도 각 지역이 갖는 자연적, 지리적 특성을 바탕으로 그곳에 적합한 분야와 업종이 발전되어 왔는데, 역시 중앙에 집중되지 않고 여러 지역에 흩어진 채로 발전해 왔다는 것이 미국의 특성이자 강점이다. 한국에서는 대기업이란 대기업은 거의가 다 서울에 본거지를 두고 있지만, 미국에는 조그만 시골에 본사를 둔 기업들이 많이 있다.

미국의 신문사들은 대부분이 아직도 지방신문으로 존재하고 있다. 〈워싱턴포스트〉나 〈뉴욕타임즈〉, 〈시카고트리뷴〉이나 〈LA타임즈〉 등은 세계적으로도 권위 있는 큰 신문들이지만, 그 이름 앞에 각각 도시 이름을 달고 있는 것에서 짐작할 수 있듯이 모두 그 지역의 지방신문들이다.

현재 미국에서 발간되는 주요 전국지로는 〈USA Today〉와 경제지인 〈월스트리트저널〉 정도이다. 더불어 미국에는 크고 훌륭한 대학들이 전국의 구석구석에 자리잡고 나름대로 발전해 왔기에 미국의 균형 있는 발전에 큰 역할을 해왔다. 미국 역사의 원점인 동부지역에 오래된 명문 대학들이 다소 몰려 있는 것은 사실이나, 미국 전역에 흩어져 있는 각 대학들이 오랜 학문적 전통을 이어오면서 미국이라는 힘의 바탕을 이루어 왔다는 것은 부정할 수 없다.

미국의 대도시마다 유명한 대학들이 있는 것은 물론이지만 예일, 프린스턴, 듀크, 스탠포드, 코넬 같은 명문 사립대학들, 그리고 우수한 주립대학들도 중소도시나 작은 시골에 자리잡고 있어 미국의 힘을 고루 뻗치고 있다. 그래서 서울대학을 비롯해서 대충 '서울에 있는 대학'들만 대학으로 여겨 온 한국의 현실이 안타깝다.

한국에서는 폭발 직전인 중앙집중 현상을 해소하기 위해 여러 방안이 제시되고 시도되어 왔지만, 여기서도 정치권의 논쟁이나 이해관계를 가진 사람들의 찬반 대립이 종종 집단저항이나 '떼쓰기' 현상으로 이어져 정책 집행에 많은 차질이 빚어지고 있다. 수년 전부터 수도권 과밀화를 억제하기 위해 충청남도 연기군에 '세종특별자치시'라는 행정복합 도시를 건설하려는 정부 정책이 착수되었지만, 많은 곡절을 겪고 있다.

일단 내년부터 30여 개 정부기관이 세종시로 이전하면서 1만여 명의 공무원도 수도권을 떠나게 된다고 하는데, 들리는 얘기에 의하면 이전 시기가 다가오면서 세종시로 가지 않으려는 공무원이 늘어나는 등 공직사회가 동요하고 있다고 한다. '서울을 떠나면 아이들 교육은 어떻게 하고, 지방엔 병원 시설도 안 좋고, 변변한 쇼핑도 못 할 텐데 문화생활은 어떻게 하고, 집 한 채를 가져도 서울에서 가져야지…', 이런저런 이유로 사람들은 서울을 떠나지 못한다.

일찍부터 상경(上京)이니 낙향(落鄕)이니 하는 말을 써왔다는 것은 "서울은 높고 시골은 낮다"는 관념이 사람들의 마음속에 각인되어 있다는 말이다. 아직도 '어찌 됐든 서울로 가야 되고, 서울에서 살아야 한다'는 강박의식이 깊이 박혀 있다. 한국인들이 마음속에 서울과 비서울의 구분이 존재하는 한 서울에 집중되는 '힘'을 비서울로 분산시키기는 쉽지 않을 것 같다. 세종시 건설을 비롯해서 전국을 고속도로, 고속철, 고속인터넷망으로 연결시키는 등 국력의 분산을 도모하고 있지만, 서울 집중 현상이 단시일 내에 해소되지는 않을 것 같다.

그래서 미국에는 중앙이 없고 지방만 있지만, 한국에는 지방은 거의 없고 중앙만 있다는 말도 된다.

- 장석정 교수 글에서

4. 뇌물과 선물

　동서양간의 뇌물과 선물의 차이를 물어보면 대부분의 한국 사람들은 뇌물은 현재나 미래를 바라고 주는 것, 선물은 현재나 미래를 바라는 것이 아니고 과거의 어떤 일에 대한 감사나 기쁨을 표현하는 것으로 이해한다. 그래서 대개 지위가 높은 사람 혹은 도움을 입을 사람에게 주는 것 정도를 뇌물이라고 생각하지만, 우리가 선물이라고 생각하는 경우에도 서양인은 뇌물이라고 생각하는 것들이 있다.
　어느 누구에게 무엇인가를 줌으로써 호의를 얻고자 하면 그것은 서양인에게 있어서는 뇌물이다. 예를 들어, 회사에 취직하기 위해 면접을 본 지원자에게 그 회사가 선물을 주었다면 그것은 뇌물이다. 왜냐하면 그것을 통해 그 회사가 지원자로부터 호감을 사고자 하는 것이므로….
　뇌물은 특별한 편의를 보아 달라는 뜻으로 주는 부정한 금품이다. 한국 사람들은 선물은 값이 비교적 싼 물건이고 뇌물은 액수가 높은 경우가 대부분이다.
　미국인들은 누구에게서 선물을 받으면 고맙다고 하면서 그 자리에서 선물의 포장을 풀고 내용물을 확인한 다음, 그에 걸맞은 표현으로 색깔이 곱다느니 모양이 예쁘다고 하면서 그런 선물을 주어 고맙고 좋다는 말을 하는 것이 보통이다. 그 선물이 실용적인 물건이라면 준 사람을 생각하면서 잘 쓰겠다고 하기도 하고, 특히 그런 것이 필요했었는데 마침 잘 됐다고 하기도 한다.
　그런데 한국에서는 보통은 그 자리에서 풀어보지 않는다. 이는 선물을 주고받았다는 '형식'을 중요하게 생각하기 때문이고, 굳이 그 자리에서 선물을 풀어 그것이 무엇인가에 따라 주고받는 사람의 '체면'이 난처해지는 것을 원치 않기 때문이다.

5. 대가족과 핵가족

한국의 가족제도는 한인 동포들이 미국에서 잘 유지 발전시켜야 할 아름다운 전통 중 하나다. 한국의 가족제도의 전통 가운데 권위주의적 가부장제도, 남성우월주의 등 고쳐야 될 면도 있지만 할머니, 할아버지, 삼촌, 고모, 조카, 손자 손녀, 사촌들까지 모두 한가족으로 치는 대가족제도는 그대로 유지되어야 할 우리의 아름다운 유산이다. 가정을 지키기 위해서 개인의 이익과 생활을 희생하는 정신, 자녀들을 위해 모든 것을 희생하는 부모님들의 정신은 우리 가족제도가 지니는 아름다운 미덕 중 하나다.

우리가 생각하는 가족과 미국 사람들이 보통 생각하는 가족 사이에는 그 개념상 상당한 차이가 있다. 전통적 한국 사회에서의 가족은 조부모, 부모, 형제자매, 자녀, 삼촌, 고모까지 포함하는 연계 가족을 말한다. 한국의 전통적인 집 구조는 이와 같은 연계 가족이 모두 한 울타리 안에서 기거하도록 짜여져 있었다. 이와 같은 환경 가운데서 아이들은 조부모, 부모, 삼촌, 고모들의 보호와 사랑을 듬뿍 받으면서 자랐다.

이와 대조적으로 미국에서 가족이라 함은 부부와 그 미혼자녀로 구성되는 핵가족을 의미한다. 손자 손녀가 조부모와 같은 집에 사는 경우는 극히 드물고, 가까운 곳에 사는 일도 드물다.

자녀를 양육하는 권리는 절대적으로 부모에게 있어 할아버지나 할머니가 한 마디 잘못했다가는 크게 무안을 당하기 십상이다. 우리의 관점에서 보면 미국의 노인들은 상당히 외롭게 산다. 외로움을 참지 못해 스스로 목숨을 끊는 경우도 많고, 혼자 임종한 후 며칠 후에나 발견되는 경우가 허다하다. 미국의 핵가족제도는 노후에 대한 적절한 해결책을 마련하지 못하고 있는 경우가 있다.

한국도 사회가 산업화되고 도시화됨에 따라 가족제도가 많은 변화를 겪어 왔다. 그러나 그 형태만 변했을 뿐 근본적으로는 조부모, 부모, 자식을 포함하는 대가족제도의 성격이 유지되고 있다.

미국에 이민 온 한인들은 약간 바뀌어진 형태의 대가족제도를 유지하고 있다. 조부모가 같은 집에서 지내는 경우도 있고, 자동차로 5분이나 10분 내외에 닿을 수 있는 거리 안에 아파트나 독채를 따로 마련해 살면서 가까이 지내는 경우도 있다. 어떠한 주거형태를 취하든 한인들은 조부모, 부모, 삼촌, 고모, 손자 손녀들 사이에 밀접한 유대관계를 유지하면서 살고 있다. 이와 같은 대가족제도는 한인 이민들에게 중요한 심리적 도움의 망이 되고 있다.

한국 사람들은 자기를 소개할 때 김 아무개 또는 박 아무개라고 성부터 댄다. 그런데 미국 사람들은 자기를 소개할 때 잔이나 제인이라고 자기 이름부터 댄다. 물론 성을 댈 때도 있고 그렇지 않을 때도 있다. 이와 같은 차이는 가족 중심의 한국적 관행과 개인 중심의 미국적 관행에서 나오는 것이다.

가족 전체의 이익과 가족 구성원 개인의 이익이 상충될 때 한국 사람들은 가족의 이익을 위해 개인의 이익을 희생시키는 점이 관례이다. 이와 대조적으로 미국 가정에서는 개인의 이익이 가족 전체의 이익을 앞서는 경우가 많다. 한인들은 부부 사이가 일시 어려워지더라도 가정을 지켜야 한다는 의무감, 자식을 양육해야 한다는 책임감 때문에 그대로 참고 사는 경우가 많다. 애정이 식어진 상태에서 부부가 같이 산다는 것은 큰 고역이지만, 그렇다고 헤어져 어린 자녀들로부터 양부모의 사랑을 받고 자랄 기회를 박탈하는 것은 더 할 일이 못 된다. 일단 가정은 깨지 않는다는 대전제하에 참고 견디면서 문제를 하나하나 해결해 나가는 것이 한국의 전통적 가족제도의 장점이요 미덕이다.

6. 부부 중심과 모자 중심

가족은 부부를 중심으로 하여 부모와 자녀로 구성되어 있다. 이 가족구성요원 간의 관계 가운데 어떤 관계가 가장 중심적인 맥락을 지니고 있는가는 나라나 민족에 따라 다르다. 이 가족 간의 중심관계가 육아를 둔 문화적 차이를 크게 달리하고 있는 것이다.

이를테면 미국 사람들은 '夫婦中心'이요, 프랑스 사람들은 '家族中心'이요, 유대 사람들은 '父子中心'인 데 비해 한국 사람은 '母子中心'이다. 미국의 사회학자 브랏드와 울프는 미국의 '夫婦中心'의 특징으로서 다음 네 가지를 들고 있다.

첫째, 부부끼리 공적인 회합에 나들이하고 외출할 때는 동반을 한다.

둘째, 부부는 각기 자신의 생활영역에 있어서의 정보를 서로 교환하고, 그러기에 서로가 서로의 신상에 대해 충분히 잘 알고 있다.

셋째, 아내가 남편의 일에 대해 어느 만큼의 역할 분담을 하고 있다.

넷째, 부부가 서로의 친구들을 공통의 친구로 삼고 있다.

물론 우리나라 가족도 핵가족화되면서 이상 네 가지 성향이 약간씩 번지고는 있으나 체질화까지는 전도요원하다.

첫 번째의 경우, 남녀의 성별(性別)에 의한 소속집단을 달리한다는 전통적 기본경향에는 별반 변화가 없으며, 따라서 동반외출(同伴外出)이나 동반출석(同伴出席)은 저항감을 주고 있다.

두 번째의 경우, 남자는 남자의 일을, 여자는 여자의 일을 한다는 성별분업의 경계가 엄중하여 서로의 일의 영역을 침범하는 것은 분에 넘는 부덕(不德)이라는 사회적 관념이 지배하고 있다. 따라서 서로의 일에 커뮤니케이션은 단절돼 있다.

세 번째의 경우, 한국 가정에 있어 '내조'는 남편이 하는 일을 분

담해서 덜어 주는 그런 직접적인 협조를 뜻하는 것이 아니라, 남자로 하여금 남편 하는 일을 잘하게끔 아내로서의 맡은 일을 성심껏 잘한다는 간접적 협조를 뜻한다.

네 번째의 경우, 남편은 직장을 중심으로 한 동성(同性) 그룹, 여자는 가정을 중심으로 한 동성 그룹의 친구들끼리 교류할 뿐 단위 부부를 축으로 하여 이 양성(兩性) 그룹의 친구들이 교류한다는 것은 극히 예외적이다.

7. 의존심과 자립심

한국 아이들은 어려서부터 부모로부터 과잉보호를 받아 자립심이 부족하다는 평을 받는다. 부모에 대한 의존심이 강하다. 반면 서양 사람들은 어릴 적부터 아이가 넘어지면 스스로 일어나도록 말한다. 이로 인해 자립심과 독립심이 강화된다.

이런 영향으로 한국의 학생들이 미국으로 건너가 유학을 하면 대다수의 학생들이 우수한 성적을 받는다. 이로 인해 심한 경우 백인들에게 시샘을 받기도 한다는 말을 듣는다.

한국인 학생들의 우수성에는 몇 가지 이유가 있다고 생각된다.

첫째, 부모들의 교육열이다. 아침 일찍부터 밤늦게까지 오직 공부하기만을 바라는 부모의 집념은 대단하다.

둘째, 미국의 학생들은 대부분 자신의 힘으로 학비를 조달하는 반면에 한국은 전적으로 부모가 책임져 준다. 이것은 교육은 스스로 해야 한다는 미국인들과 부모가 시켜야 한다는 한국인들의 교육문화의 차이에서 오는 것이다.

장원급제한 후 어사화를 꽂고 고향으로 올 때 뒷동산에 가서 회초리를 향해 절을 했다는 이야기는, 부모가 어떤 수단을 써서라도 교육을 시켜야만 성공할 수 있다는 생각에서 비롯된 것이라고 할 수 있다. 매를 아끼지 않는 스파르타식 교육이 바람직하다는 교육철학이다.

제10장

한·미 간의 의식구조

1. 다문화 사회의 공존

　다문화 사회란 둘 이상의 문화권이 함께 공존하는 사회를 말한다. 각 민족이나 각 국가마다 고유의 문화적 특성을 가지고 있다. 하나의 공간(장소) 혹은 하나의 제도(범위)안에 이러한 각각의 문화들이 함께 공존하는 사회를 다문화 사회라고 한다.
　오랜 세월 단일민족사회로 살아오던 우리나라에 외국인 노동자들이 파도처럼 밀려왔다. 이제 외국인 노동자들은 더 이상 우리에게 낯선 존재가 아니다. 외국인 노동자뿐만 아니라 길거리에서도 외국인을 쉽게 마주칠 수 있다.
　이미 120만 명에 가까운 외국인이 거주하고 있고, 신혼부부 8쌍 중 1명이 국제결혼을 하며, 농어촌 초등학교에는 부모가 국제결혼을 한 가정의 자녀가 4분의 1을 넘는다.

외국인 이주노동자(또는 외국인 근로자), 결혼이민자, 다문화 가족 자녀, 재외동포, 해외 유학생, 북한 이주민 등이 증가하면서 이제 우리 사회의 곳곳에서 외국인을 쉽게 만날 수 있으며, 특히 농어촌과 산업단지 주변은 외국인으로 가득 차 있는 실정이다.

이에 한국도 다문화 사회로 가는 변화가 현재 진행중이며, 다문화 사회로의 원활한 이행은 국가·사회적으로 중요한 현안 이슈이다. 최근에는 다문화가족지원법 제정 등 정책적, 제도적으로 다문화주의를 수용하려는 뜻을 표방하고 있다.

그러나 아직도 한국의 다문화주의는 미비한 수준으로 국제적인 인정을 받지 못하고 있다. 스위스 국제경영개발원의 2007년 국가 간 경쟁력 보고서에는 한국인의 문화적 폐쇄성이 세계 49개국 중 44위로 제시된 바 있으며, 2007년 UN인종차별철폐위원회는 "한국이 단일민족국가라는 이미지를 바꿔야 한다"라고 지적한 바 있다.

다문화 가족이 겪는 의사소통, 차별, 교육, 경제력 등 국가 내부적인 문제들도 심각하다.

교육 문제도 시급하다. 과거에는 국가 발전을 위한 민족 이념에 바탕을 둔 국민교육 또는 국가주의 교육이 강조되었다면, 앞으로는 국제사회에서 인류와 함께 생각하고 행동하는 세계 시민을 기르는 교육이 중심이 되어야 할 것이다. 문화의 차이를 바탕으로 즐겁고 풍요로운 어울림, 존중과 배려의 하모니를 창조해야 한다.

다문화인들의 안정적 정착과 행복한 생활을 지원하기 위해 많은 기관들이 운영되고 있다. 어느덧 서비스 경쟁에서 홍수로 넘어가고 있다. 그러나 각 기관마다 다문화인들은 없고 실습실은 텅 비어 있다.

그 이유는 무엇일까? 그들이 원하는 프로그램과 그들과 함께할 수 있는 방법을 만들지 못하기 때문이다. 단순히 한국을 보여주고 향수를 달래주는 것만으로는 안 된다.

그들도 우리와 같은 한국인이 되고자 한다. 그들의 사회 참여는 우리와 함께할 수 있는, 한국인이 될 수 있는, 우리가 될 수 있는 가장 좋은 방법이다.

2. 한국인의 귀소의식

한국에서 유행하는 가요 속의 단어 빈도(單語頻度) 조사 결과, 빈도수가 높은 순위로 25위까지 적어 보면 다음과 같다.

'운다, 눈물, 밤, 꿈, 정든, 꽃, 바람, 이별, 비, 등불, 외로운, 슬픈, 나그네, 사랑, 멀다, 미련, 안개, 죽음, 고향, 혼자, 배, 간다, 길, 어머니, 부두' 등이었다.

이 낱말 가운데 돌아오고 싶어 하는 감정에 투사(投射)된 낱말, 그리고 떠난다는 연관 낱말을 추려보면 '운다, 눈물, 정든, 이별, 등불, 외로운, 슬픈, 나그네, 멀다, 미련, 죽음, 고향, 혼자, 배, 간다, 길, 어머니, 부두' 등 18개나 된다. 72%가 떠나가고 떠나서 슬프고 돌아오고 싶은 감정 표현에 집약되고 있음을 본다. 곧 한국인의 노래는 거의가 모태(母胎)나 고향 이탈의 애수요, 타율(他律)에 의해 떠나서 무한히 떠나가고 싶은 타율민(他律民)의 애수인 것이다.

옛 벼슬아치는 나이가 들거나 노부모가 있으면 반드시 고향이나 고향 인근으로 벼슬을 옮겨간다. 또 세상을 등졌다는 은자(隱者)들도 그의 고향이 내려다보이거나 고향의 등불이 눈에 담기는 산속에 숨는 것이 관례였다. 떠나가도 항상 일부분을 딛고 산다.

'돌아간다'는 한국인의 철학은 돌아간다는 말이 곧 죽음을 의미한다는 점에서 완연하다. 어느 한국인에게 물어도 죽어서 고향에 묻히고 싶다는 대꾸에 예외는 없을 것이며, 이 '돌아간다'는 말은 바로 '고향에서 죽는다'는 뜻이 내포되어 있다.

일본의 조총련(朝總聯) 계통 동포가 수십 년 만에 모국 방문을 하면서 수년 전에 죽은 자기 남편의 유골을 갖고 돌아온 것을 봤을 때, 이 한국인의 귀소의식(歸巢意識)의 강도를 절감할 수 있었다. 언제 돌아갈지 모르는 그 고향에 묻히고 싶은 고인의 유지(遺志)와 의당히 고향에 묻혀야 한다는 한국인의 의식구조가 그 유골을 객지에 묻지 않고 고향에 돌아갈 날을 대기하게 했던 것이다. "객사(客死)할 놈"이란 말이 한국인에게 최고의 욕으로 통할 수 있는 근거 또한 이에 있다.

6·25 때 긴박해진 전황(戰況) 속에서도 전우의 시체에서 손가락만이라도 잘라서 유체(遺體)를 대거 옮겨 내온 한 지휘관 이야기는 유명하다. 유체의 일부라도 고향에 묻힌다는 의식구조는 바로 살아있는 병사의 사기(士氣)와 직접 연관되기 때문이다.

군사정권 때 귀국하지 못하고 이곳 미국에서 조국민주화운동에 선봉을 섰던 민선 초대 서울시장 김상돈 선생은 유언으로 조국에 묻히고 싶다 했기에 시체를 유언대로 조국으로 모시고 갔다. 공항에서는 시체를 받을 수 없다고 설전을 벌이다가 결국 조국 땅에 매장했다. 군사정권은 이렇게 시체도 무서웠던 모양이다. 이민 1세들은 미국에 살면서도 늘 가야지 가야지 하면서 살고 있다. 한국인의 귀소의식은 대단하다.

3. 해소의 문화와 긴장의 문화

우리의 문화는 부동자세의 문화가 아니라 그 정반대의 율동의 문화, 건들건들하는 문화였기에 언뜻 보면 무질서해 보이고 무기력해 보이고 절도가 없어 보인다.

한국의 문화는 부동자세의 문화와는 정반대로, 즉 긴장으로부터 시작된 긴장이 아니라 거꾸로 그렇게 굳어버린 부동자세를 푸는 데서 시작한다. 일을 시작하기 전에 한국인은 먼저 몸을 푼다. 이 푼다는 것 그것이야말로 비생명적인 경화된 기계주의로부터 다시 생명을 회복하고 생명의 율동을 창조하는 방법이었다. 마치 산모가 아이를 분만할 때 몸을 푼다고 하듯이 한국인은 무엇인가를 창조하고 생산하는 것을 '푸는 것'이라고 생각했다. 그래서 몸을 푼다고 할 때 우리는 작업의 시작을 의미하는 말로 쓰인다. 서양에서는 몸을 굳히는 부동자세의 긴장감이 예비 행위로 나타났지만, 우리는 도리어 몸의 긴장을 푸는 데 창조의 거점을 두었다.

대체 그 풀이의 문화란 무엇인가! 그것을 좀더 깊이 따져 보자. 우리는 어려운 문제를 해결하는 것을 '푼다'고 말한다. 산수 문제를 풀고 골치 아픈 일을 풀고 수수께끼를 푼다. 문화란 무엇인가! 이 맺혀 있는 것, 굳어 있는 것, 빡빡한 것을 푸는 힘이다. 타결하고 해명하고 처리하는 것, 이것이 다 푸는 것이다.

한때 파리의 신문이나 라디오, 텔레비전, 그리고 지성인들이 모이는 카페 어디를 가든지 '데탕트'(détente)라는 유행어가 한창이었다. 데탕트는 동서 냉전이 가시고 '화해'를 뜻하는 정치적인 용어이다. 그러니까 그 말을 의역하면 긴장 완화라는 뜻이 된다. 서양 사람들은 이제 와서야 어텐션(긴장)에서 데탕트(화해)가 인간의 살 길임을 알고 그것의 중요성을 깨닫게 된 것 같다. 그러나 한국인은 이제 와서가 아니라 옛날부터 아주 옛날부터 데탕트의 철학을 가지고 있었다. 즉 데탕트는 우리 식으로 말해 푸는 것이니까.

우리는 남들의 싸움을 말릴 때 서로 풀어버리라고 한다. 이때 풀어버리란 말은 가슴에 맺혀 있는 사감 또는 억울한 일을 물로 씻듯이 잊어버리라는 뜻이다. 누가 더 이익을 보거나 누가 더 손해를 보고, 누가 더 잘했고 누가 더 잘못했고, 이런 것을 일일이 따진다는 것은 한국인의 기질에 어울리지 않는 얘기다.

서양 사람들은 어떤 분쟁이 일어났을 때 그것을 계산하고 밝힘으로써 합리적인 해결로 매듭지으려 한다. 그러니까 오히려 그들은 싸움을 따지는 것으로 해결 짓는다. 그것이 재판이요, 토의이다. 긴장은 고조되고 눈빛은 더욱더 시뻘개진다. 여기에 비해서 잘잘못을 따지거나 손익을 계산하지 않고 그냥 백지로 돌려 버리는 것은 한국인이 분쟁을 해결하는 풀이의 방식이다. 그러기 때문에 풀이는 논리가 아닌 것이다. 풀이는 재판이 아니다. 그것을 뛰어넘는 관용이요, 망각이요, 용서이다.

우리는 풀이를 중시한 국민이었다. 무엇이든 풀게 한다. 억울한 것도 풀고, 분한 것도 풀고, 그릇된 것도 풀어 버리려 한다. 그것이 바로 화풀이요, 분풀이요, 원풀이였다. 원한을 푸는 것, 거기에서 모든 철학과 생활방식의 문화가 생겨난다. 서구의 문화가 긴장의 문화라면 한국의 문화는 해소의 문화이다.

거짓말이 아니다. 민속 신앙을 보아도 살풀이라는 것이 있지 않은가. 무속 문화를 보라. 무당의 구실은 죽은 영혼의 원한을 풀어 주는 데 있다. 푸닥거리란 말이 바로 그것이다. 푸닥거리는 풀어 주는 것에서 비롯된 말이다. 우리 종교가 이랬을 때 다른 것이야 말할 필요도 없다. 예술 형식도 감정을 풀어 주는 데 그 근본을 두었다.

노래를 부르는 것, 시를 짓는 것, 춤을 추는 것, 그 모든 것을 시름을 풀기 위한 것으로 보았다. 말로 다 풀지 못한 것을 예술의 형식으로 풀려고 한 것이다. 심지어는 한국인은 심심한 것까지도 풀어 버린다. 그래서 노는 것을 심심풀이라고 하지 않는가.

한국인은 풀이의 천재들이었다. 저 어두운 역사, 부조리한 사회

구조, 우리나라 사람들은 외세에 짓밟히고 권력자에게 시달리고 가난에 쪼들리며 살아왔다. 그러나 풀 줄을 알았기 때문에 그 고통, 그 서러움, 그 원한들을 바람에 띄우듯이 물로 씻어내듯이 한숨으로 풀고, 노래로 풀고, 어깨춤으로 풀어 버렸다. 풀어 버리는 능력이 있는 한 어떤 비극이나 어떤 고통도 한국인의 가슴을 찢지 못한다. 아무리 무서운 독을 퍼먹여도 해독제가 있으면 겁날 게 없다. 한국인처럼 그 많은 독을 먹고 산 민족도 없지만, 보아라! 우리는 이렇게 흥겨운 표정으로 살고 있지 않은가! 다른 민족 같았으면 전부 미쳐 죽었거나 자살해 버렸을 상황 속에서도 한국인들은 신명을 잃지 않았다.

구미의 사회를 지배하는 것은 긴장이다. 그래서 그들의 유행어는 스트레스와 노이로제이다. 그것을 견디지 못해 정신병동을 찾아가거나 에펠탑, 금문교 번영을 자랑하는 저 고층빌딩 옥상에서 투신 자살을 한다. 기껏 스트레스를 해소한다고 차를 몰고 시속 백 마일로 달리다가 이번에는 교통사고로 죽는다. 마리화나를 먹지 않고서는, 섹스를 통하지 않고서는 바위처럼 억누르는 문명의 스트레스를 푸는 방법을 모른다.

그러나 한국인은 이 스트레스를 푸는 데 있어 단연 선진국의 첨단을 걷고 있다. 우리는 오징어 한 마리에 소주 한 잔 먹고서도 간단히 긴장을 풀어 버린다. 퇴폐적이라고만 비웃을 게 아니라 한국의 선술집에서 고성방가를 하고 신바람이 나서 젓가락으로 탁자를 두드리는 그 술주정꾼들은 돈 몇 푼 안 놓고도 마음의 고름들을 깨끗이 풀어 짜낼 수가 있다. 한국 사람들이 공중의 장소에서 큰소리로 떠든다거나, 둘만 모여도 남들을 비방한다거나, 또 세계에서 가장 푸짐한 욕지거리를 잘한다는 것이 피상적으로 보면 한국 국민의 단점이 되겠지만, 풀이의 문화로 해석할 때에는 오히려 긍정적으로 평가되어 마땅한 일들이다. 그렇지 않았더라면 우리는 모두 미쳐 죽었거나 목을 새끼로 맸거나 마약 중독자가 되었을 것이다.

한국인에겐 너나 할 것 없이 조금씩 무당 기질이 있다. 아무것도 아닌 일에도 신이 잘 오른다. 으레 상춘 시즌이 되면 어디에서나 볼 수 있듯 사람들은 길거리에서 춤을 추고 노래를 부르고 야단법석을 떤다. 근심이 태산 같고 먹을 것도 없으면서, 문 밖에만 나가면 구박만 받는대도 어디서 저 해일 같은 신명이 솟아오르는 것일까!

한국인이라면 젖만 떨어져도 으쓱으쓱 어깨춤을 출 줄 안다. 저 외우기 힘든 구구단을 외우고 있는 우리 초등학교 학생들을 보면 알 것이다. 이이는 사, 이삼은 육…. 흥겨운 가락에 붙여 신바람 나게 읊조린다. 세상에 그 멋대가리 없는 구구단을 연시(連詩)라도 읽듯이 신바람 나는 음악으로 바꿔 버리다니!

여기에 한국인의 비밀이 있다. 목청을 뽑아 가락을 붙여 흥겨운 듯 구구단을 외우는 저 아이들에게 누가 그것을 가르쳐 주었는가! 아무도 가르쳐 주지 않았다. 저희들 스스로의 어깨춤으로 그 핏줄에서 솟구치는 무당 같은 신바람으로 그것을 익혔다.

한국 사람들은 모이면 남의 욕을 잘한다고 하지만 직장에서 눌려만 지낸 사원들이 계장을, 과장을, 사장을 욕함으로써 실은 그 분함을 풀어버리는 풀이 운동에 지나지 않는다. 구미 선진국처럼 쟁의권도 없다. 모든 게 비합리적이다. 합리적으로 해결이 안 되는데 비합리적인 기분으로라도 풀지 않으면 안 된다. 욕이 바로 그것이다

사실 서양에서는 절대로 남의 험담을 하는 법이 거의 없다. 그것은 사회적인 터부이다. 속으로 부글부글 끓어오르는 것을 혼자 삭여야 한다. 그러니 합리적으로 해결이 안 될 때 미쳐 버리는 것이다.

우리가 남을 욕하고 헐뜯는 것은 정말 미워서가 아니다. 욕으로

써 감정을 푸는 게다. 욕은 더러워도 욕으로 풀고 나면 마음은 천사처럼 깨끗해진다. 한국의 욕은 삐뚤어 나간 한국적 풀이 문화의 가지에 지나지 않는다. 한국의 욕만큼 다양하고 푸짐하고 걸쭉한 것들도 그 예를 찾아보기 힘들 것이다. 욕을 분석해 보면 분야별로 고루고루 발전되어 있음을 알 수 있다.

엄격한 가족주의 억압을 풀기 위해서 생겨난 욕이 바로 어미, 아비를 들먹거리는 욕들이라면 경제적인 억압을 해소하기 위한 욕이 빌어먹을 놈, 거지 같은 놈 등등의 욕이라 할 수 있다. 성적 억압을 풀기 위한 그 욕들은 일일이 여기에 열거하지 않아도 우리 자신들이 잘 알 것이다. 부조리한 사회, 그리고 정치적인 억압을 푸는 욕은 개새끼 등등이다.

풀이의 문화가 부정적인 측면으로 발달한 것이 바로 이러한 욕들이라고 할 수 있다. 결국 긴장에 토대를 둔 부동자세의 서구 문화는 오늘날 노이로제 환자와 자살률의 통계 숫자를 증대시켰다면, 그리고 마약 환자를 새끼치는 데 있었다면, 이제 서구 사람들이 배워야 할 것은 한국의 풀이문화가 그 부제가 될 것이다.

풀이문화의 원동력인 신바람과 흥겨움은 생명의 근원적인 율동에서 나온 힘이다. 다만 정치가가 어깨춤을 죽이고 이 국민을 다스리려 하였기 때문에, 다만 기업가가 가락을 죽이고 고용인들을 부리려 했기 때문에, 다만 아버지가 아들을, 선생이 학생을, 남편이 아내를 신바람을 죽이고 이끌려고 하였기 때문에 이 국민들은 그 엄청난 창조력을 제대로 발휘하지 못했던 것뿐이다.

우리는 안다. 바람이 서서히 이제는 우리 쪽을 향해서 분다. 세계사를 놓고 보면 한때 창끝으로 세계를 지배한 영웅들이 설치던 시대가 있었다. 무력 정복의 시대다. 또 한때는 약삭빠른 장사꾼들이 세계를 턱끝으로 구슬리던 시대가 있었다. 상업주의 시대다. 또 한 때는 공장의 굴뚝 높이로 그 연기의 힘으로 세계를 손아귀에 넣은 산업주의 시대가 있었다. 만들어 내는 자가 승리자가 된다.

그러나 우리는 안다. 오늘날 문명의 긴장과 그 억압을 풀 수 있는 자가 승자가 된다는 것을…. 긴장을 풀지 못하는 자가 패자가 되는, 풀이문화의 시대가 큰소리 칠 때가 왔다는 것이다. 지금까지는 우리의 풀이문화가 겨우 욕이나 하고 춤이나 추고 푸닥거리나 하는 부정적인 측면에서만 발전되어 왔지만, 이제는 긍정적이고 창조적인 데로 신명과 흥겨운 창조의 원동력을 승화시켜야 한다.

- 이어령 글에서

4. 한·미 간 부자가 되는 방법

지난 1월 한국에서 대기업 임원과 간부들을 대상으로 부자가 되기 위해 필요한 것에 대한 설문조사를 했다. 미국에서도 투자전문지 〈머니〉가 미국 전체 가구의 7%를 차지하는 백만장자를 분석한 결과를 내놨다. 이 둘의 결과는 너무 상이하지만 각 나라에서 필요한 성공방법을 엿볼 수 있다. 먼저 한국의 경우 부자가 되기 위한 가장 중요한 조건은 '돈 많은 부모'(32.1%)라는 사람이 가장 많았다. 그 뒤를 재테크 능력(20.8%)과 권력집단과의 좋은 관계(20.0%)가 이었다.

이외에도 도전정신(9.0%), 자기 분야 전문성(8.3%), 성실성(3.6%), 좋은 대인관계(2.9%), 권모술수(2.4%), 좋은 학벌(0.8%) 순으로 높게 응답했다. 이런 답변은 한국의 〈포춘 코리아〉의 일반인 조사 결과와도 일치한다. 응답자의 26.1%가 부자가 되는 요건으로 부자 부모를 1위로, 재테크 능력(21.1%)을 두 번째로 꼽았다. 또 도전정신(12.7%)과 권력집단과의 좋은 관계(12.7%)가 각각 3위와 4위로 조사됐다.

반면 미국 부자들은 현저히 달랐다. 미국의 조사 결과를 보면 부모 덕에 부자가 됐다는 대답은 14%에 지나지 않았고, 오히려 한국인 100명 중 3명만이 답했던 성실성(hard work)을 부자가 되기 위한 최고의 덕목으로 꼽은 응답자가 무려 95%나 됐다. 2위는 현명한 투자(83%)였고, 절약(81%), 위험 감수(67%), 운(41%)의 순이 그다음이었다.

아무리 복수 응답을 허용한 설문조사였다 해도 성실하게 열심히 일하면 백만장자 대열에 합류할 수 있다고 답한 미국 부자가 한국 부자보다 훨씬 많았다는 점은 놀랍다. 한국에서는 재력을 갖춘 부모 밑에서 태어나 영향력 있는 친구들과 친분을 유지하면서 부모의 돈으로 재테크를 하는 것이 부자가 되는 지름길이라고 생각하고 있는 것과 너무나 다른 부분이기 때문이다.

미국 백만장자들의 이야기를 종합해 보면, 근검 절약하고 근면 성실하게 자기 일을 하면서 좋은 투자상품에 투자한다면 부자가 될 수 있다는 것이다. 이는 아무리 경제 상황이 좋지 않더라도 자신의 꿈을 이루기 위해 노력하다 보면 누구나 백만장자가 될 수 있다는 것이니 우리 한인들도 꿈을 포기하지 말고 최선을 다해보는 것이 어떨까 한다.

5. 비교의식과 창조의식

현대인의 방황은 잘못된 자기 이해에서부터 온다. 모든 부정적 자아 형성의 배후에는 상처받은 자기 이미지가 도사리고 있다. 우리는 어떤 세계에서 살고 있는가 하는 물음보다 더 중요한 것은 나는 나를 어떻게 생각하고 있는가의 문제이다. 이것을 자아의식이라고 한다.

오늘 우리 주변에는 자아의식에 대한 상반된 두 개의 가치관이 존재하고 있다. 하나는 비교의식이고 다른 하나는 창조의식이다. 비교의식은 부정적 자아 형성에 기여하고 창조의식은 긍정적 자아 형성에 기여한다.

모든 부정적 자아 형성은 끊임없는 비교의식에서 갈등이 빚어진다. 다른 사람의 재능을 나의 재능과 비교하고, 다른 사람의 환경을 나의 환경과 비교하고, 다른 사람의 훌륭한 부모와 나의 부모를 비교한다. 그리고 비교하면서 나는 왜 이렇게 태어났을까 하는 자기 존재에 대한 회의에 빠지게 된다. 이렇게 되면 불만스러운 자기의 모든 것에 대하여 반항하고 원망하게 된다.

반면 창조의식을 가진 사람은 세상에는 절대 나와 같은 사람은 없다고 생각한다. 다른 사람을 부러워할 필요도 없고 모방하거나 질투하거나 비방할 필요도 없다고 생각하는 사람이다. 나를 나답게 만드신 하나님은 나의 걸어가야 할 내 삶의 모습을 작정하시고 이를 위하여 내 생애 속에 활동하고 계시다고 믿는 사람이다.

나는 나만의 고유성, 유일성의 가치가 있다는 것을 수용할 수 있어야 한다. 그래야 불평 없이 감사하며 살아갈 수가 있다. 우리는 가족관계나 대인관계에 있어서 상대방의 고유가치를 인정해야 한다. 자녀 교육에 있어서 가장 저해되는 요소는 그만이 가지는 고유가치를 인정치 않고 누구는 이런데 너는 왜 그렇느냐는 비교의식이다. 여기에서 자녀들은 멍들고 비뚤어져 나가게 된다. 부부관계도 마찬가지이다. 아내를 다른 여자와 비교하고 남편을 다른 남자와 비교하다 보면 불평 불만이 생기고 불행한 결과를 초래하게 된다.

사람은 누구나 그만이 가지고 있는 장점과 특성이 있다. 여기에 하나님의 창조의 신비가 있다. 이것을 인정할 때 평화와 기쁨이 있다.

남북은 반세기 이상 분단되어 있었기에 이질적인 것이 많다. 너는 나와 같아야 한다고 강요하지 말고 각기 그들이 가지는 체제와 이념을 인정하고 거기에서부터 공통분모를 찾아 통일의 실마리를 풀어가야 할 것이다. 비교의식, 경쟁의식을 버리고 창조의식의 소유자가 되어야 할 것이다.

6. Yes와 No를 분명히

친구가 "너 운동경기 구경 안 가는 것이지?" 물으면 "Yes"라고 대답하면 가는 것이다. 반면 "No"라고 대답하면 안 가는 것이다. 또한 외국인들이 자신의 뜻을 너무 분명히 밝히면 우리는 도리어 그들이 '맹랑하다'는 생각을 한다. 우리 한국인들은 웬만하면 거절을 잘 못하고 순응하는 편이다.

또 우리는 청을 거절할 때 마치 죄 지은 사람처럼 미안한 마음을 갖는다. 그러나 서양인들은 다르다. 분명히 'No'를 한다. 그래서 어정쩡한 태도를 보이는 경우가 없다.

그런 문제로 한국인들과 오래 산 서양인들도 거의 이구동성으로 한국 사람들은 좋다는 건지 싫다는 건지 잘 모르겠다는 말들을 한다. 오후 7시경에 친구 집을 방문한 사람에게 저녁을 먹었느냐 물으면 미국인은 사실대로 말한다. 그러나 한국인은 그 집의 눈치를 보면서 방문한 집이 이미 저녁을 먹은 듯 보이면 안 먹었는데도 미안해서 먹고 왔다고 답변한다.

종종 서양인들이 이렇게 말하는 것을 듣게 된다.

"한국인들은 무엇인가 하겠다고 약속하고서 나중에 말대로 안 한 경우가 많다. 이 결과에 대해 물으면, 속이려고 그런 것이 아니라 하겠다고 약속할 때 '가능하면 하겠다'라는 뜻으로 말한 것이다. 다만 나중에 '불가능한 것을 알고 못한 것뿐이다'라고 대답한다."

서양인이 이 정도로 우리를 정확히 이해하려면 5~10년 정도 한국에 살아야 가능할 것이다.

서양인에게 만약 어떤 제안에 "Yes" 했으면 그 결과는 말할 것도 없이 'Yes'이어야 한다. 곧 그 말대로 그대로 되어야 하는 것이다. 그렇지 않으면 불만이 생긴다.

서양인들이 쓰는 '하겠다'는 의미의 'Yes'는 정말로 무거운 말이다. 그러므로 'Yes'를 남발하지 말고 웬만하면 "Let me try"(해보겠습니다)로 답하는 것이 그래도 안전하다.

제11장

동서 문화

1. 정과 기부문화

한국인들은 전통적으로 인심 좋은 민족으로 여겨왔다. '이웃사촌'이니 '십시일반'(十匙一飯)이니 하는 인정과 인심이 담긴 말들을 자주 하면서, 가난해도 넉넉해도 같이 굶고 같이 즐기는 전통을 이어왔다고 자부해 왔다.

반면에 콩알처럼 낱낱이 흩어지는 개체중심의 삶 속에서 비쳐지는 미국인들의 모습은 결코 인심이 두텁거나 정이 많아 보이지 않는다. 미국인들은 심지어 부모와 자식 간에도 서로 자기 생각만 하는 것 같고 모든 일에서 이해타산만 밝히는 등 사람들 사이에 별로 두터운 정이 없는 것처럼 보인다.

그런데 기부나 헌금, 자원봉사나 구호활동, 입양이나 장기기증, 장애인보호나 난민구제 같은 전반적인 philanthropy(필랜스러피), 즉 박애활동 또는 자선활동을 보면 우리를 훨씬 능가한다. 사실 미국이 지금껏 강대국의 지위를 유지해 올 수 있었던 큰 이유 중 하나가 바로 이 일반인들의 philanthropy 정신이라고 말하기도 하는데, 그렇다면 미국인들에게도 인정이 있다는 얘기가 아닌가.

기부와 봉사활동을 잘한다는 것을 굳이 정이 많고 인심이 좋다는 것으로 연결 짓는 것은 타당하지 않을 수도 있지만, 요는 미국의 일반 시민들 사이에 널리 퍼져 있는 '주는 마음'(giving spirit) 또는 '자원 정신'(volunteerism)은 미국 문화의 바탕을 이루고 있다.

미국에는 물론 수많은 대학, 교육재단, 연구기관, 장학기금, 미술관, 박물관, 병원, 요양소, 교향악단, 육영재단, 구호기금, 원호단체, 후원회, 종교단체 등의 공익기관과 비영리 단체들이 있는데, 이들의 대부분이 일반인이나 기업들의 기부금으로 설립되고 운영되고 있다는 점에서 미국의 기부문화가 돋보인다.

미국이 강대국이 되는 이유는, 앤드루 카네기, 잔 라커펠러(록펠러), 헨리 포드, 폴 게티 같은 사람들이 우리 귀에 익은 미국의 유명한 기부자들이지만, 이들보다 훨씬 전인 건국 초기부터 벤자민 프랭클린 같은 지도자에 의해 미국의 필랜스러피 정신은 뿌리를 내리기 시작했다. 스미스소니언 박물관, 스탠퍼드 대학처럼 미국의 많은 기관이나 단체의 명칭이 사람의 이름을 달고 있는 이유도 대부분의 경우 바로 그 사람의 기부와 헌금으로 그 기관이 설립되었기 때문이다. 역사를 통해 내려온 미국인들의 이러한 '주는 마음'은 최근에는 폴 뉴먼, 빌 커즈비, 오프라 윈프리, 브랫 피잇, 워렌 버핏(300억 불을 기증, 사상 최대액), 빌 게이츠 등 유명인사들의 기부 행위로 이어지고 있다.

물론 눈에 띄는 유명인사들의 커다란 기부 행위는 우리의 주목을 끈다. 하지만 여기서 미국 기부문화의 가장 중요한 특징으로 지적해야 할 것은 기부 행위가 어린이에서 노인에 이르기까지, 서민층에서 부유층에 이르기까지 확산되어 있다.

미국의 명문 대학들도 동창들의 기부금과 헌금으로 충당하고 있다. 미국 전체 기부금의 80퍼센트 이상이 개인들의 헌금이라는 점이다. 또 특별한 때에 한두 번 기부하는 것이 아니라 정기적으로 반복해서 기부하는 개인들이 미국 전체의 80퍼센트가 넘는다는 사실이 두드러진다. 이는 세계에서 가장 높은 수치이다.

한국에서도 최근 기부 액수가 증가하고 있고 또 기부자의 숫자도 늘고 있지만, 반복해서 기부하는 개인들은 전체의 20퍼센트밖에 되지 않는다. 한국에서는 아직도 재해가 발생했을 때나 연말이 되어 극빈층에 대한 동정심에서 주는 등 일회성, 일과성 기부가 많다. 정치인, 기업인 등 사회지도자들도 연말연시에 양로원 등을 방문해 선물을 갖다주고 기념사진을 찍는 등 눈길을 끌지만, 평소에는 지도자들이나 일반인이나 아직도 기부에 대하여 큰 관심을 보이는 것 같지 않다.

가족이나 친척, 이웃이나 마을 사람, 친구나 동창 등 주위에서 자신과 특정한 관계를 맺는 사람들에게 끈끈한 정을 보이는 것이 한국인의 인심이라면, 미국인들의 주는 마음은 보다 멀리 그리고 넓게 미치고 있다. 그들은 모르는 사람들에게까지 도움의 손을 뻗치는 이른바 박애주의(philanthropy)를 실행하고 있다.

미국 내에는 American Red Cross(적십자), Salvation Army(구세군), United Way, Habitat for Humanity(사랑의 집짓기 운동), Jerry Lewis MDA Telethon(근육 위축병 모금운동), 4-H Club, Peace Corps and AmeriCorps(평화봉사단), Green Peace, Rotary International, Lions Club, Feed the Children, World Vision, United Negro College Fund, Better Business Bureau 등 수많은 단체들이 일반인들의 기

부와 자원봉사를 바탕으로 환경 보호, 질병 퇴치, 빈곤 구제, 인권 옹호, 문맹 퇴치, 동물 보호 등의 활동을 펴고 있다.

2. 조기문화와 만기문화

세계적으로 보아 한국인은 조기 민족(早起民族) 속에 낀다. 아침이 늦는 것은 라틴 민족이다. 프랑스에서는 10시까지 가게가 열리지 않는다. 스페인에서는 정오(正午) 직전에야 거리가 붐비기 시작하며, 점심은 오후 2시, 저녁밥은 보통 밤 10시에서 12시에 먹는다. 저녁밥을 9시에 먹으면 바보소리를 듣는다. 흥행은 심야부터 시작하고, 이탈리아도 대체로 아침이 늦다.

이에 비해 게르만이나 앵글로색슨은 아침이 빠르다. 특히 미국에서는 아침이 빠르다. 세상에는 아폴로적인 낮의 문화와 디오니소스적인 밤의 문화로 대별되는데, 한국은 아침의 문화라 할 수 있을 것이다. 하루 세 끼 가운데 아침밥의 분량이나 질이 제일 많고 좋은 것도 이 때문이다. 유럽에서는 영국만이 아침밥의 비중이 클 뿐이다. 스페인 등지에서는 차만 마시고 때운다.

이처럼 다같이 바쁜 농경민족일지라도 그 농사 짓는 주종목에 따라 바쁘다는 시간의 긴박감이 달라진다. 이를테면 구미(歐美)의 주종목인 밀농사는 파종만 하고 도중에 응어리진 흙더미를 한 번만 깨어주면 수확할 때까지 인력을 필요로 하지 않는 소노동 수요(小勞動需要)의 작물이다. 이에 비해 벼농사는 심어서 거둘 때까지 속칭 88번 손이 든다 하여 쌀(米)이 됐다 할 만큼, 4월에 씨 뿌려 10월에 거둘 때까지 반년 동안 쉴새없이 손을 써야 한다. 더욱이 잡초가 자라지 않고 벌레가 성하지 않으며, 홍수며 가뭄이 없는 유럽의 안정된 기후에 비해 시시각각으로 변하는 몬슨 기후대에 속하는 한국의 벼농사는, 어느 시한 안에 일을 하지 않으면 농사를 망치고 마는 극한 시한대(極限時限帶)의 연속이다. 어느 시한까지 모를 내지 못하면 폐농이요, 어느 시한까지 초벌 김을 매지 않으면 벼보다 잡초가 무성해버리는 식으로 사흘, 이레 안에 절대적으로 작업하지 않으면 안 되는 그런 긴박한 시간의 연속인 것이다.

수천 년 동안 그런 긴박한 시간의 연속에서 살아온 우리 전통이 한국인으로 하여금 현재 시간을 긴박하게 파악하게끔 체질화시켰음직하다. 그래서 항상 바쁘고 또 빨리빨리 재촉한다.

3. 여러 나라의 가족제도

* **일본**: 전쟁 후 민법 개정을 통해 호주제를 완전히 폐지하고, 부부와 미혼 자녀를 기본으로 하는 호적을 창설하였다. 즉, 혼인을 하면 부부는 하나의 성씨(부부동성제도)를 쓰고, 호적은 부부와 그들과 동일한 성을 가진 자녀로 편제(동성동적원칙)한다. 그리고 혼인한 모든 자녀는 호적을 새로 편제(3대호적금지)하게 된다.

* **중국**: 함께 살고 있는 가족 전원을 호구부 1책에 정리하는 호구제도로 우리나라 주민등록제도와 유사하다. 호구부는 가구(세대)주와 그 가족별로 항을 나누고 있지만, 가족관계를 나타내는 항목은 가구주와의 관계 1란밖에 두지 않고, 각 사람의 부모 성명을 기록하는 항목은 없다. 친생자를 포함한 모든 자녀는 모친의 호구부에 출생 등기한다고 정하여 호구의 모계승계제를 택하고 있고, 부 또는 모의 성, 그리고 다른 성을 칭할 수도 있다.

* **독일**: 개인별, 사건별 편제방식에 따라 출생, 혼인, 사망의 각 사건마다 호적부를 작성한다. 따라서 출생부, 혼인부, 사망부가 존재하며, 각 사건이 발생한 곳에서 기록하고 보관한다. 그리고 개인의 이러한 사항을 일람하여 파악하기 위하여, 이러한 호적부 간을 연결하는 난외부기 방식을 채용한다. 나아가, 가족관계를 분명하게 하기 위하여 가족부도 작성하는데, 가족부는 이사에 따라 함께 이전한다. 가족부는 혼인으로 개설하고, 부부와 미혼 자녀의 신분사항을 기록한다. 출생부, 혼인부, 사망부에서 기록부에 기록할 사항을 통지한다. 특히 독일신분법은 입양 사실을 출생부, 가족부에서 분명히 하지만 법률상 당연히 그 공개를 제한하고 있으며, 가족부의 부모란에 양부, 양모라고 표시하지 않고, 부모로서 양부모를 기록하는 출생증서와 친부모를 기록하는 혈통증서라는 두 종류 출생증명서를 마련하고 있는 등 비적출자와 양자의 이익을 보호하기 위해서 그 공개를 엄격히 제한하고 있다.

* **프랑스**: 독일과 마찬가지로 개인별, 사건별 편제방식에 따라 호적부를 편제한다. 프랑스는 호적제도로서 신분증서제도를 두고 있고, 출생증서, 혼인증서, 사망증서, 인지증서 등 다양한 증서들을 작성한다. 이러한 증서에 기록한 사항을 일람하여 파악하기 위하여, 역시 난외부기방법(프랑스신민법)을 채택하며, 나아가 출생증서에 다른 증서사항을 난외에 대부분 부기하여 출생증서의 일환으로 개인정보를 파악할 수 있도록 하고 있다. 또한 가족관계를 파악하기 위하여 가족대장을 각 가정에 발급하여 보관하도록 하고 있다.

* **스위스**: 대부분의 서구유럽과는 달리 예외적으로 민법에 부부 공동체 및 자녀의 복지를 위해 상호 협력해야 한다는 의무규정을 둠

으로써 부부 공동 가장제의 원리를 채택하여 시행하고 있다.

 * **영국, 미국**: 철저한 사건별 기록제도를 가지고 있어 출생, 혼인, 사망에 따라 각각 증명서를 작성한다. 그리고 이러한 증명서 간의 연결은 없다. 이혼은 법원에서 하고, 그 기록은 법원에서 보관한다. 각 신분 기록은 본인 한 사람만을 기록하고 가족관계는 기록하지 않는다. 따라서 가족집단을 한번에 알 수 없으며, 각 기록 간에 연결이 없으므로 개인 신분사항도 한번에 알아볼 수가 없다.

4. 미국 속의 유대문화

유대인들의 말을 Hebrew(헤브루)라고 하고 관련된 언어로 Yiddish(이디쉬), Aramaic(애러메익)이라는 말이 있다는 것도 알아둘 만하다. 유대 민족을 가리키는 또 다른 말인 Zion을 우리는 시온이라고 하지만 영어로는 '자이언'이라고 한다. 그리고 유대 민족의 통일국가 형성을 도모하고 이의 발전을 위해 힘을 모으는 것을 Zionism(자이어니즘, 시온주의)이라고 한다.

유대인의 경전인 Torah(토라, 구약성경 첫머리의 다섯 편으로 모세5경이라고도 함)와 함께 그 율법과 해설을 담은 Talmud(탈무드), 그리고 유대교의 목사·선생인 Rabbi(래바이, 랍비)의 가르침을 연구하고 배우는 학교를 Yeshiva(예시바)라고 한다. 유대인들은 금요일 저녁부터 토요일을 안식일(Sabbath, Shabbat)로 지킨다. 유대인들의 사원·회당은 Synagogue(씨나거그)라고 하고, 그들의 율법에 맞게 준비된 음식은 Kosher(코셔), 여섯 모로 된 유대인들의 별은 Star of David(다윗의 별), 일곱 개의 가지로 된 촛대는 Menorah(메노라), 주로 남자들이 많이 쓰는 얇고 둥근 작은 테 없는 모자는 Kippah(킵파) 또는 Yarmulke(야멀케)라고 한다.

유대인들의 축제·축일로는 Rosh Hashana(신년), Hannukah(촛불 축제), Yom Kippur(속죄일), Passover(유월절) 등이 있고, 그들은 13세가 되면 성년식을 치르는데 이를 Bar Mitzvah(바 미츠바)라고 한다. 왜냐하면 이것들이 미국 문화를 이루는 주요한 Jewish Subculture의 부분들이기 때문에 알아둘 필요가 있다.

미국에는 또 AJC(American Jewish Committee, American Jewish Congress), AIPAC(American Israel Public Affairs Committee) 같은 단체들이 유대인들의 정치파워를 대변하고 있다.

어쨌든 앞서 말했듯이 정치, 경제·경영, 과학, 음악, 미술, 연예 등 모든 부문에서 성공한 많은 유대인들이 주목을 끄는데, 특히 이들 중 많은 사람들이 미국에서 활약한 유대인들이라는 것이 돋보인다. 그래서 다시 한 번 이러한 다양한 하부문화들이 어우러져 상승효과(시너지)를 창출하는 것이 바로 미국 문화의 힘이 아닌가 생각된다.

5. 미국을 움직이는 유대인들

현재 전 세계에 살고 있는 유대인들은 1,400여 만 명으로 추산되는데, 이는 세계 인구의 0.2% 남짓에 해당하고 물론 남한 인구보다도 훨씬 적은 숫자이다. 그 가운데 약 500만 명이 이스라엘에 살고 있고 구소련 등지에 200만 명 이상이 살고 있는데, 미국 내에만 근 600만 명이 있어 미국은 유대인들이 가장 많이 사는 나라인 셈이다. 왜 유대인들의 정치적 입장이나 경제적, 사회적 위상, 그리고 이스라엘과의 관계 등이 미국에서 큰 이슈가 되는지 이해할 수 있는 부분이다.

　반유대주의나 유대인 배척운동으로 나타나는 불편한 현실을 떠나 이 적은 숫자의 유대인들은 그동안 세계 역사에서 중요한 부분을 차지해 왔고 초점이 되어 왔다.

　일찍부터 나라를 잃고 흩어질 수밖에 없었던 그들이기에 살아 남아야겠다는 각오는 남달랐을 것이다. 그래서 그들의 굳은 각오와 열심히 일하는 근면성, 가족 중심의 결집력, 뜨거운 교육열, 그리고 타고난(?) 재주들이 합쳐졌을 때 세계적으로 성공한 유대인들이 많이 등장하게 된 것이다.

　세계 인구 0.2%의 유대인들은 노벨상 수상자의 22%를 차지한다. 미국에서 부자로 간주되는 사람들의 30%가 유대인이고 하버드, 예일 등 아이비스쿨 학생의 25%가 유대인이다. 세계적으로 성공한 저명한 유대인들의 명단을 작성하려면 많은 지면이 필요하지만 여기서 극히 일부를 살펴보면, 알버트 아인슈타인, 칼 세이건 등의 과학자를 비롯하여 배리 골드워터, 헨리 키신저, 메들린 얼브라잇, 알렌 스펙터, 샌디 버거, 로버트 루빈, 람 이매뉴얼, 찰스 슈머, 조 리버맨, 러스 화인골드, 바바라 박서, 아이클 블룸버그, 칼 레빈, 헨리 왁스맨, 다이앤 화인스타인 등이 미국 정계의 주요 유대인 인맥을 이루어 왔다.

　마크 샤갈, 아메데오 모딜리아니 같은 유명한 화가들도 유대인이지만 특히 음악계에는 야샤 하이페츠, 조지 거슈인, 아이작 스턴, 이착 펄만, 레너드 번스타인 등 유대인들이 그야말로 밤하늘에 반짝이는 뭇별처럼 기라성(綺羅星)을 이루어 왔다.

　밀튼 허쉬(초콜릿), 알란 그린스팬, 벤 버냉키(연방준비위 위장), 밀튼 프리드만, 조셉 스티글리츠, 폴 크루그만, 마이클 델(컴퓨터), 조지 소로스(투자가), 스티브 발머(마이크로소프트 창업자) 같은 발군의 경제·경영인들도 유대인이고, 케리 그랜트, 폴 뉴만, 잭 베니, 제리 루이스,

우디 알렌, 바브라 스트레이샌드, 제리 사인펠드, 해리슨 포드, 스탠리 큐브릭, 멜 브룩스, 알리버 스톤, 랄프 로렌, 훌리오 이글레시아스, 칼빈 클라인, 스티븐 스필버그, 애런 스펠링, 리바이 스트라우스, 쌔라 제시카 파커, 로버트 다우니 Jr. 귀넷 펠트로우, 벤 스틸러 등 유명한 배우, 가수, 감독, 디자이너 등 연예인 중에도 성공한 유대인들이 즐비하다.

그 어느 민족 못지않게 가족적이라는 유대인들은 부모와 가족을 통해서 근면함과 배움의 중요성과 지혜와 인내와 끈기를 대대로 이어받고, 이를 생존의 수단은 물론 성공의 밑거름으로 삼고 있는 것 같다. 그래서 숫자는 적지만 그들의 파워는 대단하다.

그러므로 미국에 사는 이방인들인 우리도 그들의 영향을 받고 있으며 그들과 교류하며 협력하게 된다. 그래서 그들을 알아야 하고 그들의 문화를 익혀 존중하고 수용해야 한다.

6. 여러 나라 자녀의 성

* **일본**: 부모 성 중에 선택(가족 동성, 1991년 민법)할 수 있다.
* **미국**: 아버지 성을 따르는 관습이 있었으나, 대부분의 주에서 성은 부모의 협의에 의해 자유로 정할 수 있다.
* **영국**: 아버지 성을 따르는 관습이 있었으나, 아버지 또는 어머니 성을 선택하는 것이 가능하다.
* **독일**: 자녀의 성은 부모가 선택할 수 있되, 자녀의 출생 1개월 이내에 합의가 없으면 후견재판소가 부모의 일방에게 결정권을 주도록 법에서 규정(1993 민법)하고 있다.
* **중국**: 아버지 성, 어머니 성 중에서 선택이 가능(1980년 혼인법)하

며, 다른 성을 취할 수도 있다.

　* **스웨덴**: 아버지 성, 어머니 성 중 선택할 수 있되 3개월 이내에 선택이 없는 경우에는 어머니 성을 따르도록 규정(1980년 성명에 관한 법률)하고 있다.

　* **스페인, 포르투갈 등 스페인 문화권 나라**: 자녀에게 부모 쌍방의 성을 부여하도록 한다.

　* **이스라엘**: 원칙적으로 아버지 성을 따를 수 있도록 하고 있다.

7. 문화적 차이

　개를 따라가면 우리말에 "화장실로 간다"라는 말이 있다. 필자는 UCLA에 있으면서 벙어리와 같이 22년간 같은 연구실에서 일한 적이 있다. 그와 이야기는 늘 종이에 써가면서 했다. 하루는 그가 밖으로 나가면서 손을 밖으로 저으면서 나갔다. 밖에 무거운 물건이 있어서 도움이 필요하여 나를 부른 줄 알았다. 뒤를 따라 나갔더니 그는 뒤도 돌아보지 않고 화장실로 들어갔다. 지금도 왜 그가 그런 행동을 취했는지 알 수 없다. 그는 지금은 고인이 되고 말았으니 더욱 알 길이 없다.

　문화가 우리와는 다른 사람들의 행동은 머리로는 이해하면서도 느낌상으로는 언뜻 이해하지 못할 때가 있다. 그중 하나가 한국 사람들이 외국인이나 다른 사람을 오라고 손짓할 때 손바닥을 아래로 향하고 부르는 것이다. 이것은 서양 풍속으로는 잘 가라는 표시이다. 오히려 오라고 하는 제스처는 우리가 강아지 등을 부를 때 하는 것처럼 손바닥이 하늘을 향해야 서양인에게는 오라는 의미가 된다.

　이외에 행동양식의 차이로는, 우리는 와이셔츠 단추를 잠글 때

거의가 위에서부터 하지만 서양인들은 아래부터 잠그는 경우가 많다. 우는 아기를 누일 때도 우리는 등이 아래로 향하게 (구들장을 짊어진다고 표현)하지만, 서양인들은 배가 아래로 향하도록 한다.

외국인들과 등산을 가보라. 그들은 틀림없이 정상까지 오를 것이다. 우리는 산행을 할 때 꼭 정상까지 가야 된다는 것보다는, 적당한 데까지 올라가면서 경치도 보고 얘기도 하면서 가다가 좋은 장소가 있으면 앉아서 놀기도 하고, 또 늦으면 올라가지 않고 내려오기도 한다. 그러나 서양인은 그렇지 않다. 오히려 그러는 한국인을 신기한 듯이 바라보기까지 한다.

서양인은 정상을 정복하고 그다음에 여유가 생기면 여흥을 찾게 된다. 어쩌면 이 정신이 달에 성조기를 꽂게 했는지도 모른다. '산에 간다' 하는 말은 산 정상까지 오른다는 말같이 쓰이는 것이다.

8. 한·일 간의 문화 차이

지리적인 이유로 중국에서의 문화가 한국을 통해 일본에 전래되면서 대체적으로 비슷하지만, 일본만의 여러 가지 특이한 문화가 발달했다. 그중 몇 가지는 다음과 같다.

일본인들은 숟가락을 쓰지 않고 젓가락으로 밥을 먹는다. 자동차의 운전석은 오른쪽에 있다.

자전거 주차장이 따로 있고, 주륜장이라고 불린다. 직함에는 '님'을 붙이지 않는다. 술잔도 한 손으로 따르고 한 손으로 받는다. 영어 발음은 일본식으로 크게 변형시키고, 그에 대해 자부심이 세다. 습기 때문에 목욕은 자주 하지만, 비싼 물값 때문에 목욕한 물은 소독을 하고 오랫동안 재사용한다. 예의가 바르지만, 개인주의가 철저하다.

 한국인이나 중국인과 같이 일본인들도 같은 이유로 숫자 4를 싫어한다. 9는 고통을 뜻하는 단어와 같은 발음이 나기 때문에 회피한다고 한다. 남의 집을 방문할 때 신발을 벗어 앞굽이 문을 향하게 놓는 관습은 일본 드라마에서도 흔히 볼 수 있다. 일본인과 대화 중 자기 자랑은 피하는 것이 좋다. 조화를 중시하는 일본의 풍토에서는 그러한 행위는 자기의 인격, 품위에 손상을 줄 우려가 있기 때문이다.

 일본인은 개인생활에 있어서 계약관계보다는 신뢰관계를 중시하기 때문에 당사자 간 잘 협의하여 해결한다든가 중간에 사람을 넣어 해결하는 경우가 많다. 재판에 고소한다는 것은 당사자 간의 관계가 극도로 악화되었을 때만 하는 마지막 행위이다.

9. 화장실 문화

 외국 여인이 한국에서 근무하면서 본 것이다. 근무하는 곳에 미국인 처녀 선생들이 몇 명 있었는데, 한국에서 충격받았던 일 중의 하나가 남자들이 적당한 곳에서 실례를 하는 것이라고 했다.

 담벼락 옆에서, 차를 세워 놓은 곳에서 차 바퀴를 향해 등등 외국인들에게 비친 한국인의 소변 습관은 다양하기도 하다. 어쨌든 본국에서는 구경하지 못하던 다른 모습을 보게 된다는 것이다. 이것은 생리적인 현상에 대해서는 너그러운 한국인의 문화(?) 때문이 아닌가 한다.

 트림, 하품 등 생리적인 것에 대해서는 너그러운 사람들이다. 그러면 화장실이 없는 들판에서 소변을 볼 때 미국인은 어떻게 하는가! 물론 해결을 한다. 그런 상황에 대한 표현은 'I need to find a tree.'

10. 빨리빨리 문화와 뜸의 문화 속 여유

뜸이란 낱말의 의미는 "무엇을 찌거나 삶거나 익힐 때 흠씬 열을 가한 뒤에 그대로 얼마쯤 내버려 두어서 속속들이 푹 익게 하는 것"이다. 일상생활에서 자주 접하는 낱말이기는 하나 요즈음같이 빠르고 바쁜 일상생활에서는 뜸 들인다는 게 쉬운 일이 아니다.

'빠름'의 문화가 우리 생활 속 깊게 자리 잡고 있어서 식당에 들어서면서 주문을 하고는 종업원이 뒤돌아서기도 전에 "빨리"를 외친다. 시대 변화가 빠르고 이에 신속하게 대응하지 않으면 생존이 어려운 시대상황을 고려해 본다면 "빨리"를 외치는 사람들을 나무랄 수만은 없다. 한국인에게는 빨리빨리의 문화도 있으나 뜸의 여유 문화도 있다.

모든 첨단기기들 역시 빠르기를 더해가고 있다. 전자통신 수단이 그렇고 교통수단도 빠르기를 더해 가고 있다. 컴퓨터를 쓰는 사람은 늙으나 젊으나 속도가 빠른 것을 찾고 있으며 운전석에 앉기만 하면 '빨리' 가려고 애를 쓰다. "5분 먼저 가려다 50년 먼저 간다"고 외쳐 대도 사람들은 본능적으로 빨리 가려고 가속 페달을 밟아 댄다.

그러나 '빠름'을 강조하는 이러한 변화가 우리 삶에 이득을 주는 것만은 아닌 것 같다. TV와 컴퓨터 그리고 휴대전화가 삶 속으로 들어오면서부터 가정에서는 부모-자녀 간에 대화가 사라졌고 형제 간, 친구 간은 물론이고 부부 간에도 휴대전화나 문자로 연락을 주고받는 시대가 되었다.

굳이 얼굴을 마주 보지 않고도 대화가 가능하기는 하나, 기계를 통해서 전해지는 대화 속에 사람 냄새가 나는 정이란 찾아볼 수가 없다. 엄마 아빠의 음성으로 아이들을 찾는 것이 아니라 위치추적 장치로 어디에 가 있는지를 확인하려 들고, 엄마가 지어주는 따뜻한 밥보다는 인스턴트 식품이 더 인기가 있다. 이런 분위기에서 뜸을 이야기하면 친구들에게서 따돌림 받기 십상이다.

"가랑비에 옷 젖는다"는 옛말처럼 슬금슬금 젖어들어간 첨단문화의 편리함에 젖어서, 이제는 그 속에서 빠져나오려고 해도 빠져나올 수 없는 지경에 이르고 있다. 식음을 전폐하고 컴퓨터 게임에 몰두한 나머지 목숨을 잃었다는 보도가 나오기도 하고, 휴대전화로 문자를 주고받느라 몹시 바쁘다는 여학생들의 이야기도 쉽게 들을 수 있다.

이러한 와중에 첨단 문화에 적응하지 못하는 사람들은 기계우울증(techno stress) 증세를 나타내거나 기계 공포증(techno phobia)에 걸려 고생을 하는 부작용도 있다.

이럴 때 우리가 되찾아야 할 것이 바로 뜸과 여유의 문화이다. 미국인은 열을 서고 차례를 기다리는 여유문화가 있다. "바쁠수록 돌아가라"는 말이 있고 "급하게 먹는 냉수에 체한다"는 말도 있다. 잠시라도 여유를 찾아서 부모-자녀 간에 대화 시간을 갖고 부부 간에 얼굴을 마주하고 이야기를 나누다 보면 막혔던 감정의 통로가 트이고 감정의 골이 사라지기도 해서 이번에는 알지 못했던 가정의 따뜻함이 절로 느껴지게 될 것이다.

아이팟 화면에 찍혀 있는 가을 국화는 아름답기는 하나 향기도 없고 감촉도 없다. 하지만 꽃밭에서 만나는 가을 국화는 자연의 신비스러움과 함께 우리 마음을 편안하게 만들어 준다. 첨단기기가 효과적인 도구이기는 하지만 그러한 도구들에서 엄마, 아빠의 애틋한 마음, 부부의 사랑이 느껴지는 것은 아니다. 그저 생활의 방편일 뿐이다.

행주치마에 물 묻은 손을 씻으시면서 "뜸이 들어야지…" 하시던 어머니의 음성이 귀에 들리는 듯하다. 우리에게는 빨리빨리의 문화도 있지만 뜸이 들어야 먹는다는 여유 문화도 있다.

11. 빨리빨리 문화

한국 사회는 성과로 모든 걸 평가하는 경향이 지배적이다. 그래서 모든 사람들이 최소한의 시간과 노력으로 원하는 것을 얻으려 고군분투한다. '빨리빨리'라는 슬로건이 생존과 경제의 토대가 되다 보니 성수대교와 삼풍백화점의 붕괴와 같은 참혹한 결과를 낳기도 했다. 성과의 질(質)보다는 양(量)에 집착하다 보니 지금도 사회 곳곳에서 문제가 속출하고 있는 실정이다. 뜸이 들기도 전에 밥숟가락을 들이댄다면 우리는 결코 맛있고 기름진 밥맛의 진미를 맛볼 수 없을 것이다. 설익은 밥이라도 먹어 배부르면 그만 아니냐는 식의 실없고 경솔한 논리로 무장한 얼치기 '실용주의'는 인간의 품격을 형편없게 만드는 주범이다. 대한민국이 경제적으로는 전 세계가 주목할 만한 성장을 이루어냈지만 문화적·사상적으로는 이렇다 할만한 업적을 이루지 못한 것은 바로 그 때문이다.

12. 미국의 장점

미국의 장점은 많다. 물론 문제점도 있다. 미국의 대표적인 장점 열 가지만 여기에 열거해 보기로 한다.

첫째, 미국은 넓고 크다. 러시아, 캐나다, 중국에 이어 세계 네 번째다. 풍족한 자원, 넘치는 물산은 한국 같은 나라가 따라올 수 없는 축복이다. 아름다운 관광명소도 많다.

둘째, 미국은 역사의 교훈을 배우려는 나라다. 1776년 7월 4일에 건국됐다. 겨우 243년이다. 그런데도 구석구석 기념관, 기념공원, 박물관을 만들어 역사를 공부한다. 역사를 아는 나라에 미래가 없을 수 없다. 과거의 잘못을 시인하고 사과하면서 앞으로 나간다.

셋째, 미국은 공정한 룰(rule)이 지배하는 나라다. 편법과 억지, '떼법'과 목소리 크기로 해결하려 들지 않는다. 요즘 한국은 목소리 큰 사람이 이긴다고 한다.

넷째, 미국은 공권력이 존중받는 나라다. 경찰과 군인을 신뢰하고 존경한다. 한국처럼 경찰에게 행패를 부리는 모습은 상상할 수가 없다.

다섯째, 미국은 리더의 권위를 인정하는 나라다. 한 번 뽑힌 지도자는 인정하고 따라준다. 정치적 의견이 달라도 국익 앞에선 하나가 될 줄 안다.

여섯째, 미국은 삶의 가치를 아는 나라다. 일보다는 가정이 우선이다. 퇴근 후 가족을 팽개치고 술집으로 달려가는 사람은 많지 않다. 중산층의 주말은 대개 아이들을 위한 시간이다.

일곱째, 미국은 신용사회다. 결과 못지않게 과정을 중시하고 노력과 정직을 최고의 미덕으로 생각한다. 권력과 '백'(back)이 아니라 크레디트(credit) 좋은 사람이 대접받는다.

여덟째, 미국은 영웅을 만드는 나라다. 나라에 몸 바친 사람들을 무한 존경한다. 참전 용사, 군인, 소방관 등은 그래서 모두 영웅이다. 애국심이 저절로 발현될 수밖에 없다.

아홉째, 미국은 약자를 배려하는 나라다. 어디를 가든 어린이와 임산부, 노인들을 위하고 양보한다. 장애인도 보통 사람과 똑같이 살아갈 수 있는 나라가 미국이다. 미국은 장애인 천국이라는 말도 있다.

열째, 미국은 무엇보다 생명을 소중히 여긴다. 어딜 가나 안전제일이다. 따지고 또 따진다. 보고 또 본다. 생명과 관련된 영역엔 에누리가 없다.

처음 미국에 왔을 때 누구나 느꼈던 것들 아닌가. 그리고 이런 나라라면 충분히 살아 볼 만하다며 부러워했던 것들 아닌가. 그런데 언제부터인가 잊기 시작했다. 기쁨도 감사도 식어버렸다. 나도 너도 그리고 우리 모두가, 미국의 가파른 추락 때문일 것이다. 그렇다고 푸념만 하고 있을 수는 없는 노릇이다. 피하지 못할 바엔 즐기라고 했던가.

답은 분명하다. "그래도 미국만한 곳은 없어", 이왕이면 밝은 쪽을 보며 살아가는 것이다. "미국이 어떤 나란데. 그래도 잘될 거야", 긍정의 마음으로 견뎌보는 것이다. 어쩔 수 없이 살더라도 살다 보면 좋아지기도 하는 것이 또한 세상 이치니까. 모든 것을 좋게 보고 아름답게 보며 긍정적으로 보는 습성을 가지고 살아보자.

13. 여러 나라의 문화적 차이

미국인 장례식에 참석한 조객들은 슬퍼하는 것이 아니라 온몸을 흔들며 노래하고 즐겁게 지내는 모습을 보이는 경우가 있다. 이것을 한국인의 기준으로 보면, 장례식에서 밴드가 나팔을 불며 재즈를 연주한다는 것은 고인을 욕되게 하는 것이겠지만, 흑인 문화에서는 오히려 엄숙하기보다는 즐겁게 지낸다는 것이 상식이다.

외국인들이 한국에서 거행되는 장례식에 참석한다면 어떻게 느껴질까. 고인에게 엄숙하게 절을 한 후 바로 옆방에 건너와 소주를 마시며 떠드는 광경은 잘 이해가 안 될 것이다. 마치 장례식에 술 먹으러 온 것처럼 보이기도 하고, 더구나 장례식장에서 도박성의 화투놀이를 한다는 것은 납득하기 어려운 일이다.

미국에는 120여 개의 마이너리티 커뮤니티가 있기 때문에, 다른 커뮤니티가 받들고 있는 전통이나 관습에 대해 신경을 써야 한다. 얼마 전 친지의 자녀가 중국계와 결혼하게 되어 참석한 적이 있는데 코리안 하객 중에 까만 옷을 입고 온 여성들이 있었다. 중국인들은 검은색을 죽음과 연결해 생각하기 때문에 검은 드레스 입고 가는 것은 피하는 것이 좋다.

미국인들이 유난히 신경을 날카롭게 세우는 것 중의 하나가 줄서기 문화다. 새치기 하면 싫어하는 정도가 아니라 화를 낸다. 그런데 한국인들은 아는 사람 중 누가 먼저 가서 서 있으면 나중에 친구들이 합세하는 식으로 만난다. 이 같은 장면은 미국인들에게 굉장히 불쾌하게 받아들여진다.

미국에서 줄서기 문화는 개인으로 받아들여진다. 가족이 뷔페식당에 왔다 해도 모두 줄을 서는 것이 예의지 가족 중 한 사람이 대표로 서 있고 나머지 사람들은 딴짓 하다가 입장할 때 와 몰려드는 것은 삼가는 것이 바람직하다.

아랍국 또는 파키스탄이나 인도, 네팔 사람들 집에 가서 왼손으로 어린이 머리를 귀엽다고 만지면 큰 실례가 된다. 이들은 과거 왼손을 변을 보는 데 사용해 왔기 때문에 더러운 것으로 생각하며 특히 인도인은 밥 먹을 때 왼손 사용은 금기다. '최고' 또는 '좋다'는 뜻으로 엄지손가락을 치켜드는 것도 조심해야 한다. 중동이나 아프리카, 심지어 오스트레일리아에서도 엄지손가락을 올리면 섹스와 연관해 해석하기 때문이다.

일본인과 밥 먹고 난 후 내가 계산을 다 해버리는 것은 결코 한턱 내는 자세가 아니다. 이들은 남이 자기 밥값을 내면 굉장히 거북해 한다. 사전에 이야기하고 양해를 구해야 한다. 일본인들의 이른바 더치페이는 유명해서 식당에 앉으면 어떻게 쪼개서 내느냐를 화제 삼을 때도 있어 한국인들에게는 불쾌할 때가 있다.

　코리안 커뮤니티의 노인들이 정말 신경 써야 할 것은, 야외 온천장에서 할머니들이 고쟁이를 입고 탕을 들락날락하는 것이다. 그 속옷은 물에 들어가면 몸에 꽉 붙게 되어 있어 보는 사람의 얼굴이 달아오를 지경이다.

　미국 식당에서 어린이를 뛰놀게 내버려 두는 것, 이것도 좀 짚고 넘어가야 할 사항이다. 그리고 큰 소리로 떠드는 것도 조심해야 한다. 우리의 목소리가 얼마나 큰가는 홀 밖에 다녀와 보면 감이 잡힌다. 홀 안 여기저기서 한국인 테이블을 힐긋힐긋 쳐다보는 손님들의 모습을 발견할 수 있다. 너무 크게 떠든다. 이것이 우리가 모르는 우리의 모습이다.

제12장

전통과 에티켓

1. 민족 전통의식

　전통을 무시하고 허상에 들떠 있는 젊은이들이 있다. 무조건 옛 것을 버리고 새것만을 원하고 취하는 자세다. 전통이란 민족이나 집단의 역사적 숨결 속에 담겨져 내려오는 정신적 맥락이다.
　이는 새 역사 창조에 없어서는 안 될 귀중한 씨앗이요 바탕인 것이다. 옛 문화 전통에도 현대에 재생해야 할 만한 정신이 있는가 하면 현대문화에도 과감히 버려야 할 것이 있다.
　14세기에서 16세기에 이르러 서구에서 이태리를 중심으로 르네상스(Renaissance)가 일어나 문예부흥의 찬란한 꽃을 피우게 됐는데, 이는 바로 새것을 더욱 새것으로 발전시켜 나가려면 옛것으로 돌아가야 한다는 것에서 나온 것이다.
　새것은 옛것이 없이는 불가능하다. 옛것에서 새것을 찾는 온고지신이야말로 다시 생각할 의미가 있음을 알아야겠다. 고도의 물질문명의 발전에 짓눌려 인간은 기계의 노예가 되고 우리의 전통문화가 본향을 잃어가고 있다.

　삼강오륜의 윤리관에 뿌리박은 우리 민족의 도덕의식은 대단히 자랑스러운 것이다. 그로 인해 동방예의지국이라는 호칭을 받아 왔다. 우리의 조상들은 부모가 돌아가시면 3년간 묘막을 짓고 애곡하는 효성이 있었고, 명절 때면 고향에 가서 차례를 지내고 성묘를 하는 전통적인 효가 있었다.

　어쩌다 주거지를 동양에서 서양으로 옮기고 보니 이중 문화권 속의 고뇌와 고충이 따르고 있다. 이곳에서 서구의 물질문명을 버리고 동양의 미풍을 고수하자는 뜻은 아니다. 그렇다고 1960년대에 미국 교육계에 크게 바람이 분 Melting Pots 정신을 지지하는 것도 아니다. 이곳에서 우리는 우리의 문화와 전통을 살리면서 잘 조화되어 살자는 Salad Bowl 정책을 지지해야 하고, 이것이 시대가 바라는 교육정책이다. 그렇다고 우리의 문화정책을 고수하기 위해 미국 시민이 되고서도 미국의 주류에 참여하지 않고 고립상태로 변두리에서 맴돌아서도 안 된다.

　우리는 이 나라의 주인으로 주인행세를 해야 한다. 다른 이민족들이 하듯이 우리도 해야 할 것이다. 현대인은 삼강오륜을 옛것으로 고리타분하다고 생각하나 이는 훌륭한 정신적 유산이다. 옛것 중 가장 옛것인 성경은 현대 생활에 항상 새것으로 조화를 이루고 있다. 삼강오륜도 그러해야 한다. 효도 그렇고 경로사상도 점점 퇴색되어 가는 현실이 안타깝다.

　1950년대에 시골에서 딸을 대학에 보내는 경우는 한 군에서 손가락으로 헤아릴 정도였다. 시골 어머니가 자랑스런 딸을 만나기 위해 김밥, 떡, 엿 등을 보따리에 싸가지고 서울로 와서 다시 학교를 찾기 위해 물어물어 신촌의 어느 대학을 찾아 교정에 들어서니 마침 운 좋게 잔디밭에서 친구와 같이 놀고 있던 딸이 달려왔다. 친구들이 찾아온 이가 누구냐고 물으니 우리집 식모라고 했다. 이는 자기 정체성을 져버린 행위이다.

옛것이 있어야 새것이 존재하는 것인데 옛것을 저버리고 허상을 보는 여대생의 의식구조를 한없이 꾸짖고 싶다. 과거가 있어야 현재가 있고 미래가 있게 되는 것이다. 좀 촌스러워도 어머니는 어머니다. 이스라엘 민족이 옛것을 존중하고 경로사상이 드높은 것은, 노인을 전통문화의 계승자로 보기 때문에 스승과 같이 높이 존경하고 사모하는 것이다.

2. 한국 나무와 서양 나무

유럽을 여행한 사람이면 유럽의 식생(植生)들이 대체로 직선형이고 좌우가 대칭이 되어 자라고 있다는 사실을 당장에 감지할 수 있을 것이다. 베르사이유의 궁전같이 일부러 인공적으로 다듬어 놓은 나무뿐 아니라 자연적으로 자란 나무들도 직선적이고 대칭적이다.

이에 비해 한국 땅에 자라난 나무들을 보자. 한국의 대표적인 식생(植生)인 소나무를 비롯하여 대체로 휘고 뒤틀리면서 비대칭(非對稱)적으로 자라는 것이 식생의 상태(常態)라 할 수 있다. 불규칙적으로 가지가 돋치는가 하면 행여나 반듯하면 베어다 쓸까 싶어 직선으로 자라는 것을 의식적으로 거부하면서 자란 그런 모습이다.

왜 유럽의 나무와 한국의 나무가 이렇게 다를까. 풍토적 자연조건이 그렇게 다르게 한 인자(因子)로서 배경에 도사리고 있기 때문이다. 한국의 대표적이고, 상징적인 나무인 소나무는 바로 혹심한 풍설(風雪)을 참아낸 어엿한 자태다. 대지에 일단 뿌리박으면 기후 조건에 괴롭힘을 받지 않고 반듯반듯하게 자라난 유럽의 순탄한 기후 속이라면 한국의 소나무도 직선형으로 자라날 수 있었을 것이다. 비바람에 시달리고 눈보라에 짓눌리고 벌레에 먹히며 그 연속된 아픔을 인내(忍耐)하며 살아낸 눈물겨운 의지의 구상(具象)이 그렇게 비대칭의 곡선(曲線)으로 나타난 것이다.

유럽의 나무는 반듯하게 자라는 것으로 되어 있다. 그렇게 나무를 자라게 하고 또 자라는 것으로 인식되게 한 것은, 유럽의 기후가 규칙적으로 변화하고 또 그 변화가 급변하지 않기 때문인 것이다.

그러기에 유럽 사람들은 나무를 심을 때 그 나무가 어떤 모습으로 어떻게 자라날 것이라는 것을 훤히 내다보고 또 예상하면서 심고, 또 그 예상에 별반 어긋나는 법도 없다. 하지만 한국인이 나무를 심을 때는 요즈음 몇 가지 개량수종(改良樹種) 이외에는 전혀 어떤 모습의 나무가 될지 예상할 수 없다. 외로 틀릴지 모로 틀릴지 또 외가지가 될지 쌍가지가 될지 모른다. 그만큼 한국의 자연은 가혹한 풍토적 시달림을 주고 있음을 예상해야 한다.

3. 한국의 국격(國格, Korea Value)

한국의 국격이 날로 높아가고 있다. IT산업, 자동차산업이 날로 발전하고 올림픽에서의 메달 수, 예능계의 한류, 세계적인 인물의 등장, 골프계의 석권 등으로 한국의 국격이 상승하고 있다. 그 원인은 이렇게 본다.

첫째, 'Hungry Spiri'이다. 한국적 가치의 바탕을 이루는 요소로 우리에게는 아직도 강한 성취욕이 있다. 흔히 유대인들이 성공하고

야 말겠다는 강한 의욕을 가지고 있다고 하는데, 한국인들도 유대인 못지않은 성취욕을 가지고 있다. 이것은 우리가 오래도록 가난했었기 때문인지, 수많은 외세의 억압을 받아왔기 때문인지, 그래서 잘 살아보는 것이 '한'(恨)이 되었기 때문인지 모르지만 어쨌든 우리에게는 강한 Hungry Spirit이 있다. 북한의 최고 통치자는 이밥(흰쌀밥)에 고깃국물을 먹도록 하는 것이 최고의 바람이라고 한 적이 있다. 굶주림에서 탈피하려고 한 것이다.

이러한 성취욕은 삼성, 현대 같은 기업들의 추진력에서도 볼 수 있고, 올림픽에서 메달을 따기 위해 악착같이 뛰는 한국 선수들에게서도 볼 수 있고, 또 자녀들이 좋은 교육을 받아 성공할 수 있도록 뒷바라지하는 한국의 부모들에게서도 볼 수 있다. 그래서 한국인들은 쉽게 중단하거나 포기하지 않고 끝까지 추구하는 우리나라 꽃 무궁화 같은 끈기를 보인다. 근로 시간에 관한 한 한국인들이 세계에서 가장 많이 일한다고 한다. 일을 안 하고는 못 배기는 민족이다.

둘째, 공동체적 의식이 강하다. 너무 딱딱한 표현이긴 하지만 한국 사회 특유의 이른바 '공동체적 역동성'(collective dynamism)이라는 것도 한국적 가치의 바탕이 된다고 생각한다. 이를 쉽게 표현하자면 "한국인들은 죽어도 같이 죽고 살아도 같이 산다"는 말이다. 세계에서 '우리'라는 말을 가장 많이 즐겨 쓰는(그래서 자기의 배우자 마저도 '내 남편, 내 아내'라고 하기보다는 '우리 남편, 우리 아내'라고 말하는) 한국인들은 전통적으로 개인보다 공동체를 우선시해왔다.

한국에서는 아직도 가족, 마을, 국가 등 공동체의 안녕과 복지를 위해서는 개인의 권익을 희생할 수 있고, 또 그래야 한다는 생각이 지배하고 있다. 이러한 생각은 가족이나 회사나 국가에 좋은 일은 결국 나에게도 좋은 일이라는 인식을 갖게 하고, 따라서 공생(共生), 상생(相生) 정신을 키운다. 이런 용어는 위정자의 통일 정책에서도 등장한다. 수없이 지적되는 말이지만 이 한국 문화의 공동체적 역동성은 강한 개인 중심주의를 바탕으로 하는 미국 문화와 크게 대조되는 점이다. 여기서 '역동성'을 강조하는 것은, 나보다 내가 속한 공동체를 먼저 살펴야 한다는 생각이 단지 생각으로 그치지 않고 실제 행동으로, 움직임으로 나타난다는 것을 의미한다.

그래서 가족을 위해서 자기를 희생하며 밤낮으로 열심히 일하는 한국인들, 어떻게 해서라도 회사는 살려야 한다면서 회사에서 살다시피 일하는 한국인들, 그리고 나라가 어려울 때는 너도나도 팔 걷어붙이고 나서서 금붙이를 모으는 한국인들의 모습에서 공동체적 역동성을 본다. 그래서 지금 한국의 브랜드와 국격이 높아지고 있다는 사실 뒷면에는 그동안 수많은 개인적인 희생들이 있었다는 얘기다.

셋째, 한국적 '편'의주의다. 한국 사회에서는 학연, 지연, 혈연을 바탕으로 하는 아주 끈끈한 연고주의나 정실주의가 널리 받아들여지고 있는데, 이는 반드시 고쳐야 할 한국병의 하나라고 지적되기도 하지만, 여기서는 역설적으로 바로 그런 현상이 한국의 가치를 이루는 요소라고 말하고 있다.

연고주의의 나쁜 점은 잠시 접어두고, 한국에서 많은 일들이 그런저런 관계와 고리를 통해서 이루어지고 있음을 볼 때, 이러한 '편'의주의가 한국과 한국인들에게만 적용되는 아주 특이한 한국적 효율성(korean efficiency)을 가져다 준다고도 말할 수 있을 것 같다. 여기에, 위에서 시키는 대로 따라가는 가부장적 의사결정이나, 너도 하면 나도 한다는 식의 쏠림현상, 쉽게 달았다 쉽게 식는 냄비근성, 그리고 청계천을 뒤엎고 전국의 4대 강을 파헤치는 것에서부터 두바이에 초고층 건물을 짓는 것, 그리고 폭탄주를 돌려 빨리 취하게 하는 것까지, 무엇이든지 서둘러 일을 처리하는 '빨리빨리' 성향도 한국적 '편'의주의에 포함시킬 수 있다.

4. 탈모와 착모

　엘리베이터를 탈 때, 내릴 때 여자가 먼저 내리고 타야만이 다음 순서는 남자가 된다. 어디까지나 Lady first는 서양정신이며 신사의 길이다. 미국 공공건물의 복도는 실외로 취급되나 엘리베이터는 실내로 취급된다. 그러므로 모자를 쓰고 있던 남자는 엘리베이터를 비롯해 실내에서는 모자를 벗어야 된다. 이것은 여성에게는 해당되지 않는다. 머플러도 마찬가지여서 여성은 어디에서든 벗지 않아도 된다. 엘리베이터가 꽉 차서 더 이상 사람이 타지 못할 정도로 붐빈다면 남자는 모자를 쓰고 있어도 무방하다. 단, 유대인 남자들이 쓴 모자는 실내에서도 벗지 않아도 양해가 된다. 또한 사람이 많은 곳에서는 엘리베이터 문 앞에 가까이 서 있는 사람은 그가 남자일 경우라도 문이 열렸을 때 먼저 내려야 한다. 하지만 그렇지 않은 경우, 공간 여유가 충분하다면 역시 여성이 먼저 내리도록 한다. 또한 같은 일행과 엘리베이터를 탔을 때 다른 사람들이 있는 데서 대화를 계속해서 나누는 것은 삼가야 한다. 만일 꼭 얘기를 해야 한다면 아주 작은 소리로 해야 한다.

　졸업식장에서 졸업가운과 학위모를 썼을 때도 마찬가지다. 기도할 때 남자는 학위모를 벗지만 여자는 벗지 않아도 된다. 심지어 교회에서 예배드릴 때도 여자는 머플러를 벗지 않아도 된다. 여자의 액세서리는 그 의상의 일부분처럼 여겨지기 때문이다.

　극장에서 앞에 앉아 있는 여자의 모자 때문에 영화 화면이 보이지 않아 극장 측에 뒷사람을 위해 모자를 벗도록 주문했다. 그러나 모자 쓴 여성의 반응은 없었다. 그래서 나이 많은 여성은 모자를 써도 된다고 방송했더니 늙기는 싫어서 모두가 모자를 벗었다는 이야기도 있다.

5. 전화 대화

필자의 은사가 우리 집 방문을 위해 전화를 했는데 한국말이 신통치 않은 아들이 미국식으로 "너 잠깐 기다려" 하고 전화기를 나에게 건네 주었다. 교수님이 집에 오셨을 때 아들에게 한국어 교육을 못 시킨 점을 먼저 사과했더니 너그러우신 은사님은 말이 통했기 때문에 괜찮다고 하셨다. 우리는 종종 이렇게 중요한 걸 어떻게 전화로 말씀드릴 수 있을까 싶어 "한번 찾아뵙고 말씀드리지요"라고 말할 때가 있다. 그 이유는, 얼굴을 대하고 말하면 그 의미 전달이 더 강력해지고, 또 얼굴을 대하고 요청하면 거절하기가 힘들므로 승낙받기가 좀 더 쉬울 거라는 생각에서이다. 또 전화번호 몇 개를 손가락으로 누르는 것보다는 손수 찾아가면 더 예를 갖추는 것처럼 인식되기 때문일 것이다.

그러나 서양인은 그런 면에서 우리와는 다르다. 수화기에 대고 말하나 직접 만나서 말하나 거의 차이가 없다. 중요한 결정도 물론 전화로 한다. 어느 한 경상도 아주머니가 외국인 집에서 가정부로 일하고 있었는데, 다른 사람은 없고 영어는 할 줄 모르고 벨은 계속해서 울려대는 바람에 영어를 한마디 준비했다고 한다.

"헬롱교(hello) 노바디 홈이라예(nobody home)."

사실 영어를 못해도 어쩌다 전화에다 말을 하면 통할 때가 있다. 이렇게 해서라도 상대가 알아들었다는 것이다.

6. 한국 국회의원과 미국 국회의원

대한민국 국회의원들은 이력서를 보면 대부분 화려한 경험과 학력이 넘친다. 미국 연방의원들의 이력서는 한국 국회의원들에 비하면 초라해 보일 정도다. 그런 대한민국 국회의원들이 의사당 안에서 50년 전이나 다름없이 치고받고 쌍소리를 지르는 것은 참으로 안타깝다.

한국은 한강의 기적을 통해 눈부신 경제 발전을 이뤘지만 정치는 50년 전과 똑같다는 지적들이 많다. 1950년대, 사사오입이란 세계사에 없는 억지로 헌법을 개정했던 그때나, 지금 국회 안에서 벌어지는 추태나 뭐가 다르냐는 얘기다.

얼마 전 미국산 쇠고기 수입 반대 시위 때 경찰버스를 부수는 광폭한 모습과도 똑같다. 어떤 미국 신문은 최근 사태는 한미자유무역협정(FTA)이 그 원인이라며, 또 한 차례 반미시위가 벌어지는 게 아닌가 우려하기도 했다. 미국에선 성스런 국회의사당 건물 안에서 추태를 부린다는 건 상상할 수가 없다. 그렇다면 미국 의원들은 모두 교육을 많이 받은 신사들이고 대한민국 의원들은 장터 깡패들이란 말인가.

결코 아니다. 이유는 하나, 제도가 잘못되어 있기 때문이다. 지금의 제도에서는 아무리 교육을 많이 받은 의원도 별수 없다. 그러면 그 잘못된 제도란 무엇인가. 바로 공천제도다.

대한민국 헌법에 "대한민국은 민주공화국이며 주권은 국민에게 있고, 모든 권력은 국민으로부터 나온다"고 적고 있다. 미국 헌법과 내용이 같은 이 대목의 의미는 국민이 주인이란 얘기다. 국민 모두가 직접 정치에 참여할 수 없기 때문에 대신 대의원을 뽑아 국회에 보내 바쁜 서민들의 권리를 대행하도록 한 것이 바로 국회의원 제도다. 그러니 누가 국회의원이 되느냐는 전적으로 국민의 선택에 맡겨야 한다.

그런데 선거에서 가장 중요한 공천권을 당에서 빼앗아 갔으니 이 모양이 될 수밖에 없다. 지금이라도 늦지 않았다. 공천권을 지역 주민들에게 돌려줘야 한다. 국민의 가장 성스런 권리가 투표권 행사인데, 이 권리를 당에서 빼앗아 간다는 건 옳지 않다. 당이 뭐기에 누구는 공천을 주고 누구는 낙천시키고, 이리저리 후보들을 배당하고, 또 유리한 지역구, 불리한 지역구를 가려 공천 게임을 하는 것은 옳지 않다.

공천권을 지역민들이 가져야 의원들이 지역민들을 두려워하고, 국회가 휴회 때 여의도에서 서성대지 않고 부지런히 지역구로 돌아가 주민들을 위한 활동을 한다. 지역구민을 무서워하는 의원들은 절대 의사당 안에서 몰상식한 행동을 하지 않는다. 그리고 지역구가 없는 비례대표위원 제도는 없애야 한다. 국회의원은 누구나 지역구가 있어야 한다. 지역구가 없으니 갈 데도 없고 여의도에 남아서 다음 선거 때 공천을 받기 위해 당에 대한 충성심도 보일 겸 몸싸움에 앞장서게 되는 것이다. 더구나 국회의원이 아닌 의원보좌관, 당직자들이 의사당 안에 들어와 도끼로 회의장 문을 부순다는 건 미국에선 상상도 할 수 없는 일이다.

국회의장은 의사당 안에서 회의실 문을 도끼로 부수고 쌓아 놓은 책상들을 해머로 부수는 등 기물을 손상한 행위에 대해 반드시 금전적 배상을 요구해야 한다. 가담한 의원들도 징계위원회에 회부해 그 죄를 물어야 한다.

미국 연방의회에선 '의원답지 않은 행동'을 한 의원들은 의회를 모독한 행위로 엄벌에 처한다. 심지어는 의원직을 상실할 수도 있다. 징계위에 회부된 사실 자체만으로도 지역구에 돌아가 지역구민들을 대하기가 무척 어렵게 된다. 이 때문에 미 의원들은 징계위를 두려워한다. 지역구에는 항상 적들이 여러 명 도사리고 있고, 현역의원의 작은 잘못도 이들에게는 큰 정치적 공격의 소재가 되어 사정없이 비판할 것이다.

  하루빨리 국회의원 공천권을 국민에게 되돌려 주기 바란다. 지역 주민들이 추태 의원을 심판할 권리를 되돌려 주어야 대한민국 국회에서 벌어지는 부끄러운 작태를 막을 수 있다.

- 김창준 전 미국 연방하원의원 글에서

제13장

생활습관과 공동사회

1. 거시사고(巨視思考)와 미시사고(微視思考)

한국에는 학문 상의 큰 이론이나 큰 발견이 없다는 점에서 서양과 곧잘 대조된다. 한국에 학문의 역사가 짧기 때문이라는 설명도 전혀 일리가 없는 것은 아니나, 대이론이나 대발견을 탄생시킬 수 없는 사상적 풍토 때문이 아닌가 싶다. 곧 청산적 사고가 그것이다. 산속이나 숲속에 있어 인간의 시점은 그 복잡한 지상의 어느 한 점이다. 그 한 점 한 점을 세부적으로는 많이 파악하고 있지만, 숲 공간 밖에는 시계(視界)가 미치지 않기에 파악의 대상 밖에 버려둔다.

그와 반대로, 사막의 인간에게 있어 생활공간은 광대하고 현재 보이고 있는 범위의 사물에 관한 지식뿐 아니라 지금은 보이지 않지만 앞으로 나타날 공간에 대한 지식마저도 파악하려 든다. 눈에 보이지 않다거나 확실하지 않다 해서 대상에서 버려버릴 수가 없다.

어떤 오아시스에 지금 물이 있을지 없을지 모른다는 것으로는 행동해 나갈 수가 없다. 있다고 생각하고 행동하든지 없다고 결단하고 행동하든지 양자택일의 방법밖에 없다. 곧 사막적 사고는 넓은 세상을 조감하는 높은 일점에서 거시(巨視)하기에 대이론, 대발견이 가능하지만 수풀 속의 일점은 미시(微視)하기에 소상하지만 크지가 않다.

이규태 선생이 수년 전 몇몇 미국인들과 함께 설악산 등산을 할 때 일이었다. 9월초께라 늦더위의 햇살이 무척 따가왔다. 중턱의 한 능선에 올라서니 갓 피어난 갈대들이 바람에 나부끼고 있었다. 일행 중 한 사람이 "아아! 벌써 가을이구나" 하고 혼잣말을 하자 옆에 있던 미국인이 그 말을 받아 다음과 같이 말하는 것이었다.

"어째서 지금이 가을이란 말이냐. 가을이 아닌 증거로 이 더위를 들 수 있다. 너나 나나 이렇게 땀에 젖어 있지 않느냐."

한국인은 큰 자연 속에서 갈대라는 조그마한 요소가 피어 있는 것을 보고 그 작은 것으로 전체를 대표하여 가을이라고 판단한다. 곧 미시사고(微視思考)를 한다.

물통에 떨어진 가랑잎 한잎을 보고 천하의 추색(秋色)을 인지하는 한국인과는 달리, 구미인들은 그 떨어진 한 잎의 가랑잎을 보고 혹시 그 나뭇잎이 벌레를 먹었거나 병들어 떨어졌거나, 그렇지 않으면 매연에 의한 공해에 시들어 떨어진 것이 아닌가 하고 먼저 그 나뭇잎의 개별적 사유(事由)를 따지고 본다. 자연을 보는 데 구미인은 사실주의적(事實主義的)이고, 총합적(總合的)이며, 거시적(巨視的)으로 보고 판단을 한다. 이에 비해 한국인은 인상주의적(印象主義的)이고, 부분적이며, 미시적(微視的)이다. 곧 조그마한 한 부분을 보고 그로써 자연 전체를 대표시킨다.

한국인은 손재간이 좋고 정교하며 장인의 소질에 능하고, 구미인은 손재간이 무디지만 과학적인 대이론이나 원칙을 발견하는 데 능한 이유는, 이 같은 미시(微視)와 거시(巨視)의 차이에서 비롯된 것이 아닌가 싶다.

2. 동양화와 서양화의 차이

서양미술은 인간의 미를 제일로 여기고 미를 탐구했으며, 시각적인 아름다움을 추구하여 인물화가 발달했다. 반면 동양미술은 미가 아니라 도를 탐구했으며, 내면적 아름다움이 반영된 산수화가 발달했다.

서양문화는 분석적이고 미시적이며, 자연을 도전하고 정복하며 파괴하는 반면, 동양문화는 종합적이고 거시적이며 자연을 숭상하고 순응하여 보존 합일을 추구한다. 서양문화가 동(움직임)을 숭상하는 젊음의 문화라면, 동양문화는 정(고요함)을 숭상하는 노인의 문화다. 이처럼 완전히 대조적인 문화적 배경이 미술에도 그대로 반영되었다.

미술은 원시시대로부터 '선'에서 출발했다. 그런데 서양미술에서 선은 그림의 윤곽선으로만 남게 된 반면, 동양미술에서는 아주 간추린 선으로 대상의 핵심을 보여줄 뿐 아니라 속도감과 방향성, 생명력을 불어넣는 선이 너무도 중요한 '골법'이 발전해 왔다. 서양의 사실주의처럼 사물을 똑같이 그리려 하기보다는 사람의 성품과 인격, 개성을 표현하는 그림을 그렸으며, 너무 닮으면 오히려 차원이 낮은 그림으로 여겼다.

즉 동양화는 아름다움을 그리는 것이 목적이 아니라 그 속의 정신을 얼마나 잘 표현하느냐가 목적이었다. 따라서 선과 정신성, 골법과 기운생동으로 그리는 동양화가 발전해 왔다. 따라서 서양화가 객관적이라면 동양화는 주관적이라 할 수 있다. 서양인들은 동양미술이 주관적이고 직각적이며 비현실적이라고 말한다.

동양화는 후에 채색을 중시하는 파와 선을 고집하는 파가 양자강을 중심으로 북종화와 남종화로 나뉘었는데, 세월이 흐르면서 북종화는 쇠퇴하고 남종화가 발달했다. 남종화는 선비들의 정신세계를 표현한 문인화가 대표적이다. 먹 하나로 모든 색을 대신하는 문인들의 수묵화는 단순한 가운데 정신성이 높이 반영된 그림으로서 기교보다는 인격을 반영했다.

문인화 정신은 곧 선비정신으로 꼿꼿한 지조, 강인한 기개, 청정한 마음을 가리킨다. 이것이 반영된 것이 4군자, 매난국죽이며 모두 추운 겨울에도 향기를 지닌 식물과 고품격의 절개 있는 식물들을 가리킨다. 이것은 또 유교사상인 진선미에서 나온 것이며, 불교의 오덕(온화, 양순, 공손, 검소, 겸양)과 유교의 오덕(인의예지신)이 반영된 정신이다.

그러므로 동양미술을 하려면 화가가 아닌 도인이 되어야 했다. 논어에 '회사후소'란 말이 있다. "그림은 깨끗한 정신적 바탕 위에 그려라", 즉 인간이 된 뒤에 그리라는 뜻이다. 또 도가의 무위사상은 인위적인 것에서 벗어나 자연으로 돌아가 소요하는 마음으로 우주를 넘나드는 광대무변의 세계를 말하는 것으로, 이 같은 정신세계가 그림에 반영되어야 했다. 그림을 인격과 결부시키는 '성정의 도야' 같은 것은 서양미술에는 없는 것이다.

2000년 전부터 꽃피운 이러한 동양의 정신문화는 서양문화보다 훨씬 앞서 있다. 과학문명이 3~4세기 뒤진 탓에 동양이 서양에 뒤졌다고 생각하지만 그건 과학문명 얘기고, 정신문화는 결코 뒤지지 않으므로 자부심을 가져야 한다.

서양문화는 인본주의로 흐르다가 중심이 없어지자 허무주의에 빠져 전쟁을 일으켰다. 20세기 유럽 미술사의 혼란은 찰나주의와 중심의 상실, 양식의 상실에서 온 것이다. 서구의 철학자들은 40~50년 전부터 인본주의적 철학에 한계를 느끼고 동양의 고전에서 새로운 돌파구를 찾고 있다. 현대 철학가들이 장자와 노자의 이론을 받아들여 새로운 학설을 발표하는 일은 더 이상 새로운 일이 아니다. 요즘 중국이 경제대국으로서 미국을 따라잡는다는 얘기들을 많이 하는데, 중국은 물질문명에서가 아니라 정신유산에서 미국보다 우월하다는 사실을 자랑해야 한다.

지구 온난화와 생태계 파괴 등 서구 과학문명과 물질문명이 인류를 속박하고 멸망으로 이끌어가는 현실에서 인류가 돌아갈 곳은 자연밖에 없다. 그것이 바로 동양사상이다. 동양사상을 계속 개발하고 발전시켰다면 세상이 이렇게 되지는 않았을 것이다.

- 정숙희 기자

3. 한국 돈의 적색인(赤色印)과 미국 돈의 녹색인(綠色印)

미국의 달러 지폐를 '그린백'이라 한다. 색조(色調)가 대체로 녹색이기 때문이다. 한데 옛 우리 식자(識者)들은 돈을 적측(赤仄)이라 불렀다. 해기울 측(仄)이니 붉다는 뜻이다. 한국 돈의 색조는 언제부터인지 또는 왠지 모르나 적색계(赤色系)이고 지금도 붉다.

달러 지폐에는 재무성(財務省)이라는 청록색의 도장이 찍혀 있는데, 한국의 지폐에는 1백 원짜리로부터 1만 원짜리까지 총재의 '인'이란 둥근 붉은 도장이 찍혀 있다. 비단 색조뿐 아니라 녹인(綠印)과 주인(朱印)도 대조적이 아닐 수 없다. 미국 개척 당시 개척자들은 이동할 때 다음 네 가지의 필수 휴대물을 지녀야만 했다. 곧 성서(聖書)와 총과 괭이와 묘목(苗木)이었다.

새 땅을 개척하면 반드시 묘목을 심고 그것이 자라는 것을 확인하고야 정착을 한다. 묘목은 사람이 살 수 있나 여부의 시금석(試金石) 노릇을 했던 것이다. 땅 속에 물이 있으니 나무가 자라고 따라서 사람이 그곳에 살 수 있고, 사는 데 필요한 양식을 길러낼 지력(地力)이 있다고 판단했던 것이다. 녹색은 삶의 양식이란 심볼이듯이 달러 지폐도 삶의 양식으로 이것 없이 살 수 없다. 그런 점에서 지폐가 녹색으로 인쇄되고 녹인이 찍힌다는 것은 극히 당연하다.

한데 한국의 적색과 주인은 어떻게 풀이될 수 있는 것일까. 한국인에게 있어 붉은색은 초자연적인 신(神)의 색이었다. 한(漢)나라 때부터 황제가 즉위하면 하늘로부터 내려받는 황제증명서라는 적복부(赤伏符)를 받는 의식이 있는데, 그 증명서의 색깔이 붉었다. 오곡이 노랗고 붉게 무르익은 것은 천혜(天惠)의 표시이며, 붉은 불은 신의 노여움이었다.

그러기에 신성불가침(神聖不可侵)의 붉은색은 여느 백성에게는 철저하게 터부시되어 왔다. 이를테면 단 한 번 시집갈 때 이외에는 붉은 옷을 허락지 않았다. 왜냐하면 붉은 옷은 유일하게 천(天)의 뜻을 대행하는 임금만이 입을 수 있는 신성한 빛깔이기 때문이다.

돈이 붉고 주인(朱印)을 찍은 뜻은 돈이란 신의 뜻이 개재된 천혜의 양식이며, 미국의 녹색처럼 가꾸어서 구하는 것이 아니라, 구한다고 해서 구해지는 것이 아니고 숙명적으로 주어진 것이라는 개념이 내포된다. 그러기에 돈은 터부시되고 돈에 대한 개념은 서양처럼 타산적이고 물질적이 아닌 비타산적이고, 정신적인 전통적 한국인의 의식구조가 돈을 적색계(赤色系)로, 그리고 돈에 주인을 찍게 했을 것이다.

- 이규태 글에서

4. 색깔에 대한 반응

　서양사람들은 색깔에 대해 예민하다. 집의 페인트, 가구의 색깔 구조 등이 조화를 이루어야 한다. 이렇게 서양인들은 대부분 색깔에 대해 큰 관심을 가지고 있다. 그러기에 어떤 물건을 산다거나 하다못해 선반 위에 놓을 물건 하나를 들여놓아도 벽 타일이나 벽지 색깔과의 조화를 의식한다. 학교도 그 학교를 상징하는 색깔이 있고 표현하는 것도 색깔로 표현할 때가 많다. 예를 들어 영어의 'white lie'(하얀 거짓말)는 거짓말은 거짓말인데 공공연한 거짓말 또는 악의가 없는 거짓말 등을 일컫는다. 또 'white elephant'는 상대방에게 손해를 주게 되는 선물을 뜻한다.

　'blueblood'는 고관대작을 말하는데, 'blue'는 슬픔을 뜻하므로 웃지도 않고 근엄하게 행동하는 고관대작들을 피가 푸른 사람들(?)이라고 부르는 것이다. 그래서 이 'blue'의 감정이 슬픔이 되다 보니 'blues'(블루스 춤)는 슬픈 곡조가 되었다. 또한 'black ball'이란 말은 어느 모임에서 새 회원으로 지원자를 받아들이지 않을 경우 '그들은 그 사람을 입회(새 회원 가입)시키지 않았다'는 표현으로 "They blackballed him"이라고 한다. 중국 사람들은 일반적으로 붉은 색깔을 좋아한다.

5. 고집스런 미국의 도량형 문화

　한국에서는 날짜를 말하거나 쓸 때 년, 월, 일의 순서로 하는 것이 보통이다. 가령 2010년 2월 5일처럼, 이를 간단히 숫자로만 표시할 때도 '2010. 2. 5'라고 년, 월, 일의 순서로 쓴다.

하지만 국제적으로는 거꾸로 일, 월, 년의 순서로 날짜를 표기하는 것이 보통이다. 그런데 역시 고약한 것은 유독 월, 일, 년의 순서로 적고 있는 미국식 날짜 표기이다. 미국에서는 보통 'February 5, 2010'이라고 쓰고 이를 숫자로 표기할 때도 '02/05/2010'이라고 쓴다. 그래서 02/05/2010은 미국식으로 하면 2월 5일이지만 다른 나라에서는 5월 2일이 된다.

이렇게 혼란스러운 상태는 미국이 다른 나라들과 달리 미국만의 방법을 쓰고 있기 때문에 빚어지고 있다. 그런데 우리 주위를 잘 살펴보면 이렇게 미국이 다른 나라들과 달리 '고집스럽게' 미국만의 방식으로 처리하는 일들이 많다. 몇 가지 예를 더 들어 보자.

각종 업무에서 세계적으로 가장 널리 쓰이는 종이는 A4라는 용지인데 이는 ISO(International Organization for Standardization), 즉 국제표준화기구에서 정한 가로 210mm, 세로 297mm 크기의 국제 규격 용지이다. 그런데 잘 알다시피 미국에서 가장 흔히 쓰이는 규격 용지는 Letter Size라고 불리는 종이다. Letter Size는 가로 216mm에 세로 279mm의 크기로 A4보다 폭이 좀 더 넓고 길이는 조금 짧다. 왜 한국을 포함한 여러 나라들이 모두 A4를 규격 용지로 쓰고 있는데 미국만 유독 Letter Size를 쓰고 있는지?(다만 여기서 Letter Size의 크기가 인치로는 가로 8.5인치, 세로 11인치이다)

또 한국, 유럽을 비롯한 세계의 많은 나라들이 220-240V(볼트)의 전압을 사용하고 있는데, 미국은 아직도 110-120V의 전압을 사용하고 있는 것도 답답하다(일본과 중남미 국가들도 낮은 전압을 사용하고 있다). 참고로 200V대의 전압을 주 전압으로 사용하는 나라는 약 180국인데, 100V대를 주 전압으로 사용하는 나라의 숫자는 40국에 불과하다(다만 미국에서도 비교적 최근에 지은 건물에는 110V와 아울러 220V 전압이 깔려 있어 세탁기, 건조기, 오븐 등 큰 가전기구에는 고전압이 사용되고 있다).

　에디슨이 전기에 관한 발명과 혁신을 이루었을 때 110V의 전압을 사용했기에 처음에는 미국이나 유럽이나 모두 110V로 출발했었는데, 1950-60년대에 들어 110V대의 낮은 전압에서는 전력 손실이 많고 전압이 불안정하다는 것이 밝혀지면서 유럽 등은 서서히 전압을 높이는 방향으로 나갔는데 미국은 그러지 못했다. 그 이유는 1950-60년대에 다른 나라와 달리 미국의 일반 가정들이 이미 냉장고, 세탁기 등 가전제품을 가지고 있어서 이를 바꾸는 데 엄청난 비용이 드는 상황이었기 때문이라고 한다.

　세계의 거의 모든 나라들이 온도를 섭씨(Celsius, C)로 나타내는데 유독 미국만 화씨(Fahrenheit, F)를 고집하고 있는 것도 안타깝다. 이 역시 1960년대까지만 해도 미국이나 유럽이나 모두 화씨를 써 왔는데, 60년대 말~70년대에 들어 각 분야에서 미터법이 도입, 정착되는 가운데 유럽 등은 온도도 화씨에서 섭씨로 바꿨지만 미국은 그러지 못했다. 정확히 말하면, 미국도 과학 분야에서 정확한 온도를 나타낼 때는 섭씨를 쓰고 있지만, 아직도 일반인들이 일상생활에서 기온이나 체온, 조리 온도 등을 얘기할 때 화씨를 쓰고 있다. 어쨌거나 섭씨에서는 물이 0도에서 얼고 100도에서 끓게 되어 있어 누구나 쉽게 이해할 수 있는데, 왜 미국은 빙점이 32도이고 비등점이 212도인 화씨를 아직도 부둥켜 안고 그런 매끄럽지 못한 숫자들을 사용하고 있는지 안타깝다.

　미터법 얘기가 나왔지만, 미국의 고집스러운 모습을 가장 잘 나타내고 있는 것이 바로 도량형이다. 대부분의 나라가 십진법에 기초한 미터법을 사용하고 있는데 미국만 거의 유일하게 미터법을 쓰지 못하고 아직도 inch, feet, yard, mile, acre(에이커), ounce(온스), pound(파운드), pint(파인트), quart(쿼트), gallon(갤런) 등의 이른바

Imperial System의 도량형을 쓰고 있다. 아이러니컬하게도 원래 이 임페리얼 도량형을 채택해 쓰던 영국도 이제는 미터법을 쓰고 있는데 유독 미국만 아직도 이를 고수하고 있다.

영국에서도 일상에서는 아직도 인치-피트-파운드 등을 많이 쓰고 있지만, 여기서도 엄밀히 말하면 미국에서 쓰는 갤런, 파인트, 온스 등은 원래 영국의 임페리얼 도량형과 조금씩 차이가 있다. 캐나다, 홍콩, 인디아 등 과거 영연방에 속했던 나라들에서 야드-파운드 등이 부분적으로 쓰이고 있지만, 이제 세계 거의 모든 나라가 미터법을 채택해서 쓴 지가 오래됐다.

미국에서 쓰는 야드-파운드 도량형이 우리 한인에게 불편한 이유 중 하나는 십진법에 기초한 미터법과 달리 야드-파운드는 12진법 또는 16진법을 따르기도 하고, 또 측정단위들 사이의 관계가 일관되어 있지 않기 때문이다. 숫자를 일반적으로 표기하는 방법도 나라들 사이에 차이가 있다. 가령, 2백5십만이라는 숫자를 미국, 영국, 한국, 일본 등에서는 2,500,000이라고 쓰지만 독일이나 프랑스에서는 2.500.000이라고 쓴다. 즉, 미국 등에서는 세 자리마다 콤마(,)를 찍어 구분하는데 유럽 일부에서는 점(.)을 찍고 있다(또는 점 대신 칸을 띄어 2 500 000이라고 쓰기도 한다).

반면 독일, 프랑스에서는 소수점은 점으로 표시하지 않고 콤마로 표시하고 있다. 가령, 미국이나 한국에서 10.5라고 쓰는 숫자를 그들은 10,5라고 쓴다. 그래서 유럽에서 어떤 물건의 값이 3,50이라고 적혀 있다면 이는 3유로 50센트라는 말이다. 이 점에 관해서는 미국식 표기가 우리에게 익숙하고 편한 것은 물론이지만, 어쨌든 미국은 여러 면에서 남들과 다른 모습을 보이고 있다.

6. 물건 구입과 Eye shopping

한국인 가게에 외국인의 쇼핑을 안내하기 위해서 같이 동행하다 보면 종종 무안한 일이 생길 때가 있다. 꼭 살 것이 아니라 해도 보는 것은 말할 것도 없고 만지고 집어 보고, 옷 같은 경우는 입어 보고, 악기의 경우는 연주해 보고 하는 것이다.

물론 꼭 살 악기라면 당연하겠지만 그야말로 'eye shopping'(눈요기)인 경우에도 그렇게 하는 것이다. 그러나 한국인 상인들은 그런 태도에 기분이 상쾌할 리가 없다. 더구나 아침 일찍 와서 물건을 들쑤셔 놓으면 기분 좋겠는가? 그러나 불쾌해하는 상인의 태도를 미국인은 이해하지 못한다. 따라서 미국에서는 'eye shopping'을 하면서도 입어 보고 만져 본다. 심지어는 구입한 옷을 얼마 동안 입다가도 이런저런 이유를 대면서 마음에 안 든다고 교환하기까지 한다. 이것은 그야말로 소비자가 왕인 미국의 경우이지만, 우리나라에서는 소비자가 왕이 되기 어렵다. 옷이라도 적당히 허름하게 입고 상점에 들어가면 문전박대를 하거나 불친절하기 그지없다. 빨리 나가 주기를 바라는 눈치다. 그러다가 물건이라도 구입하게 되면 주인의 태도가 달라진다.

7. 한국인의 행복감

흔히 접할 수 있는 국가별 행복 정도를 비교한 조사 결과를 보면, "국민소득이 중간 수준인 코스타리카 국민은 행복지수가 높게 나온 반면, 비교적 소득 수준이 높은 한국 국민은 기대 이하"이다.

이런 결과는 여러 조사에서 비슷하게 반복된다. 조선일보와 한국

갤럽, 글로벌마켓인사이트가 10개 나라 5,190명을 대상으로 "행복한 나라, 그들은 무엇으로 행복한가?"를 조사한 결과도 마찬가지다. 우리나라 사람들이 믿는 행복은 핀란드, 미국, 캐나다, 덴마크, 호주, 브라질, 말레이시아, 베트남, 인도네시아 사람들과 비교하여 아주 뚜렷하게 달랐다. 조사 결과, '나는 매우 행복하다'고 답한 브라질 사람은 57퍼센트지만 한국인은 7퍼센트에 불과했으며, '다른 나라에서 살고 싶다'고 답한 사람은 미국이 11퍼센트, 한국은 37퍼센트였다. '공교육 못 믿겠다'고 답한 사람은 핀란드가 6퍼센트, 한국은 57퍼센트에 달했다. '꼭 조국에서 아이를 낳고 싶다'는 한국 사람은 20.1퍼센트로 10개 나라 가운데 가장 적었으며, 더 나아가 조사대상 나라 중에서 유일하게 다른 나라에서 출산하기를 선호하는 것으로 나타났다. 4명 중 1명이 자녀에게 다른 나라의 시민권을 주기 위해 적극적으로 원정출산을 하고 싶다고 답한 것이다. 이런 마음이 반영된 결과라고 단정지을 수는 없지만, 현재 우리나라 출산율은 인구 감소를 고민해야 할 정도로 세계에서 가장 낮은 수치를 나타내고 있다.

우리나라 사람은 무엇이 행복의 조건이라고 믿고 있을까? 바로 돈이었다. "빌 게이츠, 달라이 라마, 버락 오바마, 앤젤리나 졸리, 나 자신 중 누가 가장 행복하다고 생각하는가?"라는 물음에 한국인의 29.4퍼센트가 세계 2위 부자인 빌 게이츠를 꼽았다. 우리나라보다 못사는 인도네시아, 베트남, 말레이시아 사람은 40퍼센트 이상이 '나 자신'이라고 응답한 것과 비교된다.

'돈과 행복이 무관하다'고 답한 비율에서도 우리나라 사람은 비교 국가들 중에서 가장 낮은 7.2퍼센트였다. 미래 위협이나 저출산 문제 같은 위험 요소에서도 우리나라 사람은 금전 문제를 가장 중요하게 꼽았다. 부모 세대에 비해 풍족하게 살아왔다는 20~30대에서 이런 응답은 더 두드러지게 나타났다. '자녀가 가난해져 먹고 살 것이 없을까 걱정이다'라고 답한 비율이 20~30대(36퍼센트)가 40~50대(24퍼센트)보다 훨씬 높았다.

세계 어느 나라보다 성공 가도를 달리는 것처럼 보이고, 어느새 선진국 수준의 경제력을 갖춘 나라에 사는 사람들이 스스로 행복하다고 믿지 않을 뿐만 아니라, 행복하려면 돈이 있어야 한다고 믿는다는 사실을 어떻게 보아야 할까? 심지어 훨씬 못사는 나라 사람보다 행복하지 않은 이유는 무엇일까?

에드 디너 미국 일리노이 주립대학교 심리학과 교수는 이 문제를 "한국인은 사회 구성원과 자신을 끊임없이 비교해 남을 이기는 것이 행복해지는 길이라고 생각"하기 때문이라고 해석했다. '비교'와 '경쟁심'이 한국인을 불행하게 한다는 것이다. 외국인도 다른 사람과 비교한다.

스스로 발전하면서 행복하게 살려는 사람이라면 비교와 경쟁에서 자유로울 수 없다. 따라서 비교와 경쟁이 불행의 원인일 수 없다는 말이다. 오히려 우리가 선진국이라 믿는 나라 사람들이 실제 생활에서 경험하는 경쟁은 우리의 그것보다 훨씬 심하다. 대한민국도, 그 안에 살고 있는 한국인도 잘살게 되었지만 점점 더 불행하다고 느끼는 진짜 이유는 비교도 경쟁도 아니다. 무엇보다 우리 스스로가 믿고 있는 것이 '돈'밖에 없기 때문이다. 이런 경우 우리 모두 아무리 돈이 많아도, 아무리 잘산다 해도 행복해지기 힘들다.

8. 덤이 있는 사회와 덤이 없는 사회

덤으로 일을 더 하는 한국인과 가외의 일은 하지 않는 서양인의 모습을 우리 주변에서 쉽게 볼 수 있다. 미국 회사를 가보면 출근이

9시, 퇴근이 5시라고 하면 정확한 시간에 출근하고 오후 5시가 되면 Parking lot에 500여 대가 있던 차들이 1~2분 사이에 썰물 지나가듯 전부 삽시간에 빠져나간다. 미국 사람들은 이렇게 출퇴근 시간을 잘 지킨다.

어떻게 말하면 미국인들은 융통성이 없다고 할까. 서양인들은 하기로 되어 있는 일만 한다. 간혹 가뭄에 콩 나듯 예외의 사람이 있기는 하나 그들에게 가외의 일을 하기를 기대해서는 안 된다.

예를 들어, 우리는 한 여직원이 맡은 사무를 보는 일 외에 책상을 닦아 준다든지 휴지통을 비워 준다든지 등등 본래의 업무 외의 일을 할 때 성실하고 부지런하다고 한다. 그런데 서양인들에게 그런 것은 기대할 수가 없다. 그러므로 서양인들은 사람을 채용할 때 업무명시를 확실히 한다. 예를 들어 house helper를 채용한다면 바닥은 최소한 이틀에 한 번 닦는다든가 욕조는 매일 닦는다든가 등등 세부적으로 명시한다. 명시되어 있지 않는 일은 하지 않는다. 이를 당연하게 생각한다. 그런데 한국의 회사들은 윗사람들이 퇴근해야 다음 사람이 퇴근하고 말단 사원은 퇴근이 제일 늦다. 계급 간에 눈치를 보게 된다.

9. 한·미 간의 기부문화

미국의 힘의 원천은 어디서 찾을 수 있을까. 군사력도 거론된다. 지식산업도 그 답으로 제시된다. 수많은 자선단체 본부와 비정부기구(NGO)가 그 원천이다. 또 다른 지적도 있다. 미국의 진정한 힘은 미국이 자랑하는 군사력이나 경제력보다 아래와 같은 이곳에서 찾을 수 있다는 말이다.

미국이 또 한 차례 기록을 세웠다. 지난 한 해 동안 미국인들이 기부한 자선 총액은 근 3,000억 달러에 이르러 사상 최대를 기록한 것이다. 이는 미 국내총생산(GDP)의 1.7%로, 그동안 사상 최대였던 2005년에 비해 4.2%가 증가한 액수다.

누가 이토록 많은 기부금을 내놓았나. 빌 게이츠나 워런 버핏 같은 '슈퍼리치'들이다. 맞다. 그러나 꼭 그렇지도 않다. 빌 게이츠나, 워런 버핏 같은 억만장자들이 수억 달러씩 기부금을 낸 것은 사실이다. 그러나 전체 기부 총액의 75% 이상은 한푼 두푼 아껴가며 살아가는 보통 사람들이 냈다. 그래서 하는 말이다. 이런 관련 단체의 조사에 따르면 연 10만 달러 이하 소득계층 가운데 자선기금을 기부한 비율은 65%에 이르는 것으로 밝혀졌다. 이 소득계층의 자선 참여율은 신문 구독률보다도 높은 것으로 나타난 것이다.

무엇을 말하나. 반드시 백만장자가 아니다. 이 보통 사람들이 미국의 기부문화를 이끌고 있는 것이다. 보통 사람들이 이끄는 미국의 자선 규모는 국민 1인당으로 비교해도 다른 선진국보다 훨씬 높다.

지난해 미국인 1인당 자선 기부금은 대략 1,000달러 수준이었다. 이에 비해 영국은 그 절반도 안 된다. 프랑스는 10분의 1 수준이다. 그러면 한국인 1인당 자선 기부금은 얼마나 될까. 비교하기가 민망할 정도다. 미국의 1%에 미치는 정도다. 경제력 차이를 감안해도 한국인의 기부 수준은 절대적으로 낮은 편이다.

한국의 기부문화는 나름의 특징이 있다고 한다. 대기업, 혹은 '슈퍼리치'들은 '눈도장 찍기' 식이라는 거다. 예컨대 수해가 났을 때 보란 듯이 기부금을 내는 것이다. 반면 보통사람들의 기부문화는 '눈물짜내기' 식이라는 평이다. 눈물이 나올 정도의 사연이 없으면 웬만해서 기부금이 들어오지 않기 때문이다.

10. 축의금 문화

"요즈음 젊은 애들은 도대체 기본적인 예의조차 모르는 것 같아요."

60줄에 들어섰으니까 한인 직장에서는 최고 고참이랄 수도 있다. 그런 분의 푸념이다. 어느 날 점심식사를 하고 돌아오니까 책상 위에 결혼식 청첩장이 놓여 있었다. 젊은 직장 동료의 결혼식 청첩장이었다. 얼마 후 예비 신랑과 같은 또래의 직장 동료가 노트를 들고 왔다. 그는 그리고 "청첩장 보셨지요" 하는 말과 노트를 불쑥 디밀었다. 축의금 리스트였다. '아무개는 얼마' 식으로 결혼 축의금을 미리 약정하라는 통지 격이었던 것이다.

"축하해주어야지."

그렇지만 도무지 그런 마음이 내키지 않았다고 한다. 직장의 대선배다. 그러면 당사자가 먼저 찾아와 인사를 하고 청첩장을 내밀어야 예의가 아닐까. 그런데 고지서나 보내는 듯 청첩장을 돌리다니. 그런 생각이 들어서였다.

그러나 내색은 하지 않았다고 한다. 그러면서 또 대선배로서 체면도 있어 다른 동료들보다 많은 액수의 축의금을 적어 돌려보냈다고 한다. 씁쓸한 심정으로.

역시 초로(初老)의 연배에 있는 분의 이야기다. 이번달 들어 결혼 축의금만으로 1,000달러가 훨씬 넘게 지출되었다고 한다. 정작 친척이나 친한 친구 자녀의 결혼식은 없었다. 그런데 왜 이 같은 과다지출인가.

그는 교인 수가 1,000명 단위를 넘는 교회의 장로다. 그러다 보니 거의 매주 결혼식에 장례식이 있다시피하다. 게다가 동창, 사업차 알게 된 사람들로부터 결혼 청첩장이 날아들다 보니 어떤 날은 하루

두 탕을 뛰기도 한다는 것이다.

"돈도 돈이지만 주말이 남의 결혼식 찾아다니느라 저당 잡혀 살고 있는 것 같은 생각이 든다."

이어지는 그의 말이다. 경조사비가 부담이 된다. 한국에서 실시된 한 조사 결과다. 경조사비에 특히 부담을 느끼는 사람들은 현직에서 물러난 은퇴자들로 80%가 각종 경조사비 무게에 짓눌려 마음의 병을 앓고 있는 것으로 조사되었다.

페이스북 창업자 마크 저커버그의 결혼식이 화제다. 그는 200억 달러의 거부다. 그런데 그 결혼식에 값비싼 것은 하나도 없었다. 자신의 집 뒷마당에서 결혼식을 치렀고, 피로연 음식은 동네 식당에서 시켰다.

이날의 하객은 90여 명이었다. 이들은 신랑과 신부의 친한 친구들로 그들에게는 결혼식을 한다는 말도 안 했다. 그리고 스스로 디자인한 아주 평범한 루비반지를 교환하면서 결혼식을 치른 것이다. 그 결혼식을 저커버그는 페이스북을 통해 알렸다. 그러자 '좋아요'라는 클릭이 58만 번 올랐다고 한다.

고지서를 남발하듯 무차별 초청을 하는 결혼식, 거기에 발맞추어 점차 고비용화되어가는 결혼식, 그 혼례문화를 개선시킬 묘책은 없는 것인가.

제14장

예의범절

1. 항공기 승객들의 문화

대한항공과 아시아나항공 등 한국적 항공기를 이용해 고국을 방문할 때도 중국, 인도, 필리핀 등 다양한 국적의 승객들을 만날 수 있다. 이들 승객들은 어떤 특징이 있을까. 항공사 직원들이 말하는 국적별 승객들의 특징을 들어봤다. 한국인 승객들 중에는 '막무가내'다. 앞뒤 안 가리고 요구를 해댄다. 승객 1명당 부칠 수 있는 수하물이 큰 가방 2개인데도 한인 승객들은 항공사 직원들에게 '한 번만 봐달라'고 사정을 해댄다. 또 "본사의 누구누구 임원과 잘 안다"며 '빽'을 내세워 은근히 협박조로 부탁하는 한인들도 적지 않다. 또한 1인당 수하물의 무게가 한정되어 있는데 초과된 수하물을 통과시켜 달라고 떼를 쓰는 승객이 더러 있다.

인도 승객들은 가장 상대하기 까다롭다. 이들은 종교적인 이유로 가리는 음식이 많아 사전에 특별식을 주문하는 비율이 높고 만약 자신이 요구한 것과 조금만 달라도 꼬치꼬치 따지고 든다. 게다가 인도식 영어발음으로 의사소통도 쉽지 않다. 승무원들이 다소 꺼리는 승객들이 많다고 한다.

일본인들의 인기는 높다. 규정을 잘 지킬 뿐 아니라 비행 중 이것저것 시켜가며 귀찮게 굴지도 않는다. 젠틀맨답게 행동한다.

중국 승객들은 시끄럽기로 유명하다. 중국인들은 비행하는 동안 잠을 자지 않는 시간에는 '수다발'이 보통을 넘는다. 중국어 특유의 액센트까지 겸하면 주변 승객들로부터 "조용히 해달라"는 얘기를 가장 많이 듣는다.

대한민국 국적기 중 '인천~LA 노선은 친절한 서비스와 저렴한 요금 때문에 동남아, 인도, 중국 승객들에게 인기 있는 노선'이라며 비한인 승객이 많게는 40%까지 차지한다고 한다.

2. 방문할 때의 관습

우리의 경우 "지금 집에 안 계신데요" 하면 찾는 사람이 사실상 집에 없는 것을 뜻하지만, 외국의 경우 "He is not at home" 했을 때의 뜻은 "He is not free to answer the phone"의 뜻이 포함되어 있다. 그러므로 집에 있지만 만날 수 없다든가, 집에 있긴 하지만 전화 받을 수 없다든가 하는 상태를 상상할 수 있다. 잘 훈련된 maid는 초대되지 않은 손님(unexpected caller)이 오면 "계신지 안 계신지 알아보겠습니다"(I'll see if he is at home) 하고 말한다. 뻔히 알 수 있는 거짓말도 사교법에 속한다는 인식이 구미 사회에서는 통용된다. 고용인은 안주인(mistress)이 손님을 만나기 싫어하고 있는 것을 알 때에는 "매우 미안합니다. 계시지 않은데 무슨 하실 말씀이 있으시면 제가 전하겠습니다"(I'm sorry that she is not at home. Will you message?) 하는 경우가 많다.

집에 있어도, 그리고 그 사람이 자기가 찾아온 것을 알고 있으면서도 "He(She) is not at home" 또는 "He is so sorry that he is not at home" 할 때가 있다는 것을 먼저 이해하고 알아 두어야 한다.

"지금 바쁘신데요"(He's busy now / She's busy now) 하고 아이가 나와서 말할 때가 있는데, 그 뜻은 "He(She) is too busy to see you"의 뜻이므로 그 이상 만나겠다고 하지 않는 것이 방문자로서의 매너다. "그러면 기다리지요"(I'll wait) 하는 것은 신문기자든가 아니면 세일즈맨 등 별로 매너를 문제삼지 않는 사람의 경우다.

초대장(invitation card)이나 방문용 명함(visiting card)을 가지고 방문하는 공식방문(official visit)은 별도로 하고 보통 방문은 오후 4시 이후가 좋다. 이것은 정식방문(formal visit)의 기준이 되고 있으며, 시간은 약 15분 정도가 적당하다. 방문자에 대해서 다과(refreshment)는 내놓지 않아도 된다. 한국의 경우는 차 정도는 내놓는 것이 상식이다.

방문할 때의 복장은 상대에게 불쾌감을 줄 염려가 있는 것은 안 된다. 여성은 모자와 장갑을 착용한다. 우리에게는 별로 없는 습관이지만 영국이나 미국에서는 가족을 대표해서 상대방 가정의 여자 주인(the lady of the house)을 방문하는 습관이 있다. 보통 부부 동반(husband and wife)으로 방문하는 경우가 많다.

방문용 명함(visiting card, calling card)은 정식방문일 경우라 해도 꼭 필요한 것은 아니다. 방문자는 자기 이름을 알리면 된다. 이사온 사람은 'newcomer'라고 부르는데, 자기가 이웃 사람(neighbor)을 찾아가지 않고 이웃 사람이 우연히 찾아오는(casualdropping-by) 것을 기다리는 것이 보통이다.

애도하는 마음을 나타내기 위한 방문(call of condolence)에 대한 답례방문은 하지 않는다. 문병에 대한 답례방문도 마찬가지다. 문병은 call of condolence와 같은 성질의 것으로 간주되기 때문이다.

3. 무관심과 친절

서양인들은 우리 한국인들을 가리켜 "극단적으로 공손하고 극단적으로 무례한 사람들"(extremely polite extremely rude)이라고 한다. 그 이유는 아는 사람에게는 반갑게 대하고 친절한데, 모르는 사람에게는 전혀 못 본 체한다는 것이다. 그래서 아는 사람에게는 너그러운데 모르는 사람에게는 관심을 갖지 않는다. 이처럼 우리는 아는 사람과 모르는 사람을 대할 때의 차이가 극명한데 서양인은 친절을 베푸는 데 있어서 그 차이가 거의 없다.

실제로 미국 여행을 할 때마다 느끼는 것은 처음 보는 사람에게 미국 사람들은 참으로 친절하다는 것이다. 우리 막내 아이가 초등학교 때 학생회 기금을 마련하기 위해 학교에서 초콜릿을 팔아 오라고 한 적이 있다. 그런데 막내가 집집마다 문을 노크한 후 초콜릿 이야기를 하자 모두가 구입해 준 모양이다. 그때 막내는 우리 골목 사람은 모두가 친절하고 나의 친구라고 자랑했다.

외국인과 동행하고 있을 때 친구를 만나게 되면 자기들끼리 떠들 것이 아니라 동행인에게 그 친구를 소개해야 한다. 그렇지 않으면 작은 일 같지만 누구든지 대단한 모욕감을 느끼는 것은 무시당하고 있다고 생각될 때이다. 그런데 어느 경우도 충분히 한국 사람 같으면 이해할 수 있는데도 서양인에게는 그렇지 못한 경우가 있다.

예를 들어, 외국인과 길을 걷다가 또 다른 한국 친구를 만났을 때이다. 이 경우 반드시 같이 가던 외국인과 한국 친구를 서로 소개시켜야 된다. 왜냐하면 둘이 가고 있었다면 이미 두 사람은 하나의 단위이기 때문이다. 한국 사람 같으면 '나와 상관없는 사람이니' 혹은 '나와 상관없는 대화이니' 하고 대화가 끝날 때까지 옆에서 아무렇지 않게 기다릴 수 있는 것도 서구인은 그렇지 않다. 먼저 동행하는 외국인에게 우연히 만난 친구를 소개해야 한다. 이것이 동행인에 대한 예의다.

4. 존대와 하대

한국 사회가 수직선 사회라는 것은 삼강오륜의 하나로 자리잡아 온 장유유서(長幼有序)라든가, 부모와 노인을 공경해야 한다는 경로효친(敬老孝親)이라는 전통적 덕목에서 잘 드러나고 있고, 또 한국어가 세계 어느 언어보다도 존대·하대의 구분이 두드러진다는 점에서도 볼 수 있다. 우리말은 말하는 사람이나 상대방이 누구냐에 따라 같은 내용의 말이라도 표현하는 방법이 달라진다. 예컨대 밥 먹으라는 말도 "진지 잡수십시오"에서부터 "밥 먹어", "밥 처먹어"에 이르기까지 여러 가지로 표현할 수 있다. 윗사람과 아랫사람을 차별하고 아울러 양반과 상인을 가리던 반상(班常)의 계급화가 사람들이 사용하는 언어에도 차별화를 가져온 것이다.

우리말이 존칭과 존대 표현이 발달해 있다는 사실은 우리말이 비칭(卑稱)과 하대(下待) 표현에서도 크게 두드러지고 있다는 것을 말해 준다. 예컨대, '눈'을 낮춘 표현으로 '눈깔'이라는 말을 하고, '이'를 낮추어 '이빨'이라고 하는 등 우리말에는 무수히 많은 낮춤말들이 있다. 입과 주둥이, 아가리, 머리와 대가리, 대갈통, 코와 코빼기, 목과 모가지, 손목과 손모가지, 다리와 다리몽댕이 등이 보통말과 낮춤말의 대조인 것처럼, 어머니와 어미·에미, 아버지와 아비·애비, 먹다와 처먹다, 자다와 자빠져 자다, 말하다와 주둥이 놀리다 등 같은 하대 표현도 아주 많다.

하지만 영어(문화)에서는 다르다. 가령, 미국의 평범한 가정에서 엄마가 저녁을 차려 놓고 식구들을 불러 밥을 먹으라고 할 때, 그 엄마는 자녀에게나 남편에게나 또는 할머니나 할아버지에게도 다 같은 말을 할 수 있다. "Eat your dinner"라고. 나이에 (그리고 직업이나 계층에) 관계없이 모든 사람을 평등하게 여기는 수평적 사회에서는 같은 뜻의 말이 사람에 따라 달라져야 한다는 이유를 찾지 못한다.

- 장석정 교수 글에서

5. 외식주의와 실용주의

미국 문화의 여러 가지 속성 가운데 흔히 지적되는 것 중의 하나는 실용주의(practicalism, pragmatism) 또는 기능주의(functionalism) 성향이다. 이는 미국의 사회적 규범, 즉 미국인들의 사고와 행동을 지배하는 기준이 형식이나 모양, 명분, 외관보다는 내용과 기능, 내면과 실속을 중시하고 있다는 지적이다. 이 역시 전통적으로 명분과 형식, 외관과 체면을 중시해 온 한국 문화와 정반대로 나타나는 문화적 차이이다.

어떤 사물을 대할 때 그 형식(forms)과 내용(content) 중에 어느 것을 앞세우고 중요시하느냐에 따라 결과가 크게 다를 수 있음은 물론이다. 따라서 한국과 미국의 문화를 같이 이해하고 수용하고 조화시켜야 하는 재외동포인 우리 입장에서는 두 문화의 이 같은 상반된 속성에 대해서도 충분한 주의와 노력을 기울여야 할 것이다.

미국 문화가 실용주의적이라는 것은 굳이 깊고 멀리 관찰하지 않더라도 쉽게 보고 느낄 수 있다. 예컨대 '미국식' 집이나 자동차, 그 밖의 기계·기구·물건들이 (다른 문화권의 그것들과 비교해 볼 때 상대적으로) 덩치만 크고 볼품이 없는 것 같은데 내용은 제법 알차고 실용적이다. 미국인들이 집 안팎을 꾸미고 사는 모습은 한국이나 다른 나라에 비해 심미적, 예술적, 철학적인 면에서는 결코 우월한 것 같지 않지만, 집으로서의 기능적인 면에서 볼 때는 실용적인 측면에서는 절대로 뒤지지 않는 것 같다.

못생기고 투박하더라도 해야 할 일을 제대로 해내기만 하면 된다고 생각하는 실용주의가 그들의 기본철학인 반면에, 한국 문화에서는 외식(外飾)주의(formalism)가 지배해 왔다. 이는 일단 모양과 형식에서 빠지거나 처지면 그 내용은 들여다볼 필요도 없다는 생각이고 따라서 겉보기가 좋으면 그 내용도 당연히 좋다고 여기는 자세이다.

그래서 그 사람의 실력(즉, 실제적인 능력)에 관계없이 일단 명문대학, 일류대학을 나왔다는 '형식'을 갖춘 사람은 인정받게 되고 그런 외관을 갖지 못한 사람은 (아무리 실속이 꽉 찬 사람이라도) 쉽게 인정받지 못하는 것이 한국 사회였다. 이런 사회에서는 비록 허름한 전세방에 사는 백수라 할지라도 어떻게 해서든 일단 소위 '명품'으로 치장을 하고 나면 남들로부터 '인정받게' 되므로 이른바 일류병, 명품주의가 팽배하게 된다.

요즈음, 미국에 처음 와보는 한국 사람이라면 미국의 '볼품없는 모습'에 크게 놀랄지도 모른다. 사람들이 입고 다니는 옷을 봐도, 타고 다니는 차를 봐도, 가지고 다니는 휴대전화를 봐도, 살고 있는 집을 봐도, 길거리나 건물의 장식을 봐도 어느 것 하나 한국보다 나은 것이 없는 것 같기 때문이다. 그런데 뒤집어 생각해 보면 아주 재미있는 점을 발견하게 된다. 그것은 한국 사람들이 지금 즐기고 있는 옷, 자동차, 휴대전화, 집 등등이 모두 여기(미국·서양)에서 시작한 것인데, 이제는 여기 사람들보다 한국사람들이 이것들을 더 '멋지게 만들어 누리고' 있다는 사실이다.

6. 눈치

눈치 빠른 한국인과 눈치가 안 통하는 서양인을 볼 수 있다. 눈치란 남의 마음이나 일의 낌새를 알아 낼 수 있는 힘이다. 눈치는 영어로 번역하기가 어렵다. 또한 '기분'도 영어로 번역하기가 쉽지 않다. 기분의 번역은 'mood'나 'emotion' 등이 고작이다. 우리 한국인에게 있어서 기분 상했다는 말은 자존심이 상했다는 뜻이 포함된다. 서양인들에게 안 통하는 게 바로 기분과 눈치이다. 우리는 언제부턴가 눈치를 중요하게 생각해서 "눈치만 빠르면 절에 가서도 새우젓을 얻어먹는다"고 했다. 절에는 식물성만 있기 때문이다. 눈치가 빠르면 어디에 가도 군색하지 않게 지낼 수 있다는 속담이다.

순박한 사람을 오히려 눈치 없다고 답답하게 여길 뿐만 아니라 코치라는 말까지 덧붙여 '눈치코치 없다'고 면박을 준다. 이것은 우리 조상 때부터 강한 나라 옆에서 눈치를 살피며 살다 보니 발달된 것이 아닌지 모르겠다. 그 한 예가 선조 임금 때 통신사로 간 사람들 중에 눈치가 없는 김성일 이외에는 모두 도요토미 히데요시가 침략할 것 같다고 눈치(?)를 잘 봤지만, 안일을 좋아하는 조정이 김성일의 말을 받아들였다가 임진왜란을 맞게 된 것이 아닌가. 눈치라는 말을 기껏해야 'tact'나 'sense'로 번역하는 이 눈치는 서양인들이 이해할 수가 없으며, 아울러 눈치코치 없기로는 서양인들이 제일일 것 같다.

7. 병원을 방문할 때의 상식

입원환자(in-patient)는 자기의 담당의사만이 아니고 다른 의사의 진찰을 받기도 한다. 가끔 간호원(male nurse)을 의사로 착각하기 쉬운데 청진기(stethoscope)를 가지고 있는 사람을 의사(doctor)로 알면 된다.

병원 방문에는 꽃이 따르게 마련인데, 여러 환자가 한 방에 있을 때는 책이라든가 과일 같은 것이 좋다. 그러나 꽃일 경우에 환자에 따라서는 금하는 경우도 있으므로 미리 알아보고 가지고 가는 것이 현명하다.

간호원 가운데서도 등록된 간호원(registered nurse)은 권위가 있고 언제나 흰 옷, 흰 모자를 쓰고 있다. 그러나 복장만 가지고는 그보다 아래 계급인 인가 간호원(licensed practical nurse)과의 구별을 잘 할 수 없다. 등록 간호원은 R.N.의 휘장을 달고 있을 경우가 많다. 모자의 형은 졸업학교에 따라서 다르다. 상대를 어떻게 불러야 할지 모를 경우에는 "What do I call you? / How do I call you?" 하고 물어도 된다. 보통은 "간호원" 하고 부를 때는 "Nurse"(너스) 하는데, 수녀가 간호원일 때는 "Sister"(시스터) 하고 부른다. 전문 간호원에게 사사로운 심부름을 시켜서는 안 된다.

보조 간호원(nurse's aids)은 정확하게는 간호원이 아닌데 색깔 있는 제복(colored uniform)을 입는다. 볼룬티어(volunteer=간호 지원자)는 평상복 위에 색깔 있는 겉옷(colored smock)을 입는데 모자를 안 쓴다.

병실은 대개 3종류인데 개인 전용실(private room), 준개인실(semi-private room), 큰 병실(ward) 등이다. 사람이 여럿이 함께 있는 병실에서는 다른 환자 생각을 해서 항상 조심하는 마음가짐이 절대 필요하다. 계속 이야기하는 사람(incessant talker), 담배를 심하게 피우는 사람(smoker), 라디오 듣기를 즐기는 사람(radio listener) 등으로 귀찮을 때는 의사나 간호원에게 이야기하는 것이 좋다. 병원에서 안정유지(the calm and peace of mind)는 치료(cure)의 일부다.

문병자의 과자나 과일은 같은 방(room mate) 모두에게 나누어 주는 것이 보통이고, 방문객(guest)은 전원에게 문병 인사를 하는 것이 예의다. 문병자(caller, visitor, guest)로서 병원에 갈 때는 미리 그날의 문병자에 제한이 있는가 여부와 환자와 얼마 동안이나 이야기를 할 수 있나 등을 병원 측과 상의하는 것이 바람직하다. 환자는 곧 피로하기 쉬우므로 문병 시간은 최대 20분 정도로 마치는 것이 좋다. "병자같이 보이지 않습니다"(You don't look like a sick person) 하거나 "안색이 좋지 않은데요"(You look awful) 등의 말은 모두 좋지 않다.

제15장

대인관계

1. 입학 연도와 졸업 연도

우리는 대학에 입학한 연도를 학번이라고 부르면서 이로써 동기와 선후배를 가르는데, 미국에서는 반대로 학교를 졸업한 연도로 동창을 가른다. 따라서 영어로 "Class of 98"이라고 하면 (우리 식으로 해서 98학번, 즉 1998년 입학이라는 말이 아니라) 1998년도에 졸업했다는 말이다.

형식이 중요하다는 입장에서는 언제 입학했느냐로 충분하겠지만 중퇴자가 많기 때문에 내용을 따지는 관점에서는 언제 졸업했느냐가 더 중요하다. 이렇게 봤을 때 한국사회에서 조기유학, 어학연수를 비롯해서 각종 시험과 학위와 자격증 따기 등이 유난히 극성을 보이고 있는 것도 이러한 외관주의가 크게 작용하고 있기 때문이라는 것을 알 수 있다.

2. 네 탓과 내 탓의 문화

버지니아공대 참사 희생자는 32명이 아니라 33명이었다. 총기를 난사한 한국인, 조승희 씨의 이름도 33인의 추모석에 네 번째로 자리 잡고 있었다. 그곳에서 조씨는 많은 청춘의 목숨을 무참하게 앗아간 '학살의 주범'이 아니었다. 미국 사회가 따뜻하게 보살피지 못했기 때문에 반사회적으로 변질된 또 다른 '희생자'였다. 원망이나 미움은 없었다. 안타까움과 용서만 남아 있었다.

미국의 성숙한 시민사회가 보여주는 '내 탓이오'는 반대로 '네 탓이오'에 익숙한 우리에게 충격과 함께 감동을 주고 있다. 미국 사회를 새롭게 봐야 한다는 자성의 목소리도 나오고 있다.

필라델피아의 유력지 필라델피아 인콰이어러는 20일 "한국에 보내는 편지-당신들의 사과에 대한 가르침"이란 제목의 사설에서 "버지니아공대의 총기 난사 사건은 한국인의 잘못이 아니다. 용의자는 어렸을 때 미국에 이민 와서 여기에서 키워졌다. 아마도 그를 잘 보살피지 못한 우리가 당신에게 사과해야 하는 것일 수 있다"고 이번 참사의 원인을 스스로 미국의 문제로 끌어안았다.

시사주간지 〈뉴스위크〉가 사건 발생 시 버지니아공대 총격 살인 사건에 대한 실시간 설문조사에서도 1,200여 명 응답자의 90%가 "한국은 이번 사건과 관련이 없다"고 답변했다. 미국은 엄청난 슬픔을 이겨내는 법을 가르치고 있다. "내 자식 살려내라"는 부르짖음도, "누가 책임질 것이냐"는 악다구니도 없이 조용히 '나와 우리의 탓'으로 문제를 돌린다.

조승희라는 개인이 끔찍한 참사를 저지를 때까지 손을 놓고 있던 미국 당국이 스스로를 꾸짖고 있다. 13명이 무참하게 살해된 1999년 컬럼바인고교 총기 난사 사건 이후 적절한 대책을 마련하지 못한 사회의 시스템을 반성하고 있다.

추모석에는 도리어 "승희, 내가 너 같은 사람을 만난다면 손을 내밀어 그의 삶을 좀더 좋게 바꿀 수 있는 용기와 힘을 가지기를, 너로 인한 지금의 이 고난을 네 가족이 이겨낼 수 있기를…" 등 살아남은 조 씨의 가족까지 염려하는 메시지가 줄을 이었다.

사건의 진상이 규명되기도 전에 책임을 추궁하고, 누군가 희생양을 만들어야 속이 시원했던 우리 대한민국은 지금 용서와 배려의 새로운 문화를 접하고 있다. 2002년 미군의 장갑차에 치여 목숨을 잃은 '미선이·효순이 사건' 때 우리는 2년 동안이나 반미 촛불집회를 열었다.

포퓰리즘을 노린 책임 있는 정치인도 기름을 끼얹었다. 개인의 잘못도 아니고, 한순간의 실수를 우리는 주한미군 철수, 반미로 왜곡하고 호도했다. 미국은 이름 표기마저 한국식 '조승희'에서 미국식 '승희조'로 바꿨다.

미국 내에서 생활하던 '미국인'이며 미국 사회의 탓임을 다시 한 번 분명히 한 것이다.

- 성연진 기자

3. 미국은 장애인 천국

옛날 한국에서는 장애인을 둔 부모들의 의식 부족으로 장애아이를 숨긴다거나 교육은 당치도 않다고 외면하였다. 그러나 이제는 그 아이들도 다른 자녀들과 같다는 마음으로 아이들을 교육시키고자 하나, 사회의 냉대와 다른 아이들의 놀림에 할 수 없이 장애인 천국인 미국행을 선택하는 경우가 많다. 목 아래 몸 전체가 마비되어 머리 부분만 조금 움직일 수 있는 장애인이 정규 고등학교 과정까지 특수 학교에서 교육을 마쳤다. 부모의 희생과 의지도 대단하지만 정부가 그 정도로 몸이 불편한 아이에게도 교육을 시키고 다른 아이들과 평등하게 기회를 주는 것은 참으로 대단한 일이다.

미국 안에 의무교육인 초등학교에서부터 고등학교에 이르기까지 아주 심한 중증 장애인은 특수 교육을 받지만, 웬만한 장애인은 학교 내에 있는 특수 학급에서 공부를 하거나 일반 정상인 아이들과 같이 수업을 받게 한다. 어려서부터 장애인들은 피하고 싶은 대상이거나 나와 상관없는 부류의 사람들이 아니라, 그들도 나와 같은 사람들인데 조금 불편한 몸을 갖고 있고, 뇌의 일부분에 손상이 있어 다른 사람들의 도움이 필요한 사람으로 인식되고 있는 것이다.

어려서부터 장애인들과 함께 교육을 받아 장애인들을 보살피고 같이 생활함으로써 의식 속에 자리 잡을 수 있는 거부의식을 없애는 것이다. 미국이 이토록 장애인의 인권을 존중하게 된 것은 1964년 인권법 제504 조항에 근거한다. 이 조항은 장애인을 차별하는 것은 불법이라고 선언하고 있다.

또한 1990년 미국 장애인법에 의거, 고용 관계나 혜택에 있어 장애인이란 이유로 차별하는 것을 금지하고 있다.

미국의 법은 장애인을 대우하는 업체에 대해서는 세금 혜택을 주는 등 장애인 고용을 장려하는 반면, 장애인을 차별하는 업체는 법적 제재를 받을 수 있다. 장애인 전용 파킹에 차를 주차하면 벌금을 받고 사회봉사를 얼마간 해야 하는 법이 있다. 미국 어느 주를 가든 이와 유사한 법이 있다. 그만큼 장애인을 배려하고 있는 것이다.

며칠 전, 법정에서 본 장면은 매우 인상적이었다. 배심원 중 한 사람이 청각 장애인이었는데, 재판이 진행되는 내내 한 사람의 청각 장애인을 위해 두 사람의 수화 통역사가 열심히 통역하는 것을 보았다.

미국의 장애인 정책이 한눈에 나타나는 장면이었다. 일반적으로 생각하면 번거로운 일같이 보이지만, 그 청각 장애인이 한 시민으로서의 의무를 수행할 수 있도록 정부가 배려하고 있는 것이다.

미국은 가는 곳곳마다 장애인을 위한 시설이 있고 노약자나 어린 아이를 위한 프로그램이 활발하다. 어느 쇼핑센터나 사무실도 장애인을 위한 주차 공간이 없다거나 화장실이 장애인의 휠체어가 들어가지 못하면 건축허가를 받을 수 없다.

한국도 이제는 경제적으로 선진국가의 대열에 있는데, 아직도 장애인에 대한 법적 보호나 사회의 인식이 후진성을 면치 못하는 것을 볼 수 있다. 이제는 정말 바뀔 때가 되었다.

- 전종준/워싱턴 로펌 변호사 글에서

4. 한·미 간의 사위와 장모 관계

우리 옛말에 "사위는 백년손님", "사위도 반자식", "며느리 사랑은 시아버지, 사위 사랑은 장모"라는 말이 있다. 그리고 채만식의 소설 《태평천하》에 장모는 "사위가 곰보라도 예뻐한다"고 했으니, 이것만 봐도 한국만큼 사위가 장모의 사랑을 듬뿍 받는 나라도 드물다 할 것이다.

어디 그뿐인가. 사랑 충만하신 장모님은 사위가 오는 날에는 신발을 거꾸로 신고 나가 반겨맞고 살이 통통하게 찐 씨암탉을 잡아서 융숭하게 대접했으니, 우리나라는 가히 사위들의 천국이리라.

그런데 미국은 정반대다. 여인천하의 나라인 미국에서는 많은 장모와 사위들이 견원지간이라고 한다. 장모들이 딸의 결혼생활을 좌지우지하는가 하면 사위의 사회생활까지도 시시콜콜 간섭하고 참견

한다고 한다. 그래서 불쌍하게도 키 크고 싱거운 미국 남자들은 평생 장모 노이로제에서 벗어나지 못하고 늘 장모 콤플렉스에 시달리고 있다고 하니, 우리 생각으로는 지나가는 소가 다 웃을 일이다.

이들 사이가 이렇게 앙숙이 된 것은 앞에 말한 장모의 막강한 파워와 함께 미국 사회가 안고 있는 고질병 중의 하나인 이혼 문제와 맥락을 같이한다. 이혼 왕국인 미국 부부들이 헤어질 경우 대부분이 여자 쪽에서 먼저 이혼을 제기하고 있는데, 이때 딸이 갈라서도록 뒤에서 끝없이 부추기고 조종하는 검은 그림자가 다름 아닌 장모다. 이들 불화의 시작이 바로 장모의 이 악역에서 출발하고 있는 것이다.

그래서 장모 앞에만 서면 작아지는 미국 사위들은 농담과 익살 속에 장모를 메뉴 삼아 풍자하기도 하고 '잔소리꾼', '심술쟁이 장모', '수다쟁이', '사나운 장모'라고 부르면서 열을 내고 비판한다고 한다. 때로는 아군인 장인의 응원을 받아가면서 장모를 골탕먹이기도 하고….

상황이 이렇게 가정의 문제를 넘어 사회문제로 대두되다 보니 드디어 1981년 연방하원은 10월의 네 번째 일요일을 '장모의 날' (Mother-in-Law Day)로 선포하기에 이르렀다. 사사로운 개인 간의 문제에 국가가 개입하고 나선 것이다. 그리고 이날을 제정하게 된 배경에는 장모들의 로비와 공작까지 있었다고 하니, 그 극성은 가히 노벨상감이라고나 할까.

이날이 되면 미국 사위들은 울며 겨자먹기로 시든 호박잎처럼 풀이 죽어서 장모에게 꽃다발을 선물하는 등 애교를 떤다고 한다. 그러나 애석하게도 30여 년이 지난 오늘날까지도 양자의 관계는 화해는커녕 갈수록 더 멀어지고 있다고 하니 우리나라 고부 사이와 피장파장인 셈이라고나 할까.

그러고 보니 장모의 날이 코앞으로 다가왔다. 장모와 사위 사이가 좋다면 문제가 없겠지만, 미국 장모를 둔 한국 사위 중에도 사이가 좋지 못한 경우도 있을 것이다. 그러나 눈치보고 기죽지 말고 대한 남아의 기상을 보여주라고 권고하고 싶다. 장모의 날을 맞아 선물 꾸러미라도 사들고 장모님을 찾아가 넙죽 큰절 한번 드림은 어떨지….

그리고 미국 장모의 날 덕분에 우리 한국 장모님들도 사위한테 호사를 누리는 하루가 되기를 기대해 본다.

5. 한·미 간의 계약서

한 한국 친구가 미국 사람 집을 빌릴 때 맺은 계약서를 본 일이 있다. 한마디로 입을 벌릴 수밖에 없었다. 왜냐하면 그 계약 내용이 우리 헌법(憲法)만큼 조항도 많고 길었기 때문이다.

임차자가 1년에 페인트칠을 두 번 이상 해야 하고, 잔디풀이 7cm 이상 길도록 두어두면 안 되며, 상비기구를 옮겨서도 안 되는 등의 계약 조항은 그런 대로 이해가 가나, 유리창이 더러워졌는데도 닦지 않으면 계약 위반이요, 개는 두 마리 이상 길러서는 안 되고, 정원에 심어놓은 꽃그루 수가 명기되어 있는 등 우리 한국인의 마음을 따끔따끔 찌르는 것 같은 모진 느낌을 불러일으키기에 충분했다.

한국인이 남에게 집을 빌려 줄 때는 거의 구두계약으로 끝나는 게 관례(慣例)였다. 근간에 와서 전세 등기라는 제도적 강요 때문에 억지로 계약서를 쓰는 경향이 생겼지만, 그마저도 잘 이행되지 않고 있다. 법을 어기기 위해서가 아니라, 한국인의 의식구조로는 계약서를 쓰는 행위는 신뢰에 기반을 둔 인간관계를 해치는 행위로 여겨지고 있기 때문이다.

그러기에 전세 계약 내용도 얼마 동안 빌린다는 기간과 전세금도 월세액을 정해서 명시하는 것으로 그친다. 이렇게 간단하고 공백뿐인 한국의 전세 계약서를 접한 미국 사람이면 예외 없이 불안해 한다. 왜냐하면 집을 빌고 빌려준 당사자(當事者)가 어떤 권리 의무가 있는지 명확하지 않기에 불안하고, 또 무슨 일로 분쟁(紛爭)이 일어났을 때 그것을 해결할 근거가 명시되어 있지 않기에 불안하다.

출판 계약도 그렇다. 한국에서는 출판사에서 인쇄된 양식의 계약서를 가져와서 저자가 도장을 찍는 것으로 계약이 맺어진다. 대개의 경우 그 계약서에 명시된 내용 자체는 그다지 중요한 의미를 갖지 않는다. 그러기에 그 계약서에 씌어진 사항에는 거의 주의도 하지 않고 읽지도 않은 채 도장을 찍게 마련이다.

곧 한국인에게는 계약서란 한낱 형식(形式)에 불과하며, 그보다도 계약 이전에 책의 정가, 인세의 율, 출판 발행 부수의 타협이 중요할 뿐이다. 저자는 출판사의 공신력에 의존하고, 출판사는 저자의 인격이나 명망에 의존한다. 만약 저자가 계약을 어기면 출판사 쪽에서는 계약서를 들고 가서 위반을 힐책하는 것이 아니라, 매일같이 찾아와 귀찮게 함으로써 약속을 지키도록 압력 수단을 쓸 뿐이다.

그러나 구미의 출판 계약은 조항 하나하나를 소홀히 했다가는 엄청난 결과를 가져오기에 돋보기를 갖다놓고 꼬치꼬치 캐묻고 가부를 정하지 않으면 안 된다. 도장을 찍는다든지 사인한다는 것이 한국에서의 비중이 톤급이라면 구미에서는 메가톤급의 무게를 갖는다 해도 과언이 아니다.

이 같은 한국인의 계약관은 심지어 계약 행위를 천대하고 이를 기피하려는 성향까지 있게 했다. 신뢰를 바탕으로 한 인간관계에 가치를 두었던 한국인은 이 신뢰를 무시하고 회의, 불신을 전제로 한 계약을 두고 비도덕적인 행위로 사람으로서 할 짓이 못 된다고 생각했기 때문에 이 계약 행위를 천시하는 경향이 생겼음직하다.

6. 한국식 인정과 미국식 원칙

사건을 처리하는데 미국식으로 할 것인가 한국식으로 할 것인가 망설일 경우가 많다. 이민 1세는 한국식이지만 1.5세 및 2세들은 어떻게 할 것인가? '미국식'이란 법이나 원칙, 혹은 실용성에 근거해서 일을 처리하는, 그래서 때로 냉정하게 보이는 방식, 반면 '한국식'은 원칙이나 합리성보다 푸근한 인정이 우선하는 정서로 이해가 된다. 최석호 시의원의 말이다.

예를 들면 이런 내용이다. 시 정부와 전혀 상관없는 문제라도 한인이 자문을 구해오면 무조건 경청하고 격려를 보내는 것이 '정답'이다. 일의 효율성을 생각해서 "내 소관이 아니니 어디 어디 가서 처리하십시오"라고 하면 상대방은 십중팔구 서운해한다는 것이다. 뿐만 아니라 시의원 되더니 달라졌다고 비판한다.

'미국식'과 '한국식'의 차이로 갈등을 겪는 것은 정치인만은 아니다. 한국인 정서로 미국 땅에서 살고 있는 이민 1세들은 누구나 경험하는 일이다. 고분고분하던 자녀가 사춘기가 되면서 갑자기 '미국식'으로 돌변해 또박또박 자기 의견을 말하고, 자기 권리만 내세울 때는 '미국식'에 열을 받고, 한국의 친지가 가족여행 왔다며 공항 픽업부터, 삼시 세 때 한국식 식사, 며칠간의 관광 안내 정도를 '인정상' 당연히 받을 것으로 여길 때는 '한국식'의 막무가내에 속이 끓는다.

이민 연륜, 생활 환경, 나이에 따라 '미국식'과 '한국식', 양끝의 어느 중간쯤에 서서, 내가 섭섭함을 느끼기도 하고 섭섭함을 주기도 하면서 사는 것이 우리의 모습이다. '원칙'보다는 '인정'을 기대하는 심리가 섭섭함의 원인이 된다. 그런데 만약 '원칙'만 기대되는 상황에서 '인정'을 얹어주면 어떻게 될까.

며칠 전 어느 1.5세 소셜워커가 신문사로 보내온 글을 보았다. 제목은 "나의 불법행위"- 저소득층 노인아파트에서 딱한 처지의 백인 할아버지를 도운 경험담이었다. 거동이 불편한 80세의 노인이 방세가 밀려 쫓겨나게 생겼는데, 알고 보니 웰페어 수표를 환불할 방법이 없어서였다. 그전까지는 이웃의 가족 같은 연쇄점 주인이 수표를 바꿔줘서 생활에 지장이 없었지만 주인이 바뀐 후로 문제가 생겼다.

수표를 환불하려면 차량국(DMV)에 가서 사진 붙은 신분증을 만들고 은행에 가서 계좌를 열어야 하는데, 이를 도와줄 사람이 없었다. 그렇다고 소셜워커가 도울 수도 없다. 소셜워커는 의뢰인을 자기 차에 태우는 것이 금지되어 있다고 한다. 차로 다니다가 의뢰인이 쓰러지기라도 하면 법적 책임 문제가 발생하기 때문이다. 이 소셜워커는 한참 고민을 하다가 "모든 책임을 내가 지겠다"고 상관에게 보고하고, 아파트 매니저에게는 절대로 발설하지 않겠다는 다짐을 받은 후 노인을 모시고 DMV로 갔다고 했다. 이어 은행에 가서도, 신분증 없는 노인의 수표 환불은 연방법에 저촉된다는 은행직원들과 싸우다시피 해서 "잘못되면 당신이 감옥에 갈 수도 있다"는 엄중한 경고까지 받으면서 노인의 수표를 처리했다.

그 과정에서 그는 "마음속에 갈등이 생겼다. 왜 내가 남의 일로 감옥에까지 가려 하나. 괜한 짓 하는 게 아닌가"라고 썼다. 하지만 아파트에서 쫓겨나면 추운 거리를 헤매다가 동사할 것이 뻔한 할아버지를 나 몰라라 할 수는 없었다고 했다.

우리의 2세가 이렇게 아름답게 자랐구나 싶어서 그에게 전화를 했다. 글을 읽으면서 막연히 여성일 것으로 생각했는데, 알고 보니 청년이었다. 그가 말했다.

"미국에서 모든 걸 법대로, 원칙대로 하는 교육을 받았지만, 다른 한편으로 우리는 한국 부모 밑에서 컸잖아요. 한국식도 배웠지요. 바로 '인정'이지요."

'한국식'의 부작용이 없지 않다. 하지만 '원칙'이 할 수 있는 일과 '인정'이 할 수 있는 일에는 차이가 있다.

- 권정희 논설위원 글에서

7. 소리에 대한 반응

한국인의 목소리가 크다는 소리를 많이 듣는다. 얼마만큼 사실인지는 모르나 부정할 수 없음도 사실이다. 미국 본토를 떠나 하와이를 거쳐 일본의 공항을 거쳐서 김포에 내려본 사람이라면 하와이와 일본 간, 일본과 한국 간의 비행기의 분위기가 어떻게 다른지를 알 수 있을 것이다. 하와이와 일본 간은 일본인이 많다. 일본과 한국 간은 한국인이 많다. 한국인이 많을 때는 시끄럽고 음성의 톤도 높다. 타인의 높은 음성이 외국인에게는 화가 난 것으로 비춰지거나 위화감을 준다.

한국에서 근무하고 귀국하는 외국인에게 한국인의 좋은 점과 나쁜 점을 물어보면, 그들 대부분이 좋은 점으로는 너그러운 사람들이라는 말을 하는 반면에, 나쁜 점으로는 길에다 침 뱉는 것과 자동차 경적을 무분별하게 울린다는 것이다. 침을 뱉는 일은 삼가야 하며 더욱이 껌을 길가에 뱉는 일도 삼가해야 한다. 한국인보다는 중국인들의 목소리는 더욱 크게 들린다. 미국인은 코 푸는 소리가 요란하다.

음악 연주시엔 결국 소리를 듣는 것이므로 음악 소리 외엔 다른 소리를 내지 말아야 한다. 그런데 이 점에서 자유분방한 미국인은 그 자유분방함이 억제력을 상실케 했는지 유럽인보다는 덜 조심하는 것 같다. 유럽인은 나오는 기침까지도 꼴깍 소리를 내면서 삼켜 버린다. 한국인은 미국인보다 더 요란스럽다.

어쩌다 교회에서 특송, 특창을 할 때조차도 문을 열고 들어오게 되면 일단 발을 옮겨 놓지 않고 그 자리에 서서 노래가 다 끝날 때까지 기다렸다가 들어오는 것을 필자가 인상 깊게 본 기억이 난다(음악회에선 우리도 그렇게 하지만). 그러나 대부분의 우리는 이때 조용히 뒷자리를 찾아 앉는 게 보통이다. 교회에서 기도할 때 또는 기도 중일 때는 밖에서 기다려야 한다. 그 자리에서 기도가 끝날 때까지 기다리는 것이 예의다.

껌 씹는 모습을 보자. 왜 아름답고 훌륭한 사람들이 껌을 씹을 때 소리가 되새김질하듯이 씹어 그들의 좋은 이미지를 버려 놓는지 알 수가 없다. 어떤 치료를 목적으로 껌을 씹기도 하고, 운전할 때 졸음을 방지하기 위해 씹기도 한다. 또 어떤 이들은 맛이 좋아서, 혹은 습관이기 때문에 씹는다. 또는 입냄새 제거를 위해 씹는다. 또는 소화를 시키기 위해 씹는 사람도 있다. 어쨌든 껌을 씹을 때 상을 찡그리고 씹는 사람, 입을 벌리고 씹어서 간간이 입속이 보인다거나 입맛을 다시면서 혹은 딱딱 소리를 내면서 씹는 사람 등 여러 부류가 있으나 모두 바람직한 모습들이 아니다.

무엇보다도 껌을 씹은 후 종이에 싸지 않고 그냥 버리는 사람은 껌 씹을 자격이 없는 사람이다. 껌을 씹고 나서 길 아무 곳에나 내뱉는 것은 비문화인의 자세다. 씹고 나서 버릴 껌은 종이에 싸서 쓰레기통에 버려야 한다. 오죽하면 싱가포르에서는 껌을 만들지도 않으며 수입도 하지 않을까?

기침소리와 노크의 문화를 보자. 우리 한국인들도 대부분 남의 방을 들어갈 때는 노크를 한다. 그런데 종종 외국인들이 하는 말 중에 한국 사람들은 노크를 하고 시간을 충분히 주지 않으니 그 노크의 의미가 무엇인지 모르겠다는 것이다. 내가 지금 들어가니 놀라지 말라는 것인지 이해가 안 간다고 한다. 특히 또래인 경우, 동성인 경우, 친한 경우에 그렇다는 것이다.

서양 사람들에게 침대가 있는 방은 대단히 폐쇄되어 있다. 만일 문이 닫혀 있지 않고 여름에 발이 내려져 있다거나 할 때엔 말로 'knock! Knock!' 하기도 한다. 이런 것을 보면 옛날부터 우리나라의 선조들이 문 앞에서 기침소리를 냈던 것과 비슷한 것 같다. 노크 대신 한국인은 문 앞에서 인기척을 한다.

제16장

결과주의와 과정주의

1. 결과주의와 과정주의

한국인은 결과를 얻기 위해 너무 서두르는 버릇이 있다. 물론 결과를 얻기 위해 일을 한다는 데는 동서양이 다를 바가 없다. 결과를 얻는 데 거쳐야 할 과정을 성실히 밟는 것을 과정주의라 하고, 결과에 너무 집착해 과정을 조금만 밟거나 새치기하여 결과를 빨리 얻으려는 것을 결과주의라 한다면 분명 한국 사람은 결과주의 편에 속한다.

우리 한국인은 무슨 일이든 빨리 할수록 미덕이요, 선이며, 가치를 이룬다. 잠을 빨리 자고, 빨리 일어나며, 심부름도 빨리 하고, 밥도 빨리 먹으라 하고, 공부도 빨리 하라 하며, 일도 빨리 하라고 한다. 빨리 하면 체하고 설치는 일도 빨리 하라고 하는 것이다.

이런 습성으로 이 세상에서 우리 한국인의 식사 속도가 가장 빠르게 됐는지도 모른다. 프랑스 사람들의 저녁 식사시간은 보통 2~3시간이 상식이다. 그들은 식사 과정을 즐기기 위해 그 과정을 최대한으로 연장시키고, 연장시킨 그 과정을 농도 짙게 즐긴다. 그렇지만 우리 한국 사람들은 아무리 찬이 좋더라도 할아버지, 할머니를 제외하고는 15분 안에 먹어 치운다.

이렇게 빨리 먹게 된 복합적인 이유 가운데 하나로서 한국인의 결과의식을 들 수 있다. 즉 밥은 배고픔을 면하거나 배부르기 위해서 먹는 것이다. 밥 먹는 행위의 결과가 그것이요, 그 결과를 빨리 얻기 위해서는 가급적 밥 먹는 과정을 단축시킬 필요가 있기 때문이다.

우리는 밥 먹으면서 말하는 것을 예의에 어긋난다고 부덕시했으며, 엄마가 빨리 죽는다는 등 금기를 붙여 놓기까지 했다. 알코올 마시는 속도가 비상하게 빠른 이유 가운데 하나로도, 우리 한국 사람이 프로세스 엔조이(process enjoy)를 하는 데 익숙하지 못하고, 리설트 엔조이(result enjoy)를 하려는 의식구조를 들 수 있을 것 같다.

필자가 미국에서 한국 직행 비행기를 탑승한 적이 있었는데 기체 이상으로 일본에서 하룻밤을 지내게 되었다. 서양인은 일본을 구경할 수 있어 반겼는데, 필자는 한국에 도착한 날이 하루 지연되어 화가 났었다. 하루 늦게 도착해도 문제 될 이유가 없는 일정이었는데도 말이다. 이것은 한국인의 결과의식이 무의식중에 발로된 때문일 것이다.

여행의 결과보다 여행의 과정을 중요시하는 서양 인종과는 순발적인 반응이 이렇게 정반대로 달라질 수 있었던 것이다. 한국인이 관광 목적지에 도달하는 결과를 얻으면 그 결과를 배경으로 기념사진 찍기를 좋아하는 것도 그 관광 결과에 너무 집착하기 때문이다.

2. 결과의 중요성과 과정의 중요성

뉴욕 관광에서 뉴욕의 가장 오래된 사원(寺院)인 영국 성공회 사원을 빼놓을 수 없다. 이 사원에 대한 관광안내서를 보면, 이 사원이 착공된 것이 1775년으로 되어 있다. 우리나라로 치면 영조 말년으로 사도세자가 뒤주 속에서 살해될 무렵이다.

그때 착공했다는 그 사원이 아직도 준공하지 못하고 지금도 짓고 있다고 안내서에 적혀 있다. 거의 240년 정도가 지난 지금까지 준공도 하지 않았다는 것은 우리 감각으로는 도저히 가늠이 가지 않는다.

20세기 말엽에 그 사원 앞을 지나다가 그것이 사실인가 알고 싶어 한번 들렀던 사람이 있었다. 2~3백 명의 인부들이 발판을 만들어 놓고 공사를 하고 있었다. 마침 감독이 현장에 있기에 물어봤다. 이 사원 언제 준공할 작정이냐고…. 이 감독은 친절하게 설계도까지 보여주는데 아직도 지을 공간이 어마어마하게 남아 있었다.

"본 계획대로 보면 아직도 80년이 남았습니다. 한데 내가 설계 변경을 해서 50년 후면 준공하도록 했다"면서 어깨를 으쓱하며 자랑해 보이는 것이었다. 구미의 사원이나 공공건물들은 우리나라 건물처럼 다 지어서 쓸 생각을 하질 않는다. 지어가면서, 쓰면서, 또 쓰면서 지어간다.

곧 '點'(結果)을 '線'(過程) 속에 매몰시켜 버린다. 그리고서 그 과정을 확고하게 하여 날림이나 부실을 배제, 하나의 확고한 자연물처럼 만든다. 유럽의 오랜 사원들이 어느 부분은 고딕 형이요, 어느 부분은 코린트 형, 어느 부분은 로마네스크 형으로 복합돼 있는 것은 오랜 역사를 통해 지어졌기에 일어난 필연이다.

따라서 과정주의는 날림이나 부실이 용납되지 않으며 따라서 위험요소가 개입될 여지가 없다. 결과를 빨리 얻어 누리려는 결과주의가 부실과 날림을 불러들이고 또 위험을 자초하게 한다.

우리나라의 모든 공사의 통폐로 지적되는 부실·날림·위험의 심리적 원천이 바로 결과주의요, 또 돈과 백을 써서 어떤 이권(利權)이나 지위(地位)를 얻으려는 통폐요, 과정은 날리고 결과를 새치기하려는 결과주의의 나타남으로 이해될 수 있는 것이다.

한국인의 기업이나 장사꾼들은 신용도가 낮다. 그러나 신용을 지켜야 한다. 지키지 않으면 안 된다니까 신용을 지키지만, 이런 강요된 신용은 자발적인 신용에 비해 저질일 수밖에 없다.

외국 사람에 비해 한국인은 신용에 숙달하지 못하며, 이것은 한국 기업의 신장과 침체를 좌우시키는 엄청난 인자(因子)라고 본다. 왜 한국인은 이처럼 신용에 미숙할까. 결과주의 이외에 또 다른 이유를 들라면 결과주의에서 발상된 피부감촉적(皮膚感觸的) 사고를 들 수 있다. 피부감촉적 사고란 어떤 것이건 구체적으로 손에 만져지는 결과에 보다 가치를 두는 사고다. 바꿔 말하면 만져지지 않고 보이지 않는 것일수록 가치를 두려고 하지 않는 사고방식이라 할 수 있다.

한국 사람은 신기한 것을 보면 맨 먼저 손으로 만져보고 싶어한다. 만져봐야만 그 존재가치가 확인되는 피부감촉적 사고의 무의식적인 발동인 것이다. 옷감을 사거나 그릇 하나를 사거나 한국 사람은 예외없이 만져보고 산다. 관광지나 고적지에 가면 문화재의 손이 닿는 부문에는 예외없이 사람의 손때가 반지르르한 데 예외가 없다. 눈으로 보고 감상해도 될 것을 한국 사람은 손으로 만져봐야만 성이 풀린다.

'플라스틱 인생'이란 말도 있듯이, 미국 사회는 '크레디트 카드'만으로 모든 물건을 사고 밥도 먹으며 비행기도 탄다. 곧 현금이 필요

없다. 그런데 한국인의 '플라스틱 인생' 거부현상은 여러 가지 방법으로 확인할 수 있다. 이 현상도 구체적으로 돈을 만지고 헤아리고 씀으로써만이 돈 쓴 맛이나 가치를 얻는 피부감촉적 사고 때문으로 본다.

이 한국인에게 강한 피부감촉적 사고에서는, 손에 쥐어지지도 않고 또 보이지도 않는 '신용'이 불안하고 가치를 형성하기 힘들다. 그러기에 신용에 미숙할 수밖에 없다.

흔히들 유럽 사람들은 시각이 발달하고 한국 사람들은 촉각이 발달했다고 한다. 시각의 발달은 추상적 사고를 발달시키고, 촉각의 발달은 구상적 사고를 발달시킨다고도 한다. 구상적인 것에 가치를 편중시키는 한국인이기에 항상 눈앞에 있는 것에만 가치를 두고 사리를 먼 눈으로 보지 못한다. 눈앞에 닥친 일은 빨리 현명하게 잘 처리하지만 조금 멀리 있는 것에 대한 사려나 배려가 부족하다. 신용은 추상적인 것이면서 미래의 일이기에 한국인의 가치권이나 관심권이나 사려권 밖에 있는 것이 된 것으로 보여진다.

- 이규태 글에서

3. 원숭이성과 사자성

육식동물인 사자는 동물원이나 야외에서도 한번 동물을 잡아먹으면 2~3일 영양 보충을 하지 않아도 되기 때문에 늘 눈을 지그시 감고 누워 있는 모습을 하고 있다. 반면 초식동물인 원숭이는 계속 움직인다. 먹고 움직이면서 가만히 있지를 않는다.

초식을 주로 해온 민족은 비단 우리 민족뿐만 아니라 대체로 침착성이 부족하고 반면에 부지런하다는 사실은 영국의 동물학자 데

스먼드 몰리스가 입증하고 있다. 빈 자리가 더러 있는 기차에 두어 명의 승객이 탔다고 하자. 입구 쪽 빈 자리를 잡고는 가운데 자리가 빈 것을 보고 그 자리로 옮겨간다. 그 자리가 창틀 때문에 전망이 가린다는 것을 알자, 전망이 좋은 자리로 다시 옮겨간다. 대체로 두어 번 이동함으로써 안착을 한다. 잠재된 원숭이성이 그렇게 하게 한다.

최종으로 자리를 잡고 나면, 갖고 온 보자기나 백을 펴고 계란 삶은 것을 꺼내 먹는다. 강생회의 아가씨들이 들고 밀고 다니는 아이스크림을 사 먹고, 오징어를 사 먹고, 사이다, 우유를 사 마신다. 열심히 먹는다. 잠재된 원숭이성이 그렇게 먹게 한다. 먹고 마시고 나면, 방광이 부풀어 올라 열심히 화장실을 오간다. 그래서 한국의 기차 안은 원숭이 우리와 같다.

미국에서 기차여행을 한 친구의 말을 들어보면, 절간같이 조용하고 승무원 이외에 나다니는 사람이 거의 없다고 한다. 물론 차 안에서 뭐를 먹는 사람도 보지 못했다. 그들에게 잠재된 사자성이 그렇게 하게 한다.

비단 기차 안뿐만이 아니라, 공원이나 해수욕장이나 사람이 모인 장소는 이 원숭이성과 사자성의 차이 때문에 서양과 한국이 판이하다.

육식 민족의 사자성과 초식 민족의 원숭이성은 일과 여가의 구조면에서도 판이한 차이를 드러내고 있다. 사자는 먹이를 잡을 때는 비록 그것이 조그마한 토끼일지라도 혼연의 힘을 집중하여 전력투구를 한다. 곧 일할 때는 그 일에 전념한다. 일단 잡고 나면 편안히 누워서 쉰다. 일하고, 일하지 않는 생활의 구분이 명확하다.

그런데 원숭이는 온종일 먹기 위해 움직이고, 움직이면서 먹고, 먹으면서 쉬고, 쉬면서 먹는다. 곧 일한다는 것과 일하지 않는다는 생활의 구분이 애매하다.

　미국 사람은 일단 직장에 출근하면 그 직장의 일에 열중하고 사사로운 일은 전혀 하지 않는다. 하지 않게끔 사고방식이 되어 있고, 또 하지 못하게끔 되어 있다.

4. 풀이문화와 긴장문화

　동구권이 무너지기 몇 년 전에 '데탕트'라는 유행어가 한창이었다. 데탕트는 동서 냉전이 가시고 화해를 뜻하는 정치적인 용어이다. 그러니까 그 말을 의역하면 긴장 완화라는 뜻이 된다. 서양 사람들은 이제 와서야 긴장 화해가 인간의 살길임을 알고 그것의 중요성을 깨닫게 된 것 같다. 그러나 한국인은 이제 와서가 아니라 옛날부터 데탕트의 철학을 가지고 있었다. 즉 데탕트는 우리 식으로 말해 '푸는' 것이다.

　우리는 남들의 싸움을 말릴 때 서로 풀어버리라고 한다. 이때 풀어버리란 말은 가슴에 맺혀 있는 사감 또는 억울한 일을 물로 씻듯이 잊어버리라는 뜻이다. 누가 더 이익을 보거나 누가 더 손해를 보고, 누가 더 잘했고 누가 더 잘못했고 이런 것을 일일이 따진다는 것은 한국인의 기질에 어울리지 않는 얘기다. 서양 사람들은 어떤 분쟁이 일어났을 때 그것을 계산하고 밝힘으로써 합리적 해결로 매듭을 지으려 한다. 그러니까 오히려 그들은 싸움을 따지는 것으로 해결 짓는다. 그것이 재판이요, 토의이다. 긴장은 고조되고 눈빛은 더욱더 시뻘개진다. 여기에 비해서 잘잘못을 따지거나 손익을 계산하지 않고 그냥 백지로 돌려버리는 것은 한국인이 분쟁을 해결하는 풀이의 방식이다. 그러기 때문에 풀이는 논리가 아닌 것이다. 풀이는 재판이 아니다. 그것은 뛰어넘는 관용이요, 망각이요, 용서이다.
　한국인은 풀이를 중시한 국민이었다. 무엇이든 풀게 한다. 억울한 것도 풀고 분한 것도 풀고 그릇된 것도 풀어버리려 한다. 그것이 바로 화풀이요, 분풀이요, 원풀이였다. 원한을 푸는 것 거기에서 모든 철학과 생활방식의 문화가 생겨난다. 서구의 문화가 긴장의 문화라면 한국의 문화는 해소의 문화이다. 풀이문화다. 민속신앙을 보아도 살풀이라는 것이 있지 않은가. 무속 문화를 보라. 무당의 역할은 죽은 영혼의 원한을 풀어주는 데 있다. 푸닥거리란 말이 바로 그것이다. 푸닥거리는 풀어주는 것에서 비롯된 말이다.
　노래를 부르는 것, 시를 짓는 것, 춤을 추는 것, 그 모든 것을 시름을 풀기 위한 것으로 보았다. 말로 다 풀지 못한 것을 예술의 형식으로 풀려고 한 것이다. 심지어 한국인은 심심한 것까지도 풀어버린다. 그래서 노는 것을 심심풀이라고 하지 않는가.
　한국인은 풀이의 천재들이었다. 저 어두운 역사, 부조리한 사회 구조 등 우리나라 사람들은 외세에 짓밟히고 권력자에게 시달리고 가난에 쪼들리며 살아왔다. 그러나 풀 줄을 알았기 때문에 그 고통, 그 서러움, 그 원한들을 바람에 띄우듯이 물로 씻어내듯이 한숨으로 풀고, 노래로 풀고, 어깨춤으로 풀어버렸다. 풀어버리는 능력이 있는 한 어떤 비극이나 어떤 고통도 한국인의 가슴을 찢지는 못한다.
　이상한 일이다. 우리보다 풍부한 경제력을 과시하는 미국이나 유럽 사람들의 얼굴에는 초조와 불안이 감돈다. 구미의 사회를 지배하는 것은 긴장이다. 그래서 그들의 유행어는 스트레스와 노이로제이다. 그것을 견디지 못해 정신병동을 찾아가거나 에펠탑, 금문교, 번영을 자랑하는 저 고층 빌딩 옥상에서 투신 자살을 한다. 기껏 스트레스를 해소한다고 차를 몰고 시속 100마일로 달리다가 이번에는 교통사고로 죽는다. 마리화나를 피우지 않고서는, 섹스를 통하지 않고서는 바위처럼 억누르는 문명의 스트레스를 푸는 방법을 모른다.

그렇지만 한국인은 이 스트레스를 푸는 데 있어 단연 선진국의 첨단을 걷고 있다. 우리는 오징어 한 마리에 소주 한 잔 먹고서도 간단히 긴장을 풀어버린다. 한국 사람들이 공중의 장소에서 큰 소리로 떠든다거나, 둘만 모여도 남들을 비방한다거나, 또 세계에서 가장 푸짐한 욕지거리를 잘한다는 것이 피상적으로 보면 한국 국민의 단점이 되겠지만, 풀이의 문화로 해석할 때에는 오히려 긍정적으로 평가되어 마땅한 일들이다.

한국인에겐 너나 할 것 없이 조금씩 무당 기질이 있다. 한국인이라면 젖만 떨어져도 으쓱으쓱 어깨춤을 출 줄 안다. 아무도 가르쳐주지 않았다. 저희들 스스로의 어깨춤으로 그 핏줄에서 솟구치는 무당 같은 신바람으로 그것을 익혔다.

한국 사람들은 모이면 남의 욕을 잘한다고 하지만 직장에서 눌려만 지낸 사원들이 계장을, 과장을, 사장을 욕함으로써 실은 그 분함을 풀어버리는 풀이운동에 지나지 않는다.

서양인들은 풀이의 문화를 이해 못했기 때문에 사실 서양에서는 남의 험담을 하는 법이 없다. 그것은 사회적인 터부이다. 속으로 부글부글 끓어오르는 것을 혼자 삭여야 한다. 그러니 합리적으로 해결이 안 될 때 미쳐버리는 것이다. 우리가 남을 욕하는 것, 헐뜯는 것은 정말 미워서가 아니다. 욕으로써 감정을 푸는 것이다. 욕은 저속하지만 욕으로 풀고 나면 마음은 천사처럼 깨끗해진다.

한국의 욕은 비뚤어나간 한국적 풀이문화의 가지에 지나지 않는다. 한국의 욕만큼 다양하고 푸짐하고 걸쭉한 것들도 그 예를 찾아보기 힘들 것이다. 욕을 분석해 보면 분야별로 고루고루 발전되어 있음을 알 수 있다. 엄격한 가족주의의 억압을 풀기 위해서 생겨난

욕이 바로 어미, 애비를 들먹거리는 욕들이라면, 경제적인 억압을 풀기 위한 욕이 빌어먹을 놈, 거지 같은 놈 등등의 욕이라 할 수 있다. 성적 억압을 풀기 위한 그 욕들은 일일이 여기에 열거하지 않아도 우리들 자신이 잘 알 것이다. 부조리한 사회, 그리고 정치적인 억압을 푸는 욕은 개새끼 등등이다.

풀이의 문화가 부정적인 측면으로 발달한 것이 바로 이러한 욕들이라고 할 수 있다. 결국 긴장에 토대를 둔 부동자세의 서구문화가 오늘날 노이로제 환자와 자살률의 통계 숫자를 증대시켰다면, 그리고 마약 환자를 새끼 치는 데 있었다면, 이제 서구 사람들이 배워야 할 것은 한국의 풀이문화다.

풀이문화의 원동력인 신바람과 흥겨움은 생명의 근원적인 율동에서 나온 힘이다. 서구문화는 이것을 죽이고 그 사화산 위에 문명의 궁전을 세웠기 때문에 번영은 있어도 기쁨이 없고, 정복은 있어도 행복이 없는 죽은 문화로 전락하고 있다.

지금까지는 우리의 풀이문화가 겨우 욕이나 하고 춤이나 추고 푸닥거리나 하는 부정적인 측면에서만 발전되어 왔지만, 이제는 긍정적이고 창조적인 데로 신명과 흥겨운 창조의 원동력을 승화시켜야 한다.

5. 자연환경과 결과주의

기후풍토가 유순한 유럽 대륙에서는 변화가 극히 미미하고 지속적이며 규칙적으로 움직이기에, 이 자연을 움직이는 법칙을 사람이 터득하면 사람의 맘대로 지배할 수가 있다는 것이 유럽 사람의 자연을 본 태도다.

그러나 한국의 풍토는 유럽의 그것에 비해 풍요하긴 하지만 혹한, 혹서가 교차되고, 집중폭우에 한재가 교차되며, 홍수가 논밭을 쓸어 가고, 사태가 논밭을 덮으며, 태풍이 1년 농사를 망쳐 버린다.

한국은 사시사철 시시각각이 변하고, 몬순지대에 속하기 때문에 풍우(風雨)뿐 아니라 박테리아도 활발하여 물체가 자주 변질한다. 성했던 것도 한나절만 지나면 썩어버리고 썩어서는 사라져 간다. 어젯밤에 없던 잡초가 솟아나오고 버섯이 돋아나오는가 하면 어느 세월이 지나면 쇠도 녹슬어 사라지고 바위도 비바람에 씻겨 바스러진다. 변한다는 것은 영구성이 없다는 것이 되며 미래를 단절시켜 버린다. 따라서 '썩어 없어질 것을⋯' 하고 생각하는 사람의 사고 속에 미래, 곧 앞을 멀리 보는 인식이 싹틀 수 없다. 우선 변하기 전에 무엇인가 어떻게 해버리지 않으면 안 된다. 내일이면 늦고 마는 것이다.

그러기에 한국인은 바쁘다. 항상 '변하기 전에, 변질되기 전에' 하는 강박에 쫓기기에 바쁘다. 항상 나만이 막차에 못 탈 것 같은 그런 조급한 심정에 사로잡혀 있다. 내일 어떻게 되건 오늘 해놓고 본다.

따라서 유럽에서처럼 과정주의나 합리주의가 발달할 수 없고, 한정된 그 지속시간에서 빨리 결과를 취하려는 결과주의와 그저 횡포를 부리는 수많은 신령(神靈)들 앞에 무릎 꿇고 기도할 수밖에 없는 비합리주의가 발달했을 것이다. 이 같은 지속성 없는 풍토에 지정학적 위치 때문에 정치나 문화마저도 지속성 없이 무상하여 이 결과주의가 보다 중병화되어 버린 것이 아닌가 싶다.

둘째로, 지정학적 위치 때문인지 유사(有史)시대 이래 자생문화(自生文化)가 열매를 맺기 이전에 주변의 외래문화가 와서 결실을 했다는 점도 들 수 있겠다. 문화는 물 같은 것이어서 우성(優性) 문화권에서 열성(劣性) 문화권으로 흘러들게 마련이다. 주변에 중국이라는 강대 문화권이 자리 잡고 있는 데다 정치적인 지배까지도 받지 않을 수 없는 조건이 겹쳐 자생문화가 자랄 터를 닦지 못했던 것이다.

항상 외래문화의 꽃이나 열매만 받아오는 습성은 바로 자생문화의 빈곤에서 어찌할 수 없는 필연이었다. 중국 문화권에서 이탈하자 이제 우성 구미문화의 물줄기가 노도처럼 밀려들었으며, 우리 한국인은 선조들이 중국문화를 두고 눈앞의 결실만 따왔듯이 이제 서양 문화의 결실만 따왔던 것이다. 만약 우리나라가 문화적으로나 정치적으로 주변 국가의 영향을 받지 않는 어떤 역사 시간이 좀 길었더라면 사정은 좀 달라졌으리라고 본다.

오솔길보다 좀 늦더라도 온건한 우리의 길을 더듬는 지혜를 정립할 시기가 오지 않았나 싶다.

셋째로, 결과의식을 재촉하고 가속시킨 다른 한 요인으로 전쟁을 들 수 있다. 전쟁은 모든 것을 파괴해 버린다. 비단 유형(有形)의 것뿐만 아니라 무형(無形)의 것들도 파괴해 버린다. 파괴되고 없는 잿더미 위에서 살아나기 위해서는 결과주의로밖에 살 수가 없다. 과정을 겪다 보면 낙오되고 소외되고 쳐져버린다.

지금 전쟁으로 집이 불타 없어지고 처자식이 거리를 헤매지 않을 수 없게 되었다 하자. 가장인 나는 당장 집을 마련하지 않을 수 없다. 그런 졸지의 판국에 백년대계(百年大計)를 세우고 과정을 빈틈없이 하는 과정주의로 집을 마련하기란 어렵다.

당장에 거적이라도 주워다가 비바람을 막는 것이 상책이다. 그 거적집이 바로 결과주의인 것이다. 또 양식이 없어 처자식이 사나흘이나 굶어 울고 있다 하자. 양식을 구하러 나간 내가 그 식품의 칼로리를 따지고 지방분(脂肪分)을 따지며 취사 선택할 그런 과정주의적인 여유가 있을 수 있겠는가. 당장에 쓰레기통을 뒤져 버린 감자라도 주워다 먹어야 한다. 그 버린 감자가 결과주의인 것이다.

이처럼 전쟁의 잿더미에서 살아나려면 결과주의가 아니고는 살아

날 수가 없다. 우리는 역사적으로도 엄청난 큰 전쟁을 10년 사이에 두 번이나 겪었다. 제2차 세계대전과 6·25전쟁이 그것이다. 이 잇따른 전쟁의 폐허에서 살아나기 위해서는 결과주의로 살 수밖에 없었으며, 결과주의로 살아오다 보니 결과의식이 체질화된 것이다.

오늘날 우리 사회가 안고 있는 부정적 요인들은 모두가 예외없이 이 결과주의에서 탄생되었다 해도 과언이 아니다. 정당한 절차, 곧 과정을 밟지 않고 지위나 이권(利權)이나 학위를 얻기 위해 돈과 백과 부정이 난무하고 급행료(急行料)가 상식화된 것도 결과주의의 소치요, 차례를 기다리지 않고 새치기를 함으로써 모든 사회질서가 문란해진 것도 결과주의의 소치며, 모든 공사나 제조업이 겉만 반지르르하게 하고 속은 날림으로 내구성(耐久性)이나 신용을 극도로 타락시킨 것도 결과주의의 소치다.

눈앞에 있는 돈벌이에만 급급하여 먼 훗날을 염두에 두지 않았던 경영원칙이며 경제정책들에 있어서도, 결과주의의 결과는 빨리 얻어진다는 장점은 있으나 일회성으로 끝나는 결과요, 과정주의의 결과는 더디게 얻어진다는 단점은 있으나 일단 얻어놓으면 영속되는 결과다.

오늘날 한국 기업들이 처해 있는 흥망의 갈림길이 있다면 경영철학을 결과주의로부터 과정주의로 전환시키느냐, 결과주의로 일관해 나가느냐에 있다고 본다.

- 이규태 글에서

6. 빠른 행보와 여유 있는 행보

우리 한국인이 열을 서서 기다리지 못하고 열 서는 것을 포기하거나 새치기하거나 질서를 문란케 하는 행동은, 바로 결과주의가 그 심리적 원흉 가운데 하나라 할 수 있다. 줄서서 기다려 질서를 지킨다는 것은 과정이요, 목적지를 가기 위해 표를 사거나 차를 잡아 탄다는 것은 결과주의 때문이다.

줄을 벗어나 데스크 앞에 가서 항공사 여직원에게 시계를 가리키며 초조해진 사연을 말하자, 안경 너머로 바라보며 태연스레 기다리면 된다고 말할 뿐이었다. 되돌아가 줄을 서 있는데 앞줄에 서 있던, 아마도 일본 사람만 같은 동양 사람이 데스크 앞에 다가가 뭐라고 물었다. 이 여직원, 안경 너머로 나에게 하듯 한 동작을 짓는 것으로 미루어, 아마 그 사람도 나만큼 초조하여 나와 똑같은 질문을 했던 것 같다. 초조해 하는 것은 동양 사람뿐인 것 같았다.

같은 항공기 편으로 워싱턴에 가기 위해 앞에 서 있던 미국 사람은 발로 장단을 맞추며 콧노래를 흥얼거리고 있었다. 그러한 모습이 조금은 의아스러워서 "출발 시간이 넘었는데도 불안하지 않는가"라고 물어 봤다. 이 친구는 두 손바닥을 펴보이면서 그것은 우리의 사정이 아니라 저들(항공사)의 사정이 아니냐는 것이었다.

오일 쇼크 때, 미국의 서부에서는 평균 10~15시간 열을 지어서 있어야만 휘발유 한 초롱을 살 수 있었다고 한다. 그런데 이 대열에 한국 사람이 끼어 서 있는 것을 본 일이 없다고 들었다. 한국인 경영의 주유소에서 뒷구멍으로 얻기도 했지만, 차라리 며칠 차를 못 굴리고 말지 하루의 전부를 기다리는 데 쓸 만큼 정신적으로 느긋하지 못한 때문이기도 했을 것이다.

스타인벡의 《미국인론》(美國人論) 가운데 미국의 도시인들은 그들의 일생에 있어 잠자지 않는 시간의 3분의 1을 기다리는 데 낭비한다고 지적하고, 미국인 인생의 허점(虛點)을 예리하게 파헤쳐 놓기도 했다. 반드시 기다린다는 것과는 달리 구미인들은 대체로 아무 일하지 않고 가만히 앉아 있는데도 도사가 되어 있다.

한국의 술집 하면 시끄럽다는 것이 상식이다. 하지만 미국의 바에 가면 조용하다는 것이 상식이다. 제각기 혼자 와서 술잔 하나 들고 그저 자기 시간에 빠져 있기 때문이다. 구미에서 한국 사람을 식별하는 방법으로 피부색과 키가 작다는 것을 드는데, 사실 키가 작다는 것은 중·북구에서나 해당되는 기준일 뿐 그 밖의 나라들에서는 판단 기준이 못 된다. 오히려 키보다는 걸음새의 속도로 식별할 수 있다.

엘리자베스 여왕의 이궁인 윈저성(城)을 들렀을 때 들어가서는 안 되게끔 된 정원에 히피 스타일의 미국 청년이 들어가 사진을 찍고 있었다. 이를 멀리서 본 경비 순경이 이 범법자에게 접근하는데, 마치 산보라도 즐기는 듯한 태평스런 걸음새로 다가가는 모습은 적이 목가적이었다. 저렇게 걷다가 히피가 도망치면 어떻게 하나 하고 오히려 그것을 보는 한국인이 초조해지는 그런 걸음새였다.

아랍 지방에서는 겨우 교각 서너 개의 짧은 다리 하나 놓는데도 5개년 계획으로 놓고, 그나마도 2차 계획으로 넘어가서 완성시키는 경우가 많다 한다. 중동에 한국 건설용역이 대거 진출할 수 있었던 가장 큰 요인은, 이 만만디(manmandi)의 시간 감각에서 볼 때 한국인의 동작이나 작업이 제트식 초스피드로 인식됐기 때문이었을 것이다.

예멘에 이주한 유태인은 2천 년 가까이 외부의 문명세계와 격리된 채 살아왔다. 한데 어느 날 풍문에 팔레스타인의 땅에 자기네 조국이 세워졌다는 소식을 들었다. 그들이 2천 년 동안 기다렸던 그 약속이 실현됐음을 안 그 순간에 4만 3천 명의 유태인들은 손에 들 수 있는 생활도구만을 들고 움직이기 시작했다. 물론 부동산이나 짐이 되는 가산은 그 자리에 버려둔 채…, 약속된 땅, 그들의 조국을 향해 남부여대(男負女戴)하고 암산(岩山)을 넘고 사막을 가로지르고 있었던 것이다. 이스라엘 정부에서는 이 소식을 듣고 당황하여 군용 수송기를 전세 내어 이들을 조국까지 운반, 사상 최초의 공수(空輸)에 의한 민족대이동(民族大移動)이 이뤄진 것이었다. 그들은 이 하늘의 민족대이동을 두고 "성서에 쓰여 있는 것처럼 바람의 날개를 타고 약속의 땅으로 돌아온 것이다"라고 합리화했다고 한다.

정류장에서 버스를 기다리고 있다가 버스가 당도하니까 타고 가는 식으로 2천 년을 그런 자세로 기다릴 수가 있었던 것이다. 오한이 날 정도로 오싹한 기다림의 체질이다. 왜 이 세상의 대부분의 지역에 사는 사람들은 이렇게 잘도 기다리고 또 느긋하고 만만디인데, 우리 한국 사람만은 못 기다리고 초조하고 각박한 것일까. 결과주의가 이렇게 맹위를 떨치고 있는 것이다.

7. 음주에서 본 결과주의와 과정주의

한국인은 어떤 결과를 얻기 위해 너무 서두르는 버릇이 있다. 물론 결과를 얻기 위해 일을 한다는 데는 동서양이 다를 것이 없다. 그 결과를 얻는 데 거쳐야 할 과정을 성실히 밟는 것을 과정주의라 하고, 과정을 무시한 채 결과에 집착하는 것을 결과주의라 한다면 한국 사람은 결과주의 편에 속한다. 그것은 무슨 일이건 빨리 할수록 미덕이요, '선'이며 가치를 두는 우리네 민습에서 감지할 수 있는 것이다. 밥도 빨리 먹으라 하고 공부도 빨리 하라 하며, 빨리 하면 체하고 설치면 날리게 되는 일도 빨리 하라고 한다.

반대로 터키에서는 천천히 할수록 미덕이요, 선이요, 가치를 이룬다. 그래서 그들은 말끝마다 "수하힐리!(천천히) 수하힐리!" 한다.

우리에게 있어 오늘 할일을 내일로 미루는 것이 부덕이지만, 터키인에게는 오히려 미덕이 되는 셈이다.

프랑스 사람들의 저녁식사 시간은 2~3시간이 상식이다. 그들이 식사를 하는 것은 그 과정을 즐기기 위해 그 과정을 최대한으로 연장시키고, 연장시킨 그 과정을 농도 짙게 즐기는 데 더 큰 의미를 둔다.

우리 한국 밥상은 아무리 찬이 걸더라도 대개 15분 안에 먹어치운다. 빨리 먹지 못하도록 펄펄 끓여 놓은 설렁탕도 후후 불어가며 5분 안에 먹어치운다. 짜장면이나 라면 따위는 1~2분 안에 먹는다. 이렇게 빨리 먹게 된 복합이유 가운데 하나로서 한국인의 결과의식을 들 수 있다.

밥은 배고픔을 면하거나 배부르기 위해서 먹는다. 밥 먹는 행위의 결과가 그것이요, 그 결과를 빨리 얻기 위해서는 가급적 밥 먹는 과정을 단축시킬 필요가 있다. 유럽 사람들처럼 밥 먹는 과정을 연장시켜 가며 즐기는 '프로세스 엔조이'(process enjoy) 따위는 의식구조상 개입할 여지가 없다. 그래서 우리는 밥 먹으면서 말한다는 것을 예의에 어긋나고 부덕시했으며, 엄마가 빨리 죽는다는 등의 금기(禁忌)를 붙여 놓기까지 했다.

술 마시는 속도가 비상하게 빠른 이유 가운데 하나로서, 한국 사람이 프로세스 엔조이(process enjoy)를 하는 데 익숙하지 못하고 리설트 엔조이(result enjoy)에 익숙하다는 것을 알 수 있다.

단위시간 안에 퍼붓는 알코올 농도가 고밀도(高密度)인 것은 술에 취한다는 결과에 집착하고, 또 보다 빨리 그 결과를 얻기 위해 과정을 단축하려 할 때 일어나는 필연적인 사실인 것이다.

서양 사람들은 때를 가리지 않고 술을 마시긴 하지만 술 마시는 속도는 완만하다. 가급적 술 마시는 시간을 연장, 은은히 취해 오르는 그 프로세스를 엔조이하려 한다. 그러기에 술집에 가서 몇 시간

앉아 있더라도 한두 잔이 고작이다. 미국의 대중적인 술집에서 한 잔씩 가져올 때마다 잔당(當) 술값을 계산하는 것은, 그렇게 계산하는 것이 그들 프로세스 엔조이 음주(飮酒) 방식에 합리적이고 또 편리하기 때문이다. 리설트 엔조이를 하는 한국 사람에게는 이 미국 술집의 잔당(當) 계산이 불편하고 짜증이 난다. 왜냐하면 홀짝홀짝 빨리 마시고, 마시는 족족 술값을 치러야 하기에 술 마시러 술집에 갔는지 술값 계산하러 술집에 갔는지 혼동할 지경이기 때문이다.

그러하기에 대체로 얼마를 아예 테이블에 내놓고 웨이터가 알아서 계산해 가라고 시켜 놓고 불러 마시는 것이 한국인의 습관으로 되어 있다.

또 외국 사람에 비해 술을 마시고는 티를 내려는 성향이 강한 것도 이 결과의식의 조치로 풀이해 볼 수가 있다. 바꿔 말하면 후다닥 마시고 젓가락작을 때리거나, 읊어 대거나, 울어 버리거나, 통사정을 하거나, 싸우거나, 술상을 엎어 버리거나 하는 주정을 하려 들고, 아예 주정을 하기 위해 술을 마시는 성향마저도 없지 않다. 그 때문에 주정에 대해서 가장 관용을 베푸는 나라가 됐는지도 모른다.

은은히 취해 오르는 과정을 연장시켜 가며 즐기는 것이 아니라 취한다는 결과를 얻기 위해 술을 마시기 때문에, 취했다는 그 결과를 자타(自他)에게 인정받고자 주정을 한다고 볼 수 있다.

몇 년 전 한국 가는 비행기에 이상이 생겨 일본에 정착했다. 필자에게는 동경을 관광할 수 있는 기회를 얻었는데, 대부분의 한국인들은 불쾌감을 표시했으나 외국인 승객들은 정반대의 엇갈린 반응이 순발적으로 나타난 것이다. 그렇다면 한국인들이 미쳤거나 어느 한 편이 미쳤다고 하지 않고는 이 정반대된 반응이 해석되질 않는다. 그들이 기뻐 날뛴 이유는 간단했다. 일부러라도 거금(巨金)을 들여 관광하러 왔어야 했던 동경을 구경하게 됐다는 것이다. 그 어찌 아니 기쁘겠는가.

여행의 '結果'를 제한된 시간에 취득해야 할 아무런 강제적 여건도 없는 터인데, 왜 그렇게 '結果' 얻는 것이 지연된다 해서 화를 내고 짜증을 내야 했던가. 한국인의 결과의식이 무의식 중에 발로된 때문일 것이다. 여행의 결과보다 여행의 과정을 중요시하는 인종과의 순발적인 반응이 이렇게 정반대로 달라질 수 있었던 것이다.

부록

1. 국가(國歌)와 국기

　미국의 국가(國歌)는 1814년 Francis Scott Key에 의해 처음 작사되었으며, 1931년에 의회에서 국가로 발표되었다.
　미국의 국기는 Stars and Stripes 또는 Star Spangled Banner 등으로 부른다. 국기에는 7개의 붉은 줄과 6개의 흰 줄이 있는데, 이는 미국의 개척주이며, 창설주인 13개 주를 의미한다. 푸른 바탕에 있는 50개의 별들은 50개 주를 의미한다. 하나의 별은 한 주를 뜻하기 때문에 미국이 독립될 당시 13개 있었던 별이 주가 새로 생길 때마다 추가되어 현재는 50개가 된 것이다. 별이 추가된 연도는 부록을 참고하기 바란다.
　성조기는 George Washington(초대 대통령)의 고안으로 Betsy Ross가 처음 만들었다고 한다. 별과 푸른 바탕은 하늘로부터 취했고, 흰 줄에 의해 분리된 붉은 색은 모국(母國)으로부터 분리되어 왔음을 뜻한다.
　국기는 1777년 6월 14일 국회에서 채택되었다.
　성조기는 미국을 대표하는 것이므로 경의와 존경심을 가져야 하며, 외부에 달 때는 해가 뜨면 달고 해가 지면 내려야 한다. 즉 특별한 경우가 아니면 밤에는 국기를 내려야 한다.
　국기에 대한 경례는 군인과 같이 제복을 착용했을 때는 거수경례를 하고, 그렇지 않은 사람은 바른손을 왼쪽 가슴에 대고 경의를 표시해야 한다. 물론 모자는 벗어야 한다.

국기를 경멸한 자는 $1,000 이상의 벌금을 물게 되거나 투옥에 처해진다. 국기는 가끔 "Old Glory"라고 부르기도 하고, 붉은색은 용기를, 흰색은 진리를, 푸른색은 정의를 뜻하며, 성조기 앞에서는 다음과 같이 선서한다(영문 부록 참조).

"나는 미합중국의 국기에 대한 충성은 물론, 이 국기가 상징하는 하나님의 가호 아래 단일국가로서 분리될 수 없으며, 국민 모두에게 자유와 정의를 주는 공화국에 대한 충성도 아울러 맹세합니다."

2. 각 주의 연방 가입 시기

주(주도)	연방 가입	주(주도)	연방 가입
1. DE–Delaware(Dover)	1787. 12. 7	26. MI–Michigan(Lansing)	1837. 1. 26
2. PA–Pennsylvania (Harrisburg)	1787. 12. 12	27. FL– Florida (Tallahassee)	1845. 3. 3
3. NJ–New Jersey(Trenton)	1787. 12. 18	28. TX–Texas(Austin)	1845. 12. 29
4. GA–Georgia (Atanta)	1788. 1. 1	29. IA–Iowa (Des Moines)	1846. 12. 28
5. CT–Connecticut(Hartford)	1788. 2. 9	30. WI–Wisconsin(Madison)	1848. 5. 29
6. MA–Massachusetts (Boston)	1788. 2. 7	31. CA–California (Sacramento)	1850. 9. 9
7. MD–Maryland (Annapolis)	1788. 4. 28	32. MN–Minnesota (St. Paul)	1858. 5. 11
8. SC–South Carolina (Columbia)	1788. 5. 23	33. OR–Oregon (Salem)	1859. 2. 14
9. NH–New Hampshire (Concord)	1788. 6. 21	34. KS–Kansas (Topeka)	1861. 1. 29
10. VA–Virginia (Richmond)	1788. 6. 25	35. WV–West Virginia (Charleston)	1863. 6. 30
11. NY–New York(Albany)	1788. 7. 26	36. NV–Nevada(Carson City)	1864. 10. 31
12. NC–North Carolina (Raleigh)	1789. 11. 21	37. NE–Nebraska (Lincoln)	1867. 3. 1
13. RI–Rhode Island (Providence)	1790. 5. 29	38. CO–Colorado (Denver)	1876. 8. 1

14. VT—Vermont (Montpelier)	1791. 3. 4	39. ND—North Dakota (Bismarck)	1889. 11. 2
15. KY—Kentucky (Frankfort)	1792. 6. 1	40. SD—South Dakota (Pierre)	1889. 11. 2
16. TN—Tenessee (Nashvile)	1796. 6. 1	41. MT—Montana (Helena)	1889. 11. 8
17. OH—Ohio(Columbus)	1803. 3. 1	42. WA—Washington(Olympia)	1889. 11. 11
18. LA—Lousiana (Baton Rouge)	1812. 4. 30	43. ID—Idaho (Boise)	1890. 7. 3
19. IN—Indiana (Indianapolis)	1816. 12. 11	44. WY—Wyoming (Cheyenne)	1890. 7. 10
20. MS—Mississippi(Jackson)	1817. 12. 10	45. UT—Utah (Salt Lake City)	1896. 1. 4
21. IL—Iiinois (Springfield)	1818. 12. 3	46. OK—Oklahoma (Oklahoma City)	1907. 11. 16
22. AL—Alabama (Montgomery)	1819. 12. 14	47. NM—New Mexico (Santa Fe)	1912. 1. 6
23. ME—Maine(Augusta)	1820. 3. 15	48. AZ—Arizona (Phoenix)	1912. 2. 14
24. MO—Missouri (Jefferson City)	1821. 8. 10	49. AK—Alaska (Juneau)	1959. 1. 3
25. AR—Arkansas (Little Rock)	1836. 6. 15	50. HI—Hawaii (Honolulu)	1959. 8. 21

3. The Star Spandgled Banner!(성조기여 영원하라!)

O! Say, can you see, by the down's early light,

오! 말해 보아라. 이른 새벽 불빛을 그대들은 볼 수 있지 않은가?

What so proudly we hailed at the twilight's last gleaming?

황혼의 마지막 불빛에 얼마나 자랑스럽게 환호를 외쳤는지!

Whose broad stripes and bright stars, through the perilous fight,

치열한 전투를 통해 그 넓은 줄무늬와 찬란한 별들이

O'er the ramparts we watched were so gallantly streaming,
우리가 보았던 성벽 위에 용맹스러이 펄럭이는 것을,

And the rocket's red glare, the bombs bursting in air,
그리고 로케트의 섬광, 공중에 작열하는 폭탄은

Gave proof through the night that our flag was still there.
밤새도록 우리의 깃발이 아직도 거기에 있었음을 입증해 주었노라.

O! Say, does that star spangled Banner yet wave,
오! 말해 보아라, 찬란한 성조기는 아직도

O'er the land of the free, and the home of brave?
자유의 땅 용맹의 나라 위에서 휘날리고 있지 않은가?

미국의 애국가는 전투가요, 전투 승리가 비슷하다.

한국의 애국가는 안익태 작곡, 윤치호 작사라고 한다. 내용을 1절만 보자.

동해물과 백두산이 마르고 닳도록
하느님이 보호하사 우리나라 만세
무궁화 삼천리 화려 강산
대한 사람 대한으로 길이 보전하세

평화적이며 기독교적 냄새가 뭉클하게 난다.

동서양의 문화

1판 1쇄 인쇄 _ 2021년 4월 20일
1판 1쇄 발행 _ 2021년 4월 30일

편저자 _ 차종환
펴낸이 _ 이형규
펴낸곳 _ 쿰란출판사

주소 _ 서울특별시 종로구 이화장길 6
편집부 _ 745-1007, 745-1301~2, 747-1212, 743-1300
영업부 _ 747-1004, FAX 745-8490
본사평생전화번호 _ 0502-756-1004
홈페이지 _ http://www.qumran.co.kr
E-mail _ qrbooks@daum.net / qrbooks@gmail.com
한글인터넷주소 _ 쿰란, 쿰란출판사
등록 _ 제1-670호(1988.2.27)
책임교열 _ 송은주·신영미

ⓒ 차종환 2021 ISBN 979-11-6143-548-0 93230

책값은 뒤표지에 있습니다.
이 출판물은 저작권법에 의해 보호를 받는 저작물이므로 무단 복제할 수 없습니다.
파본(破本)은 구입처에서 교환해 드립니다.